上海汽车工业教育基金会资助
工业工程系列教材

生产计划与控制

（第二版）

潘尔顺　编著

上海汽车工业教育基金会　组编

上海交通大学出版社

内容提要

　　本书系统地介绍生产计划与控制的理论、基本概念、系统与方法。生产计划与控制是现代生产与运作管理的重要部分,也是比较盛行的企业资源规划(ERP)系统中的核心模块。全书分三个主要部分,共 10 章。第一部分,即第 1 章,提出生产管理的基本概念,论述了现代企业生产系统的构成、生产类型、生产过程的组织、生产计划与控制的基本概念等。第二部分是本书的核心部分,系统介绍了生产计划与控制体系。它们涉及第 2 章至第 8 章。着重讨论生产计划与控制的需求预测分析方法,综合生产计划、主生产计划、物料需求计划、能力计划、车间作业计划和控制,基于独立需求的库存分析与控制也在本部分内予以阐述。第三部分,即第 9 章和第 10 章,介绍了适用于单件订货生产的项目进度计划与控制,以及准时化生产计划和控制。

　　本书可以作为高等院校工业工程专业或工商管理专业生产计划与控制相关课程的教材或主要参考书,也可以作为企业从事生产管理人员的参考书或培训进修之用。

图书在版编目(CIP)数据

生产计划与控制 /潘尔顺编著. —2 版. — 上海: 上海交通大学出版社,2003(2022 重印)
(上海汽车工业教育基金会资助工业工程系列教材)
ISBN 978-7-313-03389-5

Ⅰ. 生... Ⅱ.潘... Ⅲ.①工业生产—生产计划—高等学校—教材②工业生产—生产过程—控制—高等学校—教材 Ⅳ. F406.2

中国版本图书馆 CIP 数据核字(2003)第 041028 号

生产计划与控制
(第二版)

编　　著:潘尔顺	
出版发行:上海交通大学出版社	地　　址:上海市番禺路 951 号
邮政编码:200030	电　　话:021-64071208
印　　制:常熟市文化印刷有限公司	经　　销:全国新华书店
开　　本:787mm×960mm　1/16	印　　张:19
字　　数:345 千字	
版　　次:2003 年 8 月第 1 版 　　　　2015 年 7 月第 2 版	印　　次:2022 年 7 月第 13 次印刷
书　　号:ISBN 978-7-313-03389-5	
定　　价:59.00 元	

工业工程系列教材编委会

主任： 翁史烈

委员： （以姓氏笔画为序）

宋国防　胡宗武　徐克林　钱省三

诸葛镇　秦鹏飞　韩正之

总　　序

作为市场经济产物的工业工程学科，在美国的发展已有 100 年的历史，它在西方国家的工业化进程中和改善经营管理、提高生产率等方面都发挥了很大的作用。近 10 多年来，随着商业竞争的加剧，国际市场和全球化制造态势的形成，企业和商家纷纷寻求进一步改善经营管理的方法，试图建立自己的核心竞争力，以便在剧烈的竞争中取胜。企业和商家的这些努力是与管理专家的研究结合在一起的，这样就大大地推动、丰富了工业工程和管理学科的发展和内容的更新。

虽然在上世纪三四十年代，交通大学等一些大学曾设立过与工业工程类似的学科，但解放后随着计划经济的实施，这个学科也就取消了。这样，这个学科在我国的研究和应用就停滞了 30 多年。改革开放后，在原机械工业部的积极推动下，我国从 1989 年开始引进工业工程的管理方法，并在一些企业试行，取得了明显的经济效果。西安交通大学、天津大学等高校率先于 1992 年开始招收工业工程专业的本科生。随后，我国一些大学陆续设立这个专业，至今全国已有 70 多所高等学校设有这个专业；这个专业的硕士生和博士生也在培养之中。但是，正由于我们起步较晚，无论在工业工程的应用还是人才培养等方面都落在先进国家的后面。

上海汽车工业(集团)总公司是一个现代化的大型企业集团，集团公司所属的许多生产厂不但拥有现代化的设备，而且也努力推行现代的管理方法。在实践中，他们深感缺乏既懂工程又懂管理的复合型人才。为了广泛普及现代的管理方法，公司的高层领导把员工的教育和培训摆到了重要的地位。他们除经常举办短期训练班普及现代管理知识外，还委托上海交通大学连续举办了几届"工业工程"专业工程硕士班。为了解决硕士班的教材，他们引进了部分国外最新教材，供上课老师和学生使用。

为了支持工业工程专业人才的培养，解决工业工程专业的教材问题，由上汽集团及所属企业捐资组建的"上海汽车工业教育基金会"，从 2000 年起就开始研究资助这个专业教材的编写和出版问题。经上海汽车工业教育基金会与上海交通大学出版社共同策划，并先后与上海交通大学、同济大学、东华大学、复旦大学、上海大学和上海理工大学等校工业工程系老师座谈、讨论，于 2001 年 8 月正式成立了"工业工程系列教材编委会"，制订了系列教材编写和出版计划。按照这个计划，系列教材共计 14 种，由 2002 年起分 3 年出版。基金会拨出专款资助系列教材的编写和出版。我们对上海汽车工业教育基金会给予工业工程专业教育的支持表示感谢。

在确定系列教材的选题时，我们主要考虑了以下原则：一是特色，要有工业工程学科的特色，选题应确属工业工程学科的课程，对一些可与其他学科共用的教材则不再列入；二是精选，编写内容应精选该学科公认的、经典的基本原理和方法，以及先进的管理理念，对一些尚有争论的观点则不予论述；三是实践，遴选的编著者应对该课程有丰富的教学实践经验，并在教材中尽可能地反映企业解决工业工程问题的实际案例。经过认真研究，我们确定了下列选题：工业工程——原理、方法与应用，生产计划与控制，物流工程与管理，现代制造企业管理信息系统，以上为第一批；人因工程，质量管理，决策支持系统，复杂系统解析，工程管理的模糊分析，制造系统建模与仿真，以上为第二批；工程经济学，工作研究，项目管理，工业工程计算方法（暂定名），以上为第三批。

参加这套系列教材编写的是上面提到的这几所大学的老师们，他们都是相应课程的任课教师。他们根据自己教学过程中反复修改过的讲稿，又参考了国内外的相关文献，在较短的时间内完成了教材的编写。他们精选教材内容，配以实例讲解，使学生易于掌握；同时，他们也力图将最近几年，工业工程的最新研究成果做简要的介绍，以使学生接触本专业的前沿。但是，由于编写时间比较仓促，编写者们的经验又各不相同，本系列教材的质量和水平一定是参差不齐的，也一定会存在一些缺点，希望能得到读者的批评和指正。特别要说明的是，在我们筹划这套系列教材的时候，"高等院校工业工程专业教材编审委员会"组编的7种教材尚未出版，当我们的编者拿到这7种教材时，我们的第一批4本书稿已形成初稿，但编者们仍然会从中得到启迪。

在工业工程系列教材第一批教材正式出版之际，我们深感欣慰，并对辛勤工作的老师们表示感谢。祝愿工业工程学科在教育界、工程界同仁的关怀下茁壮成长。

工业工程系列教材编委会主任

中国工程院院士

2002 年 8 月

前　言

　　建立现代企业制度,是发展社会化大生产和市场经济的必然要求,是公有制与市场经济相结合的有效途径,是国有企业改革的方向。改革开放为我国国有企业提供了前所未有的发展机遇,在改革开放大旗指引下,我国成功地实现了由计划经济体制向社会主义市场经济体制的转变,并且以坚忍不拔的毅力,勇于面对错综复杂的国际大市场竞争环境,顺利地加入了世界贸易组织(WTO)。在这个多元竞争的社会环境里,对产品的质量、成本和交货期要求越来越高,企业要求生存、求发展,必须寻求一条适合自己特色、符合市场运作规律的发展之路,大胆接受国外比较先进的管理理念和方法。

　　国外先进的生产计划与控制理念已越来越深入企业,广为企业所接受,生产计划与控制的目的在于跟踪市场需求的变化,合理安排物料、设备、人力资源和资金等,以降低生产成本、缩短交货期和提高产品质量,提高企业运行的效率,使生产系统取得最佳的功效,最终满足顾客的需求。

　　本书系统地介绍了生产计划与控制部分的基本知识、理论、方法与系统。全书共分10章。第1章是本书的导引和综述部分,全面介绍了现代企业生产系统的构成、生产管理研究内容、生产类型、生产过程的组织,并介绍了生产计划与控制系统的基本架构。第2章是需求预测,重点介绍了需求预测的定性和定量分析方法,生产计划和控制系统运行是否成功,很大程度上取决于预测的准确性,预测是生产计划控制系统的最基本的输入。第3章介绍了基于独立需求的库存计划与控制,物料需求计划是适用于相关需求物料的库存管理系统,独立需求产品的库存管理则有其相应的模型,本章重点介绍了库存管理的模型。第4章是综合生产计划,介绍了综合生产计划的试算方法和数学方法。第5章是主生产计划,主生产计划在整个生产计划与控制系统中起到承上启下的作用。第6章是物料需求计划,第5章和第6章重点介绍了相应的计算处理逻辑。第7章是能力计划,编制能力计划是保证计划的可行性,本章重点介绍了粗能力计划对应的3种方法和细能力计划。第8章是车间作业计划与控制,介绍了作业的排序、调度和控制。第9章是项目计划与控制,重点介绍了项目计划的网络图计划方法,以及项目的控制策略。第10章是准时化生产,准时化生产代表21世纪的生产方式,其中重点介绍了准时化生产的手段——看板管理。

　　本书为"工业工程系列教材"之一,内容和结构由"工业工程系列教材"编委会共同讨论确定。本教材可作为高等院校工业工程专业或工商管理专业生产计划与控制相关课程的教材或主要参考书,也可以作为企业从事生产管理人员的参考书或培训进修之用。

　　感谢上海汽车工业教育基金会的大力资助,为作者提供了这样一个难得的机会,促成拙著的面世,希望以此能为发展上海汽车工业贡献微薄的力量。

　　本书在编写过程中,参考了大量的国内外书刊和文献资料,最后由上海理工大学钱省三教授审稿。另外,在编写过程中,上海交通大学工业工程系江志斌教授也提出了许多宝贵意见。在此谨向钱教授、江教授和其他给予大力支持的老师和朋友表示衷心的感谢。

　　由于作者学识浅陋,错误在所难免,敬请广大读者予以指正。

作　者

2003 年 6 月

目　　录

第1章 概　　论

　　生产计划与控制(Production Planning and Control，PPC)系统作为生产与运作管理的核心，其目的是为了降低库存、缩短交货期和降低生产成本，尽量满足顾客的要求，并使工厂生产效率最高，成本最低，最终目的是全面提升企业的综合竞争力。生产计划与控制系统应和企业总体战略规划相适应，一个有效的生产计划与控制系统能够为其在市场竞争中赢得利益，相反，一个设计不合理的生产计划与控制系统不仅不能对公司的成长起促进作用，而且可能会阻碍公司的发展。本章将首先介绍生产计划与控制相关的基本概念，然后介绍生产计划与控制系统的基本框架。主要包括以下几个部分：①生产和生产系统的基本概念；②生产流程和生产方式；③生产管理的研究内容；④生产计划与控制基本概念。

　　本书各章均以引言开始，引言主要概括本章的主要内容并突出要注意的管理问题，在每章均以习题结束。

1.1　生产与生产系统

　　生产计划与控制属于生产与运作管理的范畴,并且是生产与运作管理的核心。生产与运作管理是基于对生产系统的管理,所以说,必须首先了解什么是生产系统,它的构成是什么? 所谓生产是人类求生存与发展所从事的基本活动,通俗地讲,就是人们创造产品或服务有组织的活动,即将输入转化为输出的过程。狭义的生产一般是各种产品的制造活动,广义的生产还包括银行、医院、学校等服务业的服务活动。生产活动在将生产要素转换为有形和无形的生产财富(产品或服务)的过程中,由此而增加附加价值。生产要素就是投入生产过程中的各种生产资源,根据它们在生产功能中所起的基本作用,可分成生产对象、生产手段、劳动力和生产信息。生产对象是生产活动中所用到的物质,如生产产品时需要投入原材料;生产手段是将生产对象转换为产出物的技术手段,如各种设计技术、制造技术等;劳动力是进行生产活动所需的人力,这是诸生产要素中最重要的因素;生产信息是生产活动过程中的各种基于事实的数据,如设备性能参数、需求预测数据等。生产系统的输出从狭义上讲是各种有形产品,而广义上的输出则包括服务在内,如学校培养的学生、医院医治的病人等均为广义上的输出。生产要素的输入、输出,生产过程中所从事的活动,以及管理决策和反馈控制,企业的内外部环境就构成了如图 1.1 所示的生产系统。

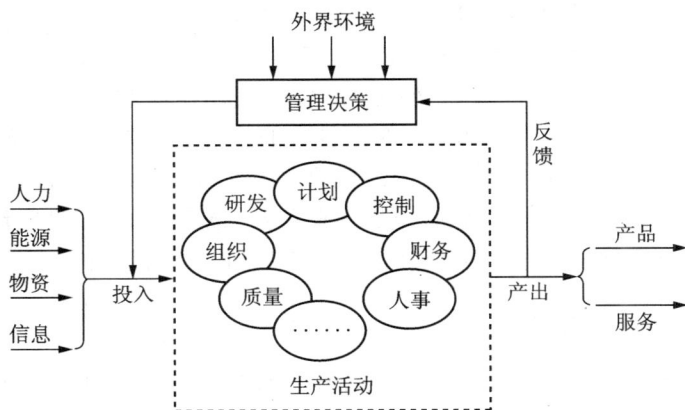

图 1.1　生产系统构成示意图

　　图 1.1 所示生产系统的输入,既有物质又有信息和资金,所以说,生产系统本身实质上包括了物质流动、资金流动和信息流动,且这些流动相互影响、相互综合,构成一个集成的总系统。生产中的物流体现在工位与工位、工位与仓库、供应商与主机厂,以及主机厂与销售商等之间的运输(体现位置变化的过程),同

时物料也有库存(体现存储过程)。生产过程必然发生资金的流动,资金是随着物料流动而流动的;物流和资金流能顺利流动的前提是信息的顺畅流动。生产计划是运行系统的过程控制和信息管理,要有效地编制生产计划与进行生产过程的控制,就必须对物流、资金流和信息流进行综合分析。

图1.1中所反映出来的生产系统是一个反馈控制系统,这和实际的生产系统是吻合的。众所周知,在计划经济体制下,企业生产完全依赖于行政性指令,而非基于市场的实际需求。而在市场经济体制下,生产系统内部的活动,包括生产计划与控制是动态的连续的过程,这和以往的计划体制是有所区别的。由于市场是不断变化的,对于企业来讲,就要编制计划和对计划进行有效的控制,生产系统的动态特性,要求经常对它的绩效进行衡量和分析,并且根据衡量和分析的结果进行控制,对计划做适当的调整,绩效的评价指标体现在以下几个方面:①质量;②成本;③交货期。完成上述3个指标是任何企业生产与运作管理的基本任务。除此以外,绩效评价还有如下的指标:①生产率,即单位时间内生产产品的数量;②有效性,即生产系统中人或设备等要素的使用效率;③柔性,即以同样的设备与人员生产不同产品或实现不同目标的能力。究竟采用什么评价指标,取决于企业的性质和实际情况。

1.2　生产流程与生产方式

人类生产的发展主要经历了以下几个阶段:①单件生产(Craft Production);②大量生产(Mass Production),以福特汽车公司为代表;③精益生产(Lean Production),以丰田汽车公司为代表;④客户化订制生产方式(Customer Production)。每种生产都有各自的特点,对应的生产流程、生产方式和生产过程的组织各不相同,生产计划的方法也不一样,要研究生产计划与控制或其他生产管理基本问题,就必须首先研究生产流程设计、生产运作的具体方式和生产过程的组织等问题,才能在制订生产计划时具有针对性。

1.2.1　生产流程类型

生产的流程通常可以分为3大类:即流线型流程(Flow Shop)、零工型流程(Job Shop)和定位型流程(Fixed Site)。通常流线型流程按产品为对象进行布置,零工型流程按工艺进行布置,定位型流程则采用定位型布置,但这不是绝对的,因为实际上如按工艺布置的工厂局部生产流程也可能按流线型组织。同样,以产品为原则进行布置,也可能在局部存在零工型的流程。另外,按客户订制要求可以将生产方式分为备货生产方式(Make to Stock, MTS)和订货生产方式(Make to Order, MTO),订货生产也可以称为接单生产。它们的关系如表1.1

所列。对于生产流程型态,除了上述 3 种以外,还有一种比较特殊的型态,就是群组(Group)型流程,本书将不做介绍。

表 1.1　流程设计、布置形式及生产方式的对应关系

流程设计	布置形式	生产方式
流线型流程	产品布置	备货生产方式、订货生产方式
零工型流程	工艺布置	订货生产方式、备货生产方式
定位型流程	定位布置	订货生产方式

1. 流线型流程

对流线型流程方式而言,生产流程相对固定不变,产品范围比较广,产品的标准化程度通常较高,有部分是按顾客需求订制的,生产设备自动化程度相对较高,在这种生产方式下,产品总是按照相同的顺序流动。进一步可以细分为连续型流程(Continuous Flow)、专一重复型流程(Dedicated Repetitive Flow)、混线型流程(Mixed-model Repetitive Flow)和间歇型流程(Intermittent Flow)。

a. 连续型流程

对于这类流程,工件以固定的速率流动,生产线基本固定不做调整,因为生产线的调整将大量增加成本。生产设备自动化程度和专用化程度都非常高,设备昂贵,故用于建厂和设备投资的固定成本相对较高,而变动成本相对较低,通常都按照经济规模组织生产以降低生产成本。设备故障造成的损失很大,做好设备的维修,管理是关键。连续型流程方式下的产品所对应的顾客一般是有系统的组织,而非个人。所面向的市场比较稳定,需求波动不大,对这种流程,就生产计划而言,重点要抓好综合生产计划的制订。编制综合生产计划主要以市场需求预测为根据,所以要强调预测的重要性。另外,需要制订设备的定期维修计划并贯彻执行,以保证设备的开动率。典型例子有化学工业、塑料、制药、化肥、石油、冶炼等。

b. 专一重复型流程

专一重复型流程是在一条生产线上重复生产某一种产品,物料在整个流程中不是以固定的速度流动。如果在生产过程中,对产品的某一部分有调整,如汽车生产中仅仅汽车中的某个内饰件有调整,而且这种调整无需准备时间,则这种情况也可以称为专一重复式生产。典型例子是电脑、汽车等。

c. 混线型流程

混线型流程是在同一条生产线上生产不同的产品,在产品之间的转换时间比较短,并且通常可以忽略。混线型流程中的设备是通用型的,员工通常应掌握多种技能。1983 年,Hall 这样描述混线型流程:A,B,C,D 代表 4 种不同产品,如果在生产线上按照如下顺序生产:A→B→C→A→B→C→A→B→A→D,则当完成一个 D 产品时,已生产 4 个 A、3 个 B、2 个 C,这样的流程就是混线型流程。对于混线型流程,最重要的是确定在混装线投入产品的先后顺序。

d. 间歇型流程

间歇型流程通常也可以称为批量型流程。间歇型流程是在同样的设备上生产多种产品,在每种产品之间的转换时间通常都较长,所以,在这种流程下,每一批量应有一定的上限和下限,下限是保证不出现缺货,上限应在规定的成本范围之内。汽车制造业中的冲压生产车间是一个批量生产的典型例子,在冲压车间,一般冲压生产线只有为数不多的几条,而要冲压的零件通常都有 10 种之多,所以必须按照批量生产的方式来组织。因为批量生产的中间转换时间较长,所以应想方设法缩短换装时间。作业时间一般可以分为两种:一种叫外部转换时间,即冲压设备在运转过程中,就将与后一种产品冲压的相关工作准备好所花费的时间(如将模具事先准备好);另一个是内部转换时间,即当冲压机器停止运转后,将原先模具卸下来再装上新的模具所占用的时间,为缩短作业转换时间,应设法将内部作业转换时间转换为外部转换时间。另外,在确定每种产品的批量时也有多种做法,不同的公司应灵活利用不同的准则,没有一个固定的公式可循,但都以尽量降低总成本为前提。有的是按照经济规模批量公式计算得到,有的是由保证预设的库存量得到。在批量生产中,设备大都是通用的设备,像冲压设备就是如此,设备及人员必须连续不断地安排以提高设备的开动率。

专一重复型流程、混线型流程和间歇型流程 3 种类型通常具有以下特点:①大多数属最终产品,受顾客影响大,市场需求不稳定;②产品结构复杂,组成零部件多,协作单位多;③产品生命周期短,型号更新快;④按顾客需求订制产品的比例较大。3 种类型生产方式存在的缺点是:①不同的产品型号,工艺路线不同,需要重新布置,调整设备布局,故生产组织比较麻烦;②各类型产品产量的比例经常变化,如何组织人力及安排设备,计划很难做且须经常调整;③对新产品开发要求高,要求迅速拿出设计方案,快速响应市场;④生产能力的需求是个动态变化的量,负荷平衡、生产过程同步化非常困难,但必须做。对于这 3 种类型的生产方式来说,其年度经营计划是粗略的,关键是制订季度生产计划和月度生产计划。

上述流线型流程中设备的布置通常都是以产品(或零部件)为对象来构筑生产单位的。一个生产单位基本上可以完成一个产品或零部件的生产,这又称为封闭式生产单位。综合以上所述,流线型流程具有以下优点:①可以大大缩减产品在加工过程中的运输距离;②可以减少加工过程中的在制品库存,连续型流程无在制品库存,专一重复型流程和混线型流程存在在制品库存,但库存水平通常较小,而间歇型流程因为采用批量生产,故在制品库存相对较高;③可以采用先进生产组织形式——流水线生产,以提高生产效率;④可以减少生产单位的协作关系,简化计划管理。

　　下面以 4 种产品的制造加工过程,说明如何按产品和其他原则进行布置,表 1.2 为 4 种产品的制造加工过程。如按产品为原则进行布置,则如图 1.2 所示。

表 1.2　产品 A,B,C,D 的加工过程

产品	工序 1	工序 2	工序 3	工序 4
A	车削(L)	车削(L)	铣削(M)	钻孔(D)
B	车削(L)	铣削(M)	铣削(M)	钻孔(D)
C	车削(L)	研磨(G)	研磨(G)	钻孔(D)
D	铣削(M)	研磨(G)	研磨(G)	钻孔(D)

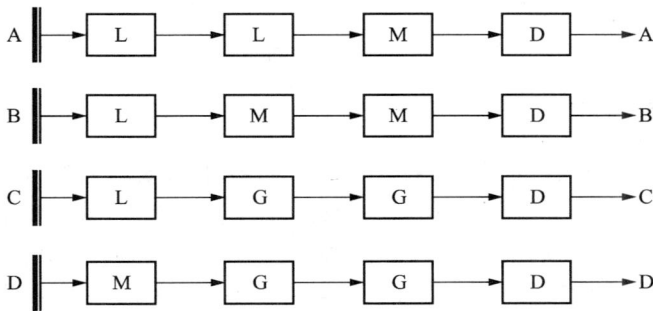

图 1.2　产品布置

2. 零工型流程

　　零工型流程又可称为功能性流程,是将具有相同功能的一组机器设备放在一起,即按照生产工艺的特点来组织生产单位,在一个单位(如车间)内集中相同种类的设备及工人。例如:机械加工车间可分为车床工段、铣床工段和钻床工段等;热处理车间可分为淬火工段和退火工段等。将上述 4 种产品按工艺为原则进行布置则如图 1.3 所示(图中只标出 A 和 B 的流程)。在这种流程下,批量的大小是由订单的数量决定的。零工型流程有以下特点:①物料运输路线很长;②产品在加工过程中停放、等待时间长,延长了生产周期;③各生产单位之间协作,往来频繁,管理较困难;④因将相同的工艺设备放在一起,所以生产的柔性很好,设备利用率高,即使个别设备出现问题,影响也不大;⑤加工过程需要详细的加工路径及所有加工中心的名称和位置;⑥工人固定在一种设备上操作,有利于专业技术的提高;⑦因为不是按流水生产,因此在每个加工中心前必须对加工单进行排序,进行生产排序相对比较复杂;⑧生产过程中的在制品比流线式生产方式要多。

　　一般在以下情况中使用零工型流程:①制造新产品的原型;②生产产品初期

的小批量生产；③所制造的产品的量较少时；④所制造的产品对加工工人的技艺要求较高时，比如生产天文望远镜及仪器等。

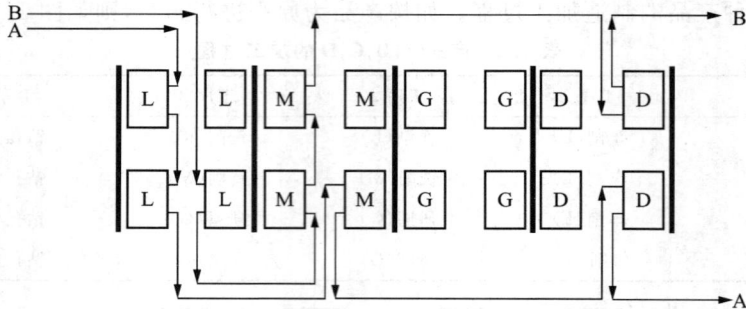

图 1.3　工艺布置

3. 定位型流程

由于产品体积或重量庞大，在实际生产过程中移动不方便，所以将产品固定，而将生产该产品所用的设备和物料均置于产品的周围，典型的有造船、大型涡轮机、发电机组、飞机、建筑业等。这种生产流程所采取的布置形式为定位布置，在产品整个生产的过程中，产品均不动，物料和工装设备围着产品转。定位生产均采用接单生产，通常既有设计，又有制造和组装，并且订单量都很小，这种生产方式要求工人具有相当高超的技艺。对于定位生产方式下的计划和控制，一般采用项目管理中的关键路线方法或项目计划评估技术进行进度计划和控制。

企业在实际进行生产过程的组织时，并不是简单且孤立地采用三种组织方式中的一种，而是将几种组织形式结合起来。例如，在企业工厂中，某一层或某一区域可能采用的是工艺对象为原则进行布置的，而另一层或另外区域，则采用产品对象布置原则。

1.2.2　生产方式

1. 备货生产方式

备货生产方式基于对市场的需求预测，预测结果的精确性对这种生产方式影响尤为重要。这种生产方式一般是按批量组织生产的，并且经常轮番进行，因为是备货生产，要求产品能立即交货、品质优良，又因为将产品先生产出来，放在仓库，待有需求时再从仓库中取出，所以这种生产方式的库存量较大，库存所占用的资金较多。虽然备货生产的效率很高，但组织生产较为复杂，风险较大，可能造成积压或脱销。曾有一些企业，因为市场的销售预测量和实际产出量相距甚远,给企业带来了不少损失。

2. 订货生产方式

订货生产基于市场的拉动进行生产,这种生产方式所对应的产品,客户个性化的要求很高,每种产品的规格、数量、质量、交货期均不同。由于是采取拉动的准时生产,所以基本上没有存货,有的甚至可以达到零库存。交货期是管理控制的重点。订货生产一般是属于多品种、小批量生产,生产组织比较复杂,在订货生产方式下,易于提高顾客满意度,所以近年来发展很快。订货生产方式又可细分为订货组装方式(Assemble to Order, ATO)、订货制造方式(Manufacture to Order, MTO)和订货工程方式(Engineer to Order, ETO)3 种。

(1) 订货组装方式。利用标准零部件、半成品按顾客订制组装。这是最成熟的生产方式,标准化程度高,批量相对较大,生产率较高,很多情况下采用流水生产,如汽车等。

(2) 订货制造方式。产品设计已具备,可根据顾客需要进行制造,订货制造方式的特点是:原材料、半成品(协作件)是按预测准备好的。所以预测非常重要,如重型机械、工程机械等。

(3) 订货工程方式。按顾客需要进行设计制造,和订货制造方式相比,不仅要设计还要制造,其特点是生产周期长。管理的重点在于缩短设计周期,尽量采用标准零部件,采用 CAD,CAPP,如大型、重型设备。

另外,如果按照生产批量的大小可分为大批量生产、单件小批量生产及多品种中小批量生产,不同批量下的生产方式所对应的生产计划和控制方法也不同。

(1) 大批量生产方式。在较长时间内重复进行一种或少数几种类似产品,通常以大批量流线方式进行,最典型的例子是汽车制造业。这种生产方式的特点是:①生产率高,工人分工细,高度专业化,设备及工艺专业化;②工人操作熟练程度高,工人重复做简单的操作,很熟练;③作业计划简单,一旦流水线调试能正常生产时,就按节奏进行,无需规定细节;④产品质量容易保证;⑤成本低,管理重点是设备定期维修,工人出勤管理,以及在线质量控制。

(2) 单件小批量生产。接到订单后才开始组织生产。如船舶、大型电机、桥梁、大型建筑等。这种生产方式的特点是:①品种多,而每种产品订货不多,加工过程不一样;②每一种产品订货很少,交货期不一样;③加工设备为通用设备,设备调整时间长,效率不高;④对工人要求为多面手。

(3) 多品种中小批量生产。这是介于大量流水生产方式和单件小批量生产方式之间的一种生产方式,有以下特点:①通常应用成组技术;②缩短交换作业时间;③严格管理制度,减少库存。

1.3　生产管理

生产是将原材料、能源、人力、信息等转化为产品或服务的活动,生产管理则是指为实现生产既定目标,对生产过程进行计划,并控制实施过程,有效利用资源以提高效率和生活质量,以求利润最大或成本最低,并最终达到客户的满意。制造业中存在生产及生产管理,服务业中通常也存在。

有的教材采用"生产与运作管理"一词,实际上,生产管理与运作管理是有所区别的,生产管理是指对生产过程所涉及的活动进行计划、组织与控制,在制造业通常用生产管理来描述。运作管理是对提供公司主要产品或服务的系统进行设计、运行、评价和改进,在生产职能不是很显著的行业,如服务业,通常将进行的相关管理活动称为运作管理。本课程对服务业中的管理不做分析,其实,制造业中的生产管理方法在服务业中是可以通用的。

从英国经济学家亚当·史密斯(Adam Smith)最早提出劳动分工理论以来,生产管理的发展经历了机械化生产、自动化生产和信息化生产几个大的历史阶段,进入 21 世纪,生产管理又进入了一个新的阶段,即强调知识的集成和转移的知识管理时代。生产方式也由早期的单件生产发展到 1913 年以流水装配线为标志的大量生产,后来,发展为以日本丰田汽车公司为代表的精益生产方式,强调的是中小批量混合生产。

1.3.1　生产管理的研究内容

生产管理的研究内容主要包括生产系统的设计和生产系统的管理两个方面,如图 1.4 所示。生产系统的设计主要包括:厂址的选择、工厂内部设施规划与设置、能力分析与规划、组织系统设计,以及管理信息系统设计等。工厂选址和生产战略规划相联系,选址前须进行能力分析和决策,确定未来几年内企业的生产能力,一方面保证最大程度地满足市场需求,另一方面要保证能力的利用率,避免能力的放空。设施规划和设计往往是在新建厂、扩充厂房、缩减厂房、增减产品、增减设施、业务过程重组等情况下的需求,要对生产设施进行重新布局和优化设计。能力分析与规划有资源需求规划、粗能力计划和能力需求计划三个层次,是进行能力和负荷平衡的分析。组织系统的设计和管理信息系统的设计是系统高效运作的基础。系统的设计是为生产创造一个平台,是生产系统运作良好的前提,也是一个企业取得市场竞争力的先决条件。在进行系统设计时,要考虑到市场的千变万化,运用最先进的方法进行优化设计。

生产管理的另外一个主要方面是系统的管理,主要包括生产过程中的计划、组织和控制三方面的问题。生产计划包括:对市场未来需求的预测,确定品种、产量、劳动力水平、产品交货期,编制不同层次的生产计划,组织采购作业或车间生产作业,对生产进行合理的控制。组织这一方面则包括合理组织生产要素(包括劳动者、劳动资料、劳动对象和信息)。合理组织生产,最终目标是使企业在质量、成本和交货期三方面最优。除了生产计划管理以外,还有其他保证生产计划有序进行的管理措施,如质量管理、项目管理、设备管理、工艺管理等。生产系统的控制则包括投料控制、订货控制、生产进度控制、库存控制等。在后面讲述的生产计划与控制体系框架中,物料需求计划(Materials Requirement Planning, MRP)强调的是系统的计划功能,而准时化生产(Just-in-time, JIT)强调的则是车间现场控制的功能。

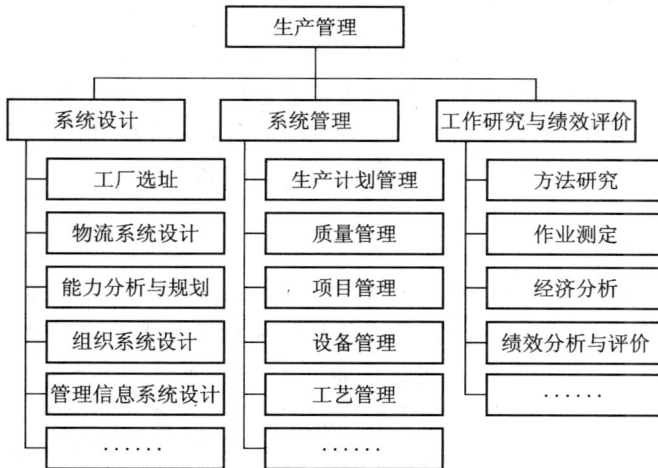

图 1.4　生产管理的研究内容

此外,也可以将工作研究、生产运作的经济分析,以及绩效评价分析等纳入生产管理的范畴之内。工作研究包括方法研究和时间测定,工作研究是对工艺流程、作业和动作进行分析,以设计出高效率的工作方法,而作业人员的效率则以时间来衡量。这是生产运作管理最基础的工作,是开展其他管理如计划管理、成本控制、人事管理等的依据。经济分析和绩效评价是根据不同的指标来评定一个生产系统管理的效果。

1.3.2　生产管理与其他部门之间的关系

生产管理活动和企业内部其他部门之间的活动密不可分,企业的生产活动是依赖于所有部门之间的密切协作才得以顺利完成的。

1. 人力资源部门

人力资源部门涉及的是人事的管理,在生产管理领域,几乎所有模块都与人力资源的管理相关,例如,进行方法研究和工时定额的测定,一方面需要人力资源部门的大力协助,另一方面,工时定额的测定结果可以为人力资源部门进行定额管理和人事编制提供强有力的依据。在制订综合生产计划时,为调整能力可以采取几种策略,其中就有为满足市场需求动态,调整员工人数的策略,这就需要不断进行招聘和解聘,需要人力资源部门的合作,也有为满足需求调整能力的加班或减班的策略,这也需要人力资源部门的配合。

2. 产品开发与设计部门

产品开发和设计必须是面向可制造和可装配的开发与设计,在开发和设计时,要考虑到未来产品的质量要求,进行所谓的设计质量控制,这是线外(off-line)质量控制,应该说,它和生产管理领域内的质量管理是相关的。新产品的开发和设计通常要运用项目管理的方法来进行计划和控制。新产品开发和设计时涉及产品的物料清单,此为生产计划和控制系统的非常重要的一个数据。进行市场的需求预测也要将产品开发部门的意见考虑进去。

3. 采购部门

根据物料的属性,如果物料是外购件,则生产计划与控制体系将形成采购订单,并将该订单下达给采购部门,采购的日期和批量的大小由计划部门来决定。采购部门能为产品开发与设计提供信息。生产管理部门应经常与采购部门协调、沟通,使采购部门得到正确的原料库存、半成品库存和成品库存信息,这样,才能适当控制库存,不至于因缺料而停工,也不会因库存过多而造成浪费。

4. 营销部门

营销部门对市场的正确预测可以为生产计划提供依据,使生产计划部门能有效且实时地对计划进行调整。营销部门的订单资料必须随时提供给生产管理部门,使其能了解产品的品种、数量和交货期。另外,因营销部门最接近顾客,所以,营销部门可以把未来产品的开发方向和顾客对质量的需求,反馈给产品开发部门和质量管理部门。

5. 财务和会计部门

财务和会计部门可以进行投资的预算和分析,提供成本资料,成本的数据是生产计划系统中必须考虑的,在一般的企业资源规划系统中,通常都有相应的财务和会计模块。生产管理里有许多优化的问题,经常用到一些运筹学的方法,建立数学模型时,通常以成本最小为准则。进行系统的设计,如工厂选址和物流系统设施规划与设计要考虑相应的成本,这可以为财务和会计部门进行正确的投资预算提供科学的数据。

1.3.3　生产管理的目标

　　生产是一切活动的基础,生产管理的最终目标是提高企业的经济效益,这也是任何一个企业的基本任务。具体体现在:①保证产品的质量符合客户的要求;②保证生产出来的产品及时送达客户手中;③保证产品的成本符合客户要求,具有很好的市场竞争力。产品的质量(Quality)、交货期(Delivery)和成本(Cost)三者简称 QDC,构成了企业生产的基本任务。企业运作是否成功,也可以用这三个指标来衡量。上述三点实际上是相互矛盾,相互冲突的,提高质量,必然会使成本增加;要保证交货期,可能质量就难以控制并且要增加成本;降低了成本,可能就不能保证质量,所以说,为了使这三者协调统一,就必须在生产管理中加以合理的组织、协调和控制。

　　对于客户而言,除了要满足其对质量的要求,还要满足顾客对数量变幻不定的需求,这就要加强需求预测的功能,生产系统本身要具有良好的柔性,并且在实际生产计划控制过程中,根据市场变化,不断对生产计划内容进行修正。另外,要保证库存尽可能低,库存量大,势必投资就大,可能由此造成的风险也大,当然要满足顾客的需求,必然要相应提高库存水平,这二者也是相互矛盾的,问题是如何协调,使得在满足顾客需求的情况下,尽量降低库存。在企业实际运作过程中,上述目标的实现主要由不同的职能部门来控制和把握,如保证质量由质量保证部门负责;销售部门关心的是保证产品及时交付客户,而不关心库存水平;对于生产计划和控制部门,他们必须考虑在正确的时间提供正确数量的正确的物料,而对成本的控制可能不太关心;财务部门则对其中的成本控制较关心。所以,要实现生产管理的目标,除了各部门做好自己本职工作,还必须相互协调,从系统的观念来进行控制。

　　生产管理目标是否实现,还要对效果进行评价,通常有以下指标:①利润,这是评价经营活动的重要尺度,利润等于销售收入减去制造成本、管理费用和销售相关费用之和;②制造成本,在质量、交货期受到限制的条件下,以降低多少成本来评价生产活动的效果;③生产效率,这是有效利用劳动力、设备、原材料、能源等生产要素的能力,由产出和投入的比值来确定。

1.4　生产计划与控制的概念

　　任何一个制造型企业,都必须有计划和控制的功能,包括产品的市场需求预测,制订计划以决定何时增加设备与人员,何时购买与制造物料、制造多少、购买多少,等等。在整个生产管理系统中,生产计划是首要环节,是执行与控制的先决条件。其目的是为未来的时间(计划期)规定生产活动的目标和任务,以指导企业的生产工作按经营目标的要求进行。

生产控制的目的是对生产计划的具体执行情况进行跟踪、检查、调整等。它包括从生产过程的产出取得实际绩效的信息,将它们与计划要求相比较,对比较的结果进行分析,若发现有偏差,则要采取措施,以调节生产过程的投入,纠正偏差。

制订计划、执行计划及对计划的控制是一个不断地持续改善的过程,其终极目标是为了赢利,要实现赢利,必须首先要激发顾客的热情,获得顾客的认同。细化的目标有质量、成本、交货期和服务等,为了实现这些细化目标,就生产计划和控制功能而言,必须准确做到"在正确的时间、提供正确数量的所需产品"。这些目标虽然彼此是相互矛盾的,市场的变化也是动态的,但是要能快速地响应市场的需求,使顾客满意,必须有足够的库存来保证这种变幻不定的需求,这样库存占用资金必然会很高。所以说,生产计划和控制的每一个层次都应系统地去考虑和分析,以保证在库存尽可能低的情况下,快速响应顾客,为顾客提供高质量的产品。

1.4.1 历史发展

生产计划与控制技术的发展以计算机的出现为界限,主要有两个阶段,第一阶段是库存管理系统,根据一些数学规划的方法建立库存模型,以期用较少的资金占用来解决物料需求问题,主要的库存模型有经济订货模型和定期盘点订货模型。第二个阶段就是随着计算机的出现而发展起来的物料需求计划系统,即所谓的 MRP 系统。物料需求计划的发展又经历了几个阶段:第一阶段是 20 世纪 60 年代提出的最基本的物料需求计划,该阶段的物料需求计划系统是一个开环的系统,将物料分成独立需求和相关需求,根据主生产计划和物料清单计算组成产品的物料需求计划。第二阶段是在 70 年代后期出现的闭环物料需求计划系统,将物料需求计划的执行情况及时反馈到计划系统中,对能力进行计划,以验证能力的可行性,不断滚动计划;70 年代后期和 80 年代的制造资源计划(Manufacturing Resources Planning,MRP Ⅱ),从企业的制造资源(人、财、物)出发,将制造过程的供、产、销等各个环节纳入计划的体系中,用一个计划统一管理;80 年代后期和 90 年代出现的企业资源规划(Enterprise Resources Planning,ERP)不仅考虑到制造资源的计划,而且以制造资源计划为核心,将企业所有资源的计划都考虑进来,如质量管理、人力资源管理、项目管理等。物料需求计划是一个推动式的生产计划与控制系统,与此相对应的拉动式系统是以日本丰田生产系统为代表的准时化生产系统。此外,还有 80 年代以色列物理学家歌德·瓦特提出的最优化生产技术,即后来所谓的约束理论,这是以消除企业生产过程存在的约束为基本思想来制订计划和进行控制的。生产计划与控制的发展过程如图 1.5 所示。

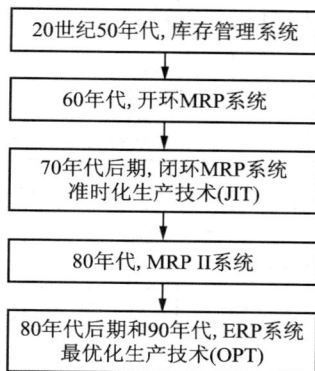

```
┌─────────────────────────┐
│ 20世纪50年代，库存管理系统 │
└─────────────────────────┘
          ↓
┌─────────────────────────┐
│ 60年代，开环MRP系统        │
└─────────────────────────┘
          ↓
┌─────────────────────────┐
│ 70年代后期，闭环MRP系统    │
│ 准时化生产技术(JIT)        │
└─────────────────────────┘
          ↓
┌─────────────────────────┐
│ 80年代，MRP Ⅱ系统         │
└─────────────────────────┘
          ↓
┌─────────────────────────┐
│ 80年代后期和90年代，ERP系统 │
│ 最优化生产技术(OPT)        │
└─────────────────────────┘
```

图 1.5 生产计划与控制的
发展过程

1.4.2 生产计划

计划按照不同的层次可以分为：战略计划、经营计划和作业计划。这三个计划的内容、时间、完成人员均不同。任何一个公司都应有一个总的战略，它规定整个公司的目标和发展方向，并指导公司的一切活动，这对企业的成功有决定性的影响，经营计划和作业计划都是围绕战略计划来进行的。一般来说，战略计划往往是由高层管理人员制订的，它的周期也较长，通常为 3～5 年或更长时间。制订战略计划时要求对市场有深刻的了解，并能洞察市场在未来的发展方向，对高层管理人员来说，要求他们具有高瞻远瞩的眼光。

公司的经营计划则比战略计划的时间周期要短些，通常为 1 年左右，经营计划是将战略计划所规定的目标和任务变成切实可行的计划。例如，战略计划可能规定在未来要上马一种新的产品，则经营计划要对该产品生产所需的资源进行分配。在进行战略计划和经营计划时，均要对其资源进行负荷分析。若资源和生产不符合时，可重新规定目标，使得它们与可用资源相适应；也可通过购置和补充额外资源，放宽关键资源约束条件，以便决定满足特定目标的最优分配。所以说，计划的编制实际上是一个不断优化、不断调整的动态过程。

作业计划则比较具体，其时间周期也比较短，期间也要进行资源和负荷的能力平衡分析。作业计划按照时间可分为长期作业计划和短期作业计划。长期作业计划，实际上是将公司目标转变为作业项目，长期作业计划有多种名称，本书以总生产计划命名。包括是否要招聘和解聘、是否需要转包、是否需要对人员进行培训等。提前期较长，通常为 1 年，有时也称为年度作业计划。短期作业计划则时间周期很短,通常为 1 个月,如主生产计划和物料需求计划。

从计划的时间跨度上讲,又可分为长期计划、中期计划和短期计划三个层次,计划的体系和层次结构如图 1.6 所示。

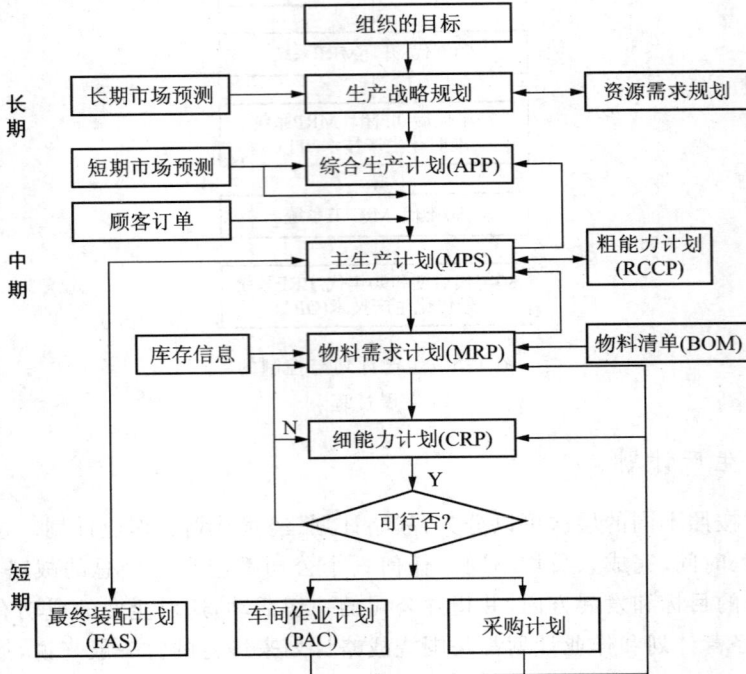

图 1.6   生产计划总架构图

1. 长期计划

长期计划包括市场需求预测、产品规划与销售计划、资源需求计划,综合生产计划(Aggregate Production Planning,APP)界于长期计划和中期计划之间,是一个中长期的生产计划。

a. 市场需求预测

市场需求预测可以分为长期预测和短期预测。长期市场预测主要是宏观的预测,预测的时间跨度较长,通常为 3~5 年,预测主要应考虑国家宏观经济的发展和政策,产业发展的大环境,产品的科技竞争能力等因素。这种长期预测一般由企业的最高层管理者做出,它不针对具体的产品,而是针对产品群。短期市场预测又可以分为两个层次,一方面在制订综合生产计划时要对未来 1 年内的销量做一个预测,另一方面,在综合生产计划期间,又要不断地对预测进行调整,即要做更短的预测,通常是每一季度或每个月。

b. 生产战略规划

在长期预测的基础上,生产战略规划主要是企业长远发展规划,它关心企业的兴衰成败,常言道"人无远虑,必有近忧",长期生产战略规划一般是由企业的最上层管理人员制订的,是属于战略层次的计划,用来指导全局,计划期比较长,通常为几年以上。长期生产战略规划考虑的是产品开发的方向,生产能力的决策和技术发展水平。这种长期生产战略规划的不确定性较高。

c. 资源需求计划

生产战略规划做出后,要对资源进行规划,对企业的机器、设备与人力资源是否能满足生产战略规划规定的要求进行分析,这是一较高层次的能力计划。

d. 综合生产计划

综合生产计划是界于长期计划和中期计划之间,有的书中将它纳入到中期计划中也未尝不可。综合生产计划是指导全厂各部门一年内经营生产活动的纲领性文件。准确地编制综合生产计划可以在产品需求约束条件下实现劳动力水平、库存水平等指标的优化组合,以实现总成本最小的目标。

2. 中期计划

中期计划主要包括主生产计划(Master Production Scheduling,MPS)、粗能力计划(Rough-cut Capacity Planning,RCCP)。物料需求计划界于中期计划和短期计划之间,如将物料需求计划也纳入到中期计划中来,则和物料需求计划相对应的能力需求计划(Capacity Requirement Planning,CRP)也应归到中期计划中。能力需求计划通常也可称为细能力计划。

a. 主生产计划

主生产计划是计划系统中的关键环节。一个有效的主生产计划是生产对客户需求的一种承诺,它充分利用企业资源,协调生产与市场,实现生产计划大纲中所表达的企业经营计划目标。它又是物料需求计划的一个主要的输入。主生产计划针对的不是产品群,而是具体的产品,是基于独立需求的最终产品。

b. 粗能力计划

粗能力计划和主生产计划相对应,主生产计划能否按期实现的关键是生产计划必须与现有的实际生产能力相吻合。所以说,在主生产计划制订后,必须对其是否可行进行确认,这就要进行能力和负荷的平衡分析。粗能力计划主要对生产线上关键工作中心进行能力和负荷平衡分析。如果能力和负荷不匹配,则一方面调整能力,另外一方面也可以修正负荷。

c. 物料需求计划

物料需求计划是在主生产计划对最终产品做出计划的基础上,根据产品零部件展开表(即物料清单,简称 BOM)和零件的可用库存量(库存记录文件),将主生产作业计划展开成最终的、详细的物料需求和零件需求及零件外协加工的作业计划,决定所有物料何时投入,投入多少,以保证按期交货。对于制造装配型企业,物料需求计划对确保完成主生产计划非常关键。在物料需求计划基础上考虑成本因素就扩展形成制造需求计划,简称 MRP Ⅱ。物料需求计划制订后还要进行细的能力计划。

d. 能力需求计划

物料需求计划规定了每种物料的订单下达日期和下达数量,那么生产能力能否满足需求,就要进行分析,能力需求计划主要对生产线上所有的工作中心都进行这种能力和负荷的平衡分析,如果不满足,则要采取措施。图 1.6 显示的生产计划总架构是一个闭环的系统。

3. 短期计划

短期计划主要根据物料需求计划产生的结果作用于生产车间现场,包括最终装配计划(Final Assembly Scheduling, FAS)、生产作业控制(Production Activity Control, PAC)、采购计划等。

a. 最终装配计划

最终装配计划是描述在特定时期里将 MPS 的物料组装成最终的产品,有些时候,MPS 的物料与 FAS 的物料是一致的,但在许多情况下,最终产品的数量比下一层 BOM 的物料还多,此时 MPS 与 FAS 的文件是不同的。

b. 生产作业计划与控制

执行物料需求计划将形成生产作业计划和采购计划,生产作业的计划期一般为周、日或一个轮班,其中,生产作业计划具体规定每种零件的投入时间和完工时间,以及各种零件在每台设备上的加工顺序,在保证零件按期完工的前提下,使设备的负荷均衡并使在制品库存尽可能少。生产作业计划将以生产订单的形式下达到车间现场,生产订单下达车间后,对生产订单的控制就不再是生产计划部门或 MRP 系统管辖的范围,而是由车间控制系统来完成。订单的排序要根据排序的优先规则来确定。

c. 采购计划

本书对采购计划将不论述。采购计划有其固有的特性,现在特别强调要实现供应链的集成,这就要重视他们和供应商之间的和谐关系,要形成战略伙伴关系,供应商是企业的延伸,对供应商的能力也要有一个规划。

物料需求计划的计划体系是基于相关需求产品而言的,对于独立需求产品或物料,则可以用其对应的库存管理方法进行计划和控制,比较常用的是两种模型,即定量订货库存模型和定期订货库存模型。物料需求计划是一种推动式的生产系统,它和准时化生产体系恰好是一个相反的过程,准时化生产是由市场的订单拉动企业的生产,其区别将在后面第 10 章中详细介绍。物料需求计划是大量生产方式下发展起来的一种计划和控制体系,而准时化生产则是精益生产方式下发展起来的一种计划和控制体系。二者各有优缺点,如何将二者的优点综合在一起,发挥物料需求计划较强的计划功能和准时化生产较强的控制功能是目前许多学者正在研究的方向。以鼓、缓冲器和绳子(Drum-Buffer-Rope,DBR)为基础的最优化生产技术(Optimized Production Technology,OPT)则是充分利用了二者的优点进行计划和控制的,本书将不介绍最优化生产方面的技术。

1.4.3 生产控制

生产控制是保证企业生产经营活动取得持续绩效的重要环节,是解决生产问题的重要手段,是调节生产的有效工具,是保证生产计划的有效方法。它的基本控制内容有:①确定工艺流程,这是生产控制的起点和基础;②安排生产进度计划,这是生产控制的前提;③下达生产指令,这是生产控制的重要手段;④生产进度控制,这是生产控制成败的关键。

生产的控制在生产计划的各个层次都有,前面提到的资源需求计划、粗能力计划和能力需求计划也可以看做是一种控制的手段,通常讲的生产控制一般都限于生产现场的控制,对生产现场的控制实际上有两种策略,一种是对按照物料需求计划展开得到的车间作业订单进行有效控制,另一种非常有效的策略是对车间现场进行控制,其手段就是采取准时化生产,即所谓的拉动系统,所用的控制工具就是看板(Kanban)。对不同的生产类型,不同的控制方法,其生产控制的程序都是大体相同的,一般包括以下几个步骤:①制订生产工作标准;②分配生产任务,维持生产系统正常运行;③收集、记录与传递生产信息;④评价成果,即通过个人观察,分析统计报告和分析生产记录等形式进行评估;⑤进行短期或长期的调整生产控制。其功能主要有以下三个:进度管理、余力管理和实物管理。

1. 进度管理

严格地按照生产进度计划要求,掌握作业标准(通常包括劳动定额、质量标准、材料消耗定额等)与工序能力(通常指一台设备或一个工作地)的平衡。具体体现在以下三个方面:①作业分配,即根据生产能力负荷平衡进行作业分配,按照生产进度计划日程要求,发布作业指令;②进度控制,根据各项原始记录及生产作业统计报表,进行作业分析,确定每天的生产进度,并查明计划与实际进度出现偏离的原因;③偏离校正,进度管理的目标,不仅要及时发现计划与实际的偏离程度,采取有效措施,予以消除,还要提高预见性,预防偏离情况的发展。

2．余力管理

所谓余力，是指计划期内一定生产工序的生产能力同该期已经承担的负荷的差数。能力大于负荷表示能力有余；能力小于负荷表示能力不足。余力管理的目的：一是保证实现计划规定的进度；二是要经常掌握车间、机械设备和作业人员的实际生产能力和实际生产数量，通过作业分配和调整，谋求生产能力和负荷之间的平衡，做到既不出现工作量过多，也不发生窝工的现象。

生产有余力，就要采取提前计划进度和支援其他生产单位等调整措施，以减少窝工。在出现超负荷的情况（负余力），可能延迟生产计划进度时，就要采取调整班次，重新分配任务，利用外协等有效措施，加以平衡。

3．实物管理

实物管理就是对物料、在制品和成品，明确其任意时间点的所在位置和数量的管理。在实物管理中，搞好在制品管理与搬运管理，这是实现生产有效控制的首要环节。

在制品管理工作的主要任务是：在整个生产过程中，保持实现均衡和配套生产所必需的在制品数量，严格控制在制品的储备量和在各个生产环节之间的流动状态，以缩短生产周期，加速流动资金周转。必须认真做好：①管理车间在制品、库存在制品的流转和统计；②确定半成品、在制品的合理储备和进行成套性检查；③加强存储管理，发挥中间仓库的控制作用；④重视物料搬运管理，提高物料流转过程中的运转效率。

企业生产控制是否能够成功地实现，将取决于产品是否按期、保质交于客户；是否充分利用人力和设备；是否实现标准化生产；是否实现一个流生产，且能降低库存等。最终的目标是最大程度提升客户的满意度，为企业获取利润。

习　　题

1．制造业的生产方式及生产组织形式和服务业有什么区别？

2．本书介绍的生产计划与控制适用于制造业，服务业里有无生产计划与控制问题，如何制订计划和进行控制？

3．大批量生产、中小批量生产和单件生产分别适合什么样的生产计划方法？

4．大批量生产、中小批量生产和单件生产分别适合什么样的生产组织形式？

5．生产计划职能和其他职能管理部门之间的关系如何？

6. 生产计划子系统包含哪些部分？各部分之间的相互关系如何？

7. 生产计划和生产控制之间的关系是什么？

第 2 章 需 求 预 测

　　生产计划和控制部门在制订生产计划时通常依赖于市场的需求，预测未来的需求是制订生产计划的重要步骤，是企业成功运作的前提条件，预测是否准确对其后的生产计划有决定性影响。一般来说，生产计划的编制是由市场的订单（已知确定的）和对市场的预测（未知不定的）来确定的。但不同生产方式下约束条件并不一致，对备货生产型的企业来讲，生产计划主要取决于对市场的需求预测；而对订货生产型企业来讲，生产计划则主要依赖于客户的实际订单。绝大多数情况下要兼顾实际订单和对市场的需求预测，由此可见预测的重要性。本章主要包括以下几部分内容：①需求预测基本概念；②定性预测方法；③定量预测方法。

2.1　基本概念

2.1.1　预测的定义及分类

预测是指对未来不确定事件的推断和测定,是研究未来不确定事件的理性表述,是对事物未来发展变化的趋向,以及对人们从事活动所产生后果而做的估计和测定。当然,预测非臆测(Prediction),臆测往往是一种基于主观性的评价,是一种狭义的预测,而一般意义上的预测是一种广义的预测,预测既有主观性又有客观性,是对未来市场的一种估计和推断,有时是建立在对过去资料的收集的基础上做出量化的结果,有时则是基于一种主观性的推断。本章除了介绍基于主观判断的定性预测方法外,将重点描述定量的预测技术。

市场预测内容包括:市场需求、供给、消费品购买力及投向、价格变动趋势、产品生命周期、科技前景、商业营销发展趋势、市场占有率、成本与效益等。总的来说,预测的类型有以下几种:①经济预测,通过对通货膨胀率、货币比率等指标预测未来经济的发展;②技术预测,对未来产品开发方向,以及工厂发展和制造技术发展方向的预测;③需求预测,预测在未来一定时期内对某产品需求的数量。与生产计划直接相关的是需求预测。

另外,按市场预测的时间跨度可以将预测分为长期预测、中期预测和短期预测。长期预测时间跨度通常为 3 年或 3 年以上,用于规划新产品、生产系统的配置等。中期预测通常从 1 个季度到 3 年,用于制订销售计划和生产计划,短期预测通常少于 3 个月,是制订主生产计划的依据。不同的行业对预测的要求和预测的时间范围不一样。对一些计划性、垄断性比较强的行业,如石油、煤炭、钢铁等,长期预测显得很重要,而对一些需求动态特性较强的行业,如汽车零部件厂,由于国内汽车产量远低于经济规模,并且适应市场需求的产品也变幻不定,则不仅要进行长期预测,而且要进行短期预测,并不断修正预测结果。在进行市场预测尤其长期预测时,还要考虑到产品生命周期的影响,处于产品导入阶段和增长阶段的产品,比较注重长期的预测,而对成熟和衰退阶段的产品,则注重中期和短期的预测。

按市场预测的空间层次分类可以分为国内市场预测(又可进一步分为地区、城市、农村)和国际市场预测(又可进一步分为东欧、西欧、北美洲、拉丁美洲、亚洲等)。按市场调查的主体分类可以分为宏观预测(国家)和微观预测(企业)。预测的方法有定性预测法和定量预测法。本书讨论的预测既不是经济预测,也不是技术预测,而是基于对企业生产的产品(广义的)的需求预测,预测值通常采用销售数量来表示。预测不可能百分之一百准确,因为它只是对未来的一个估计值,预测结果与未来是否吻合,一方面取决于事物本身的发展进程及发生作用的影响因素,另外一方面取决于人类认识客观事物和自觉控制事物发展方向的能力。

2.1.2 预测的目的和作用

销售预测是指未来一定时期,在某一地区内,可能获得的销售预计值。进行预测在于提出可靠的预估资料,以供决策人员参考。企业各项职能活动,如采购原材料、扩充机器设备、补充人员等均依据市场对产品的需求进行调整。预测是整个生产计划系统的重要输入和依据,具体讲,其重要性可以从以下几个方面来考虑:①对于战略决策部门而言,预测可以提供决策的依据;②对于生产计划和控制部门而言,预测是企业编制生产计划(总生产计划和主生产计划)的基础,是生产计划编制的主要输入;③对于销售部门而言,为补充销售人员提供依据;④对于成本会计而言,预测可以为预算和成本控制提供依据;⑤对于采购部门而言,便于采购部门制订准确的采购计划,以降低总的生产成本;⑥对于研发部门而言,新产品的预测可以为设计提供参考,根据对市场的预测进行产品的开发,这样的产品才会有市场,才会有竞争力。

需求预测的最核心作用是用于编制生产计划,预测在生产计划与控制系统中的作用和角色如图2.1所示。长期预测是长期投资战略计划的预测,预测对象是投资对象品种的平均及最大需求量,中期预测是对现有产品年度总需求量的预测,而短期预测是对每种产品的需求量的预测。

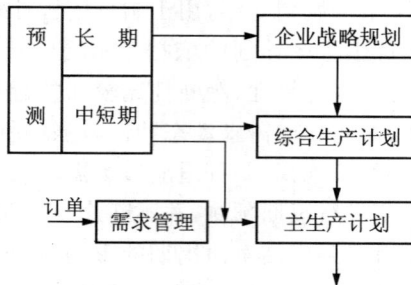

图 2.1 预测在生产计划和控制
系统中的作用

2.1.3 需求分析

预测与企业所生产的产品性质有关,从需求的角度讲,任何一种产品都有独立需求(Independent Demand)和相关需求(Dependent Demand)之分。相关需求是指由对其他产品或服务的需求所导致的对某种产品或服务的需求。例如,如果要生产 1 000 辆轿车(四轮轿车),则必然需要 4 000 个汽车轮子,这种产品的需求没有必要去做预测,只须简单计算即可。而所谓独立需求,是指产品的需求是由市场决定的,与其他产品服务的需求无关。上例中的轿车即是独立需求产品,因为该需求不能由其他的产品派生出来。当然,有的产品可能既是独立需求件,又是相关需求件,如果某种相关需求产品作为备件生产,则该产品即属此种类型。进行市场需求预测,其对象是独立需求物料,这种物料通常是最终产品,但如果某些零组件是作为备件或在其他不直接组装产品的场合使用,也是预测的对象。

　　独立需求产品的市场需求要基于预测结果,是存在误差的,而相关需求的产品则根据产品的物料清单通过展开计算得到,其需求数量和时间是确定的。图2.2 为产品 A 的结构树,该产品结构树的最顶层产品 A 就是独立需求的产品,其库存系统如何进行管理,常用第 3 章中介绍的基于独立需求产品库存分析与控制策略(实际上是一种订货点法)来分析。而对于相关需求产品,如图中的物料 B,C,D,E 和 F 等,则用第 6 章中介绍的物料需求计划来分析,在物料需求计划发展的前一个阶段,普遍采用订货点法,即不将产品区分为独立需求件和相关需求件,将全部物料均作为独立需求件来对待处理。

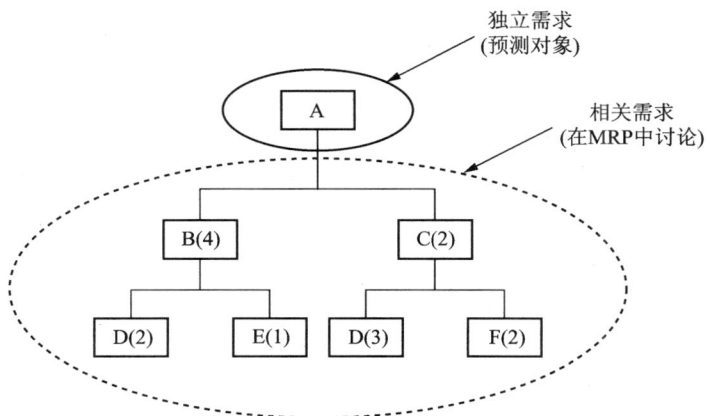

图 2.2　独立需求和相关需求的区别

　　对于独立需求件,通常可以采取以下措施影响其需求:① 发挥积极作用,影响需求,例如:对销售人员增加压力,奖励员工,对顾客进行有奖促销,降价,广告,将工资与销售额挂钩,抬价,减少销售力度将使需求减少;② 被动、简单地响应市场需求,工厂设备已满负荷运行;市场处于稳定状态,广告费用太高,企业无力改变需求,只有一家供应等。

2.1.4　预测的一般步骤

　　需求预测是建立在对数据分析的基础上,一般要依赖产品的历史数据,即真实的销售数据,并做一定的假设,对过去的数据和现有的数据进行统计分析。当然,不同的预测方法取决于企业的实际情况和产品的市场特性,以及对精度的要求,这要根据具体情况进行具体分析。对预测的结果还要进行适当评价,并且要对预测的结果进行监控。一般而言,预测遵循如下步骤:

　　(1) 决定预测的目的和用途。

　　(2) 根据企业不同的产品及其性质分类。

　　(3) 决定影响各类产品需求的因素及其重要性。

　　(4) 收集所有可以利用的过去和现在的资料。

　　(5) 分析资料。

　　(6) 选择适当的预测方法或模型。

　　(7) 计算并核实初步预测结果。

　　(8) 考虑和设定无法预测的内外因素。

　　(9) 对(7),(8)两步进行综合考虑,判断并得出结论,然后求出各类产品或地域性的需求预测。

　　(10) 将预测结果应用于生产计划中。

　　(11) 根据实际发生的需求对预测进行监控。

　　由上述步骤可知,预测并不是一成不变的,而必须与整个决策控制系统相互结合,对预测进行实时监控,及时修正,预测反馈控制修正系统如图 2.3 所示。

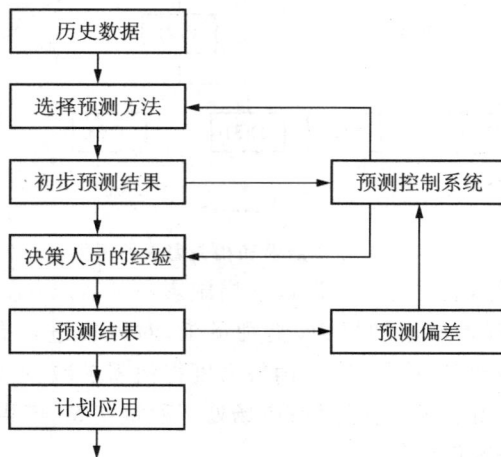

图 2.3　预测控制系统

2.2　定性预测

　　按性质可以将预测分为定性预测和定量预测两大种,此外,对于特别复杂的模型,也可以借助计算机仿真技术进行预测分析。

　　定性预测是一种主观预测法(Subjective Opinion Forecast,SOF),属于主观意识的判断、估计和评价,即根据过去的资料,由各种层次的人员对未来的市场需求做一个估计,这种预测方法没有复杂的计算公式,可能涉及数字,但使用非数学性的方法。定性预测也要借鉴大量的历史数据,但因凭个人主观意愿分析,故个人习惯、偏好等对预测结果影响较大。在 APICS 的术语中,所有定性的预测技术叫臆测而非预测,是狭义的预测技术。主要的定性预测方法有:一般预测、市场调研、小组共识法、历史类比、德尔菲(Delphi)法。

　　不管采用什么预测方法,对销售的历史数据,必须仔细分析,以确定是否正确反映顾客的需求。有关历史数据均是不连续的,而是在特定时间采集的数据,取样间隔周期的大小将会影响预测结果的正确性。一般而言,取样周期和预测的需求有关,若预测未来需求以月为单位,则取样周期也应以月为单位。

2.2.1　一般预测方法

　　一般预测方法也称为销售人员汇集意见法,通常由各地区的销售人员,根据本人的判断或与地区有关部门交换意见且判断后逐层向上汇报,公司在获得这些资料后进行汇总,最后形成预测,此预测包含未来市场的产品发展方向和产品的销售金额,销售人员进行判断时也可把公司过去的实际销售情况作为参考资料。一般预测方法因为是根据销售人员的判断做出的,而销售人员最接近市场,对顾客的需求最了解,所以预测结果比较接近于和能反映顾客的需求,另外,因为取样较多,预测结果较稳定。但是,一般预测方法往往带有销售人员的主观意见,销售人员受专业水平的限制,对整个经济发展状况不易了解,对产品的未来发展方向不易做出预测。销售人员的主要业务是销售,可能对预测工作不太重视,如果预测结果作为销售人员未来销售的目标,则预测的结果易偏低。另外,由销售部门进行市场预测会耗用他们太多的时间。

2.2.2　市场调研

　　市场调研有时也可以称为顾客期望法,通常是聘请第三方专业市场调研公司进行预测,以此获得顾客需求的详细资料。市场调研主要用于新产品研发,了解对现有产品的评价,了解顾客对现有产品的好恶,了解特定层次的顾客偏好。本方法效果的好坏,很大程度上取决于如何获得顾客们反映实际的真实数据和信息。故调研时应对顾客的相关资料绝对保密。

　　数据收集方法有问卷调查和访谈两种。问卷调查又可以采取网络问卷调查和直接书面调查；访谈则可以用电话的方式，也可以以电子邮件或上门访问的方式进行。

　　利用市场调研进行预测，因为是根据顾客的期望所获得，故比较能反映顾客的实际需求，由此可以获得未来顾客购买的愿望。若在开发新产品无历史数据时，可采用这种方法进行预测。采用市场调研方法预测时，应考虑顾客太乐观或太悲观的可能。必须取得顾客的合作，避免其提供不准确甚至是错误的数据。顾客期望值往往随着时间的推移发生变化，所以在调研后做最终决策时要考虑此一因素。

2.2.3　小组共识

　　通常由高级决策人员召集不同层次和不同部门的人员，包括销售、市场、生产、工程、采购、财务、研发等部门的人员集体参与讨论。由所有成员提出预测值，通常将全部人员的预测结果进行平均而取得数据，或认为某些人的意见较为合理，而加大此类人的权重。这种方法简单易行，无需过去的资料。这种方法集中了各部门主管的经验与判断，如果没有足够的历史数据，则该方法是较好的方法。这种方法的缺点是，低层人员的意见往往易受市场营销的左右，且因不同层次的人在一起讨论，作为下属往往不敢与领导相背，这就违背了共识的原则。而对于重要决策，如引进流水线等，往往由高层人员讨论。另外，由于是集体讨论，故没有人对预测的正确性负责。

2.2.4　历史类比

　　当尝试去预测一个新产品的未来市场需求时，往往会面临历史数据太少的问题。一种较好的方法是利用产品的相关性，以同类型产品作为类比模型，这是最理想的情况。类似产品相关性很好，则可以用定量的预测技术。类比法可用于很多产品类型——互补产品，替代产品等竞争性产品或随收入而变的产品，等等。例如，网球和网球拍是互补的产品，则网球的季节性需求模型可建立在对于网球拍需求模型的基础上，即用网球拍的需求模型做类比分析。家电如电视机、电冰箱等的预测量与国民的收入有很大的关系，因此可利用这种相关性进行预测。

　　利用历史类比法进行分析时，应考虑哪种因素之间有相关性，相关性因素之间的相关程度如何，以便剔除相关性不大的因素。如相关性因素有多个时，则应以复相关性处理，并给每种因素赋以一定的权重系数。

　　利用历史类比法可以获得各相关因素对销售的影响；可以根据公开的数据，

不需要准备历史的数据,在历史数据没有或者很少的情况下,用历史类比法是很好的方法。但是,由于相关因素本身存在不确定性,并且是随机的、动态的,往往难以保证预测的正确性,需要一定的经验来判断相关系数及其权重,这种预测方法对预测人员要求往往较高。

2.2.5 德尔菲(Delphi)法

这个方法的名字源自于古希腊能预测未来事件的 Delphi 神,是 Rand 公司于 20 世纪 50 年代末首创的,Delphi 法可用于预测、决策和评价等方面,该方法主要通过数轮专家的问卷调查,用一定的统计方法处理,得到大多数专家认可的一种预测、决策方法。其基本步骤如下:

(1) 选择预测专家,预测专家应具有不同背景。

(2) 通过问卷(或 E-mail),将预测问题和相关资料寄给各位专家,征询专家意见。

(3) 汇总、归纳和整理各位专家预测的结果,附上新问题,再反馈给专家。

(4) 再次汇总各位专家意见,提炼预测结果和条件,再度发给所有专家,进一步征询意见。

(5) 如有必要,再次重复,直至所有专家意见趋于一致。

对于每一轮的专家问卷,可以用变异系数和协调系数来衡量专家们的协调程度,如果存在各组间的意见相互对立,或可能有少数专家由于某些原因与绝大多数专家的意见相左,则应视具体情况进行合理分析,然后予以筛选,这将会提高专家意见的协调程度。在一个充分的循环之后(一般是 2～3 次),就能形成具有高度一致的预测结果。Delphi 方法适合于较长期的预测,不适于短期预测,也不适于对个别产品做预测。

2.3 定量预测

定量预测方法有时间序列分析预测技术(Time Series Analysis Techniques)和因果预测两种,时间序列分析预测技术有简单移动平均法、加权移动平均法、指数平滑法、线性回归分析法和时间序列分解法等,因果预测是线性回归的因果模型。时间序列分析预测技术是基于这样一种观念:与过去需求相关的历史数据可用于预测未来的需求。从历史数据中可以分析出影响需求的一些因素,如季节、周期、趋势等,这些影响因素对后期市场需求有借鉴作用,时间序列分析技术可以用来对生产及库存管理做预测。因果预测是基于这样一种观念:某些因素间存在着相互影响的关系。还有一种聚焦预测就是根据某些规则对预测结果进行试算,这些规则符合逻辑,将其历史数据外推至未来的过程也易于理解。本章主要介绍时间序列分析技术和因果预测,不涉及聚焦预测。预测的定量分析方法可以借助于计算机,通过仿真来进行模拟。

2.3.1 影响因素分析

预测的定量方法是根据历史数据并假定将来是过去的函数,从而外推至未来所获得的预测结果,定量的预测方法需要基于时间的历史数据,需要找出影响需求预测的各相关因素。将需求预测的数据画成一条曲线。除了需求的平均值外,通常可以将影响预测的因素分为以下几个:①需求的周期性(cyclical),即历史数据每隔一定周期重复发生的时间序列形式;②趋势性(trend),是数据在一定时间内呈现向上或向下的趋势;③季节性(seasonal),考虑到数据存在季节性的影响;④随机性(random),是由偶然、非正常原因引起的数据变动。这几个因素中,周期性因素、趋势性因素和季节性因素都有规律可循,唯随机性因素毫无规则,最难预测。

影响需求预测的众多因素中,平均需求如图 2.4 所示,周期性因素如图 2.5 所示,季节性因素如图 2.6 所示,随机性因素如图 2.7 所示。其中趋势性因素又可以分为以下 4 种典型的趋势需求:① 线性趋势——反映了数据呈连续的直线关系,如图 2.8(a)所示;② S 型趋势——产品成长和成熟时期的需求,如图 2.8(b)所示;③ 渐进趋势——以优质产品大量投放市场时出现,如图 2.8(c)所示;④ 指数增长——产品销售势头特好的产品,如图 2.8(d)所示。在分析时,将多个预测因素分解,找出每一因素的影响,然后用乘法模型或加法模型计算预测结果,乘法模型为:

$$预测结果 = 平均 \times 趋势 \times 季节 \times 周期 \times 随机$$

加法模型为:

$$预测结果 = 平均 + 趋势 + 季节 + 周期 + 随机$$

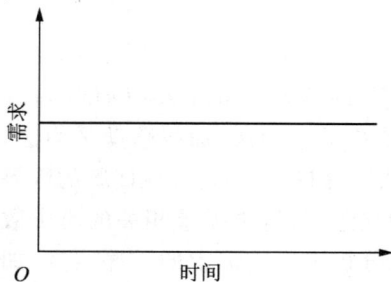

图 2.4 预测的平均需求

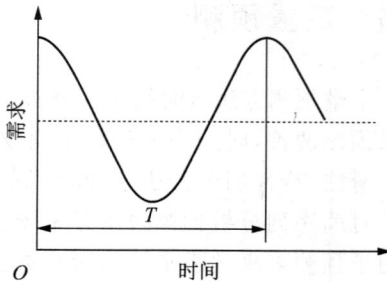

图 2.5 预测的周期性需求

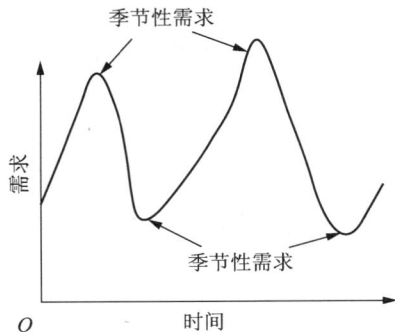

图 2.6 预测的季节性需求

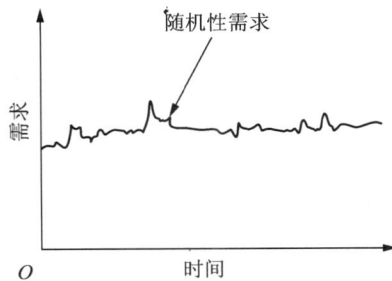

图 2.7 预测的随机性需求

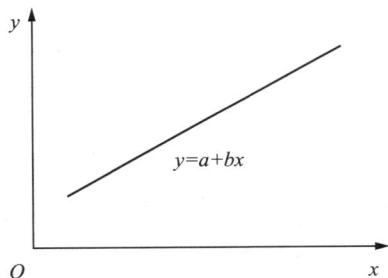

(a)

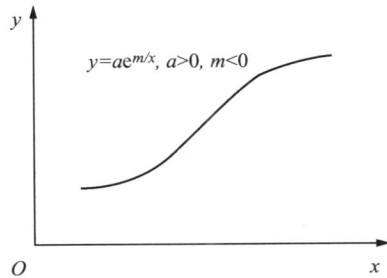

(b)

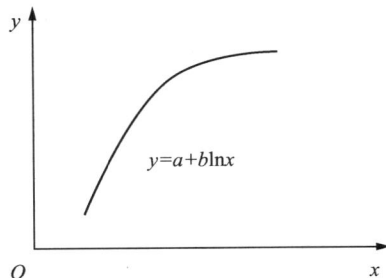

(c)

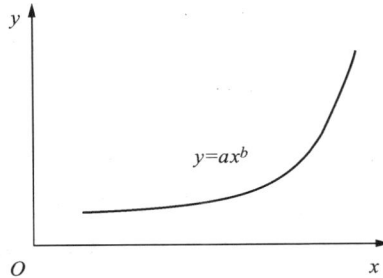

(d)

图 2.8 预测的 4 种趋势性需求

2.3.2 简单移动平均法

从本节开始介绍的简单移动平均法、加权移动平均法和指数平滑法这 3 种时间序列预测技术均不考虑季节和趋势的因素,只考虑影响需求的随机因素。在所有定量预测方法中,简单移动平均法是最简单的一种方法。简单移动平均法是利用某段时间的实际需求平均值作为未来后续时段的预测值,它采用对产品需求的历史数据逐点分段移动的方法,当产品需求既不快速增长也不快速下降,且不存在季节性因素时,移动平均法能有效地消除预测中的随机波动,此时,简单移动平均法是一个令人满意的方法。应用简单移动平均法进行预测时,首先应确定所需的数据数量,即移动平均的时期个数 n,在 n 期中,每一期数据权重系数相等。因为每一次平均后均往前移动一期,将最旧的那个数据去掉再加入最新的一个数据,这种不断移动的预测方法叫做移动平均法。简单移动平均的计算公式为:

$$F_{t+1} = \frac{D_t + D_{t-1} + D_{t-2} + \cdots + D_{t-(n-1)}}{n} = \frac{\sum\limits_{i=t-(n-1)}^{t} D_i}{n} \qquad (2.1)$$

式中

F_{t+1}——对第 $t+1$ 期的需求预测量;

n——移动平均的时期个数;

$D_t, D_{t-1}, D_{t-2}, \cdots, D_{t-(n-1)}$——前期、前两期、前三期直至前 n 期的实际销售量。

其误差标准差为:

$$S_F = \sqrt{\frac{\sum\limits_{i=t-(n-1)}^{t} (D_i - F_{t+1})^2}{n-1}} \qquad (2.2)$$

例 2.1　表 2.1 第 1 列为某产品的预测月数,共 48 个月,第 2 列为 48 个月实际的销售量,第 3 列为基于 3 个月的预测值,表中第 4 列为基于 9 个月的预测值。如已知第 1、第 2 及第 3 月的需求分别为 455 单位、535 单位和 765 单位,则第 4 月的预测销售量为:

$$F_4 = \frac{D_1 + D_2 + D_3}{3} = \frac{455 + 535 + 765}{3} = 585 \text{ 单位} \qquad (2.3)$$

依次可以类推得到其他月份的预测销售量。

表 2.1　实际销售和预测结果

期间	月份	实际销售量	3 个月的预测销售量	9 个月的预测销售量
1	1	455		
2	2	535		
3	3	765		
4	4	1 225	585	
5	5	1 515	842	
6	6	1 375	1 168	
7	7	815	1 372	
8	8	975	1 235	

（续表）

期间	月份	实际销售量	3 个月的预测销售量	9 个月的预测销售量
9	9	1 565	1 055	
10	10	1 800	1 118	1 025
11	11	1 080	1 447	1 174
12	12	635	1 482	1 235
13	1	480	1 172	1 221
14	2	635	732	1 138
15	3	745	583	1 040
16	4	1 375	620	970
17	5	1 755	918	1 032
18	6	1 560	1 292	1 119
19	7	900	1 563	1 118
20	8	920	1 405	1 018
21	9	1 625	1 127	1 001
22	10	2 010	1 148	1 111
23	11	1 270	1 518	1 281
24	12	910	1 635	1 351
25	1	670	1 397	1 369
26	2	725	950	1 291
27	3	945	768	1 177
28	4	1 550	780	1 108
29	5	2 005	1 073	1 181
30	6	1 755	1 500	1 301
31	7	1 100	1 770	1 316
32	8	1 155	1 620	1 214
33	9	1 935	1 337	1 202
34	10	2 315	1 397	1 316
35	11	1 380	1 802	1 498
36	12	1 050	1 877	1 571
37	1	780	1 582	1 583
38	2	725	1 070	1 497
39	3	990	852	1 355
40	4	1 785	832	1 270
41	5	2 265	1 167	1 346
42	6	2 095	1 680	1 469

（续表）

期间	月份	实际销售量	3个月的预测销售量	9个月的预测销售量
43	7	1 200	2 048	1 487
44	8	1 285	1 853	1 363
45	9	2 120	1 527	1 353
46	10	2 540	1 535	1 472
47	11	1 735	1 982	1 667
48	12	1 175	2 132	1 779

选择移动平均的最佳区间数是很重要的，从 $2\sim12$ 区间数都可以采用，但 $3\sim4$ 期是使用得最多的区间数。

由表 2.1 可以看出，当 $n=3$（即 3 个月）时，预测销售量的最小值为 583 单位，当 $n=9$（即 9 个月）时，预测销售量的最小值为 970 单位，而实际销售量的最小值为 455 单位。当 $n=3$ 时，预测销售量的最大值为 2132 单位，当 $n=9$ 时，预测销售量的最大值为 1779 单位，而实际销售量的最大值为 2540 单位。由此可见，预测销售量的最大值较实际销售量的最大值偏小，较最小值则偏大。另外，当区间取得越大，其标准差就越小，即偏离平均值的程度越小，将表 2.1 所列的结果绘成图形，如图 2.9 所示，则可以很明显地看出这种趋势。由图可以看出，在需求上升期间，移动平均法会产生一种总是比较小的预测值；当预测是下降时，移动平均法则会呈现总是偏大的预测值。另外，预测的波峰或波谷值总是落后于实际销售值的波峰和波谷。这种结果就是一种滞后现象（lag effect），也就是说预测永远落后于原始的数据。

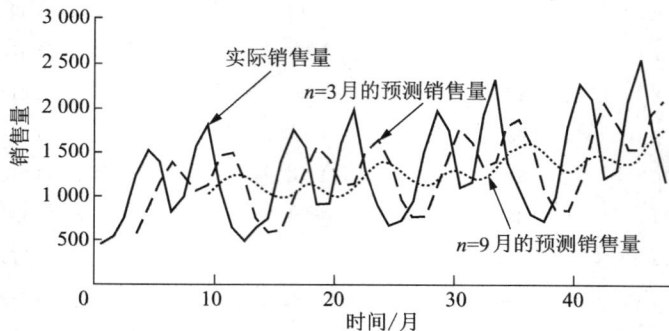

图 2.9　实际销售量和预测量的对比

简单移动平均法的优点在于简单，缺点如下：① 在出现周期性变动时，预测值落后程度将视时期个数的不同而不同，但有一点肯定的是，实际销售量的最大值和最小值用移动平均法都无法达到；② 预测值所产生的误差及滞后，很大程度上取决于时期个数的选取，而时期个数究竟取多少比较合适也难以确定；③

因考虑了各期权重系数均相等,往往会造成一定的误差,通常越接近的时期应该越能反映实际需求,所以在此基础上发展出加权移动平均方法。

2.3.3　加权移动平均法

简单移动平均预测方法是将过去的若干期的真实销售量求一个平均值,得到要求的预测量,这里认为各期的权重都是一样的。一般来讲,比较新的数据与旧的数据相比,应该更接近于预测值,考虑到这个因素,在简单移动平均的基础上,给新数据以较大的权重,这种做法和简单移动平均法相比更加准确,这就形成了加权移动平均预测方法。在加权移动平均预测方法中,给各期的值赋予一定权重,并且其权重之和必须等于1。

$$F_{t+1} = w_t D_t + w_{t-1} D_{t-1} + w_{t-2} D_{t-2} + \cdots + w_{t-(n-1)} D_{t-(n-1)} \qquad (2.3)$$

式中

$$\sum_{i=t-(n-1)}^{t} w_i = 1 \; ;$$

$$w_t > w_{t-1} > \cdots > w_{t-(n-1)} \, 。$$

$w_t, w_{t-1}, w_{t-2}, \cdots, w_{t-(n-1)}$ 分别为第 $t, t-1, t-2, \cdots, t-(n-1)$ 期实际销售量对应的权重系数。

例 2.2　对例 2.1 中表 2.1 所列数据采用加权移动平均法进行预测,当 $n=3$(即 3 个月)时,分别取 $w_t = 4/9, w_{t-1} = 3/9, w_{t-2} = 2/9$ 和 $w_t = 9/15, w_{t-1} = 5/15, w_{t-2} = 1/15$ 进行预测,预测结果如表 2.2 所列。

表 2.2　$n=3$ 时加权移动平均预测结果

期间(月)	实际销售量	不同权重对应的预测销售量	
		$w_t = 4/9$ $w_{t-1} = 3/9$ $w_{t-2} = 2/9$	$w_t = 9/15$ $w_{t-1} = 5/15$ $w_{t-2} = 1/15$
1	455		
2	535		
3	765		
4	1 225	619	668
5	1 515	918	1 026
6	1 375	1 252	1 368
7	815	1 388	1 412
8	975	1 157	1 048
9	1 565	1 011	948
10	1 800	1 202	1 318

（续表）

期间（月）	实际销售量	不同权重对应的预测销售量（个）	
		$w_t = 4/9$ $w_{t-1} = 3/9$ $w_{t-2} = 2/9$	$w_t = 9/15$ $w_{t-1} = 5/15$ $w_{t-2} = 1/15$
11	1 080	1 538	1 667
12	635	1 428	1 352
13	480	1 042	861
14	635	665	572
15	745	583	583
16	1 375	649	691
17	1 755	1 001	1 116
18	1 560	1 404	1 561
19	900	1 584	1 613
20	920	1 310	1 177
21	1 625	1 056	956
22	2 010	1 229	1 342
23	1 270	1 639	1 809
24	910	1 596	1 540
25	670	1 274	1 103
26	725	883	790
27	945	748	719
28	1 550	811	853
29	2 005	1 165	1 293
30	1 755	1 618	1 783
31	1 100	1 793	1 825
32	1 155	1 519	1 379
33	1 935	1 270	1 177
34	2 315	1 489	1 619
35	1 380	1 931	2 111
36	1 050	1 815	1 729
37	780	1 441	1 244
38	725	1 003	910
39	990	816	765
40	1 785	855	888

（续表）

期间（月）	实际销售量	不同权重对应的预测销售量（个）	
		$w_t=4/9$ $w_{t-1}=3/9$ $w_{t-2}=2/9$	$w_t=9/15$ $w_{t-1}=5/15$ $w_{t-2}=1/15$
41	2 265	1 284	1 449
42	2 095	1 822	2 020
43	1 200	2 083	2 131
44	1 285	1 735	1 569
45	2 120	1 437	1 311
46	2 540	1 637	1 780
47	1 735	2 121	2 316
48	1 175	2 089	2 029

　　权数是一种预测者主观上对比较新的数据和比较旧的数据在预测时的重要性的评估，可为任意值。假如一项产品是新的，而且正在产品生命周期的成长阶段，一般就比较缺乏数据来估计时间序列中的趋势及季节性因素，由前面可知，在移动平均法中，预测值总是有落后于真实值的滞后现象，加权移动平均法则可以减少这种滞后，但是，加权移动平均法的结果仍是落后于趋势之后。经验法和试算法是选择权重的最简单的方法。一般而言，最近期的数据最能预示未来的情况，因而其权重应大些。但是，其权重是季节性的，故权重系数也应是季节性的，一般对季节性产品而言，季节权重系数要大。由于加权移动平均能区别对待历史数据，因而在某些方面要优于简单移动平均法。

　　用经验法或试算法确定权重系数时通常基于两种原则：一是按原始指标数值先后顺序依次加大，另外一个就是对移动项中间位置的原始数值给予较大的权数，然后，以它为中心左右依次递减，例如，在五项移动平均法中，前一种权数可为：0.1，0.15，0.2，0.25，0.3。若采用第二种方法，则权数可为：0.15，0.25，0.3，0.2，0.1。前一种考虑是基于越近的信息越重要；后一种考虑是基于移动项中间位置的原始数值，对所预测的趋势值应有较大的影响。

　　如何才能使加权法既能剔除非基本因素的影响又能准确地预测长期的趋势值，可以采用一种所谓变动权数加权法，其权数的确定，主要应根据原始动态数列各指标值受基本因素影响的大小而定，如果该原始数值在整个移动项中受基本因素影响比较大，就应给它较大的权数，而动态数列受基本因素的影响大小，可以通过将定性认识和定量认识相结合的方式来确定。

　　简单和加权移动平均方法在使预测保持平稳而平衡掉需求的突然波动方面是有效的。但是，移动平均法有以下几个问题：①移动平均需要大量的历史数据,所选移动时期个数越大,需要的数据越多;②加大移动平均时期个数将会使平滑波动的效果更好,但是会使预测值对数据实际变动更不敏感;③移动平均值并不能总是很好地反映出趋势。由于是平均值,预测值总是停留在过去的水平,而无法预计会导致将来更高或更低水平的波动,于是造成预测值总是比实际值存在一定的滞后。

如何修订移动平均法各期权重系数,如对最近资料赋予较大权重系数,以迅速反映实际情况,并如何使所需历史数据最少,并使预测误差最小,由此发展出指数平滑法以克服上述缺点。

2.3.4　指数平滑法

指数平滑法是一种简单易行,应用十分广泛的预测方法。它是利用平滑常数将数据序列的数量差异抽象化的原理,对历史的统计数据进行加权修正,使修正后的数据信息排除异常数据的影响,从而显示出预测对象变动的基本趋势。据统计,在多种预测方法中,使用频率最高的是回归分析法,居于第二位的就是指数平滑法。因为前两种预测方法(简单移动平均和加权移动平均)中,一个主要的问题是必须有大量连续的历史数据。有的情况下,最近期的情况远比较早期的更能预测未来,假设时间越远的当期其重要性就越低,并且影响力呈几何级数减少,如果这一前提正确,则指数平滑法就是逻辑性最强且为最简单的方法。在所有预测方法中,指数平滑法是用得最多的一种。它也是计算机预测程序的一个有机部分。其优点体现在:①指数模型的精度非常高;②建立指数模型相对容易;③用户能了解模型如何进行;④使用模型无须过多计算;⑤由于所用的历史数据有限,因而所需计算机内存很小;⑥检测模型执行精度的运算很容易。

事实上,只需要 3 个数据就可预测未来:最近期的预测销售量、实际需求量和平滑常数。平滑常数决定了对预测值与实际值结果之间差异的响应速度。指数平滑法也是基于对需求的预测结果基础上做出的,对于下一期的需求预测量,可用本期的需求预测量加上本期预测量和实际销售量之间的误差乘上一个比例常数 α 后得到,该比例常数就是平滑常数,常用的指数平滑方法有一次指数平滑法、二次指数平滑法和高次指数平滑法。

1.　一次指数平滑法

一次指数平滑法是用于常数模式的预测,其计算公式为:

$$F_{t+1} = F_t + \alpha(D_t - F_t) \tag{2.4}$$

式中

F_{t+1}——第 $t+1$ 期的需求预测量;

F_t——第 t 期的需求预测量;

D_t——第 t 期的实际需求量；

α——平滑常数（$0 \leqslant \alpha \leqslant 1$）。

将式（2.4）转换一下，得

$$F_{t+1} = \alpha D_t + (1-\alpha)F_t \qquad (2.5)$$

该公式只须进行一个加法和两个乘法，而且也只需前一期的实际需求值和预测值即可以得到本期的预测值，所需的信息量极小。这实际上也是一种加权评分法，当平滑常数较大时，则表明上期的实际需求值权重较大，预测值权重较小，若平滑常数较小，则表明上期的预测值权重较大，实际需求值权重较小。下面将式（2.5）展开，由此可知第 t 期的需求预测值

$$F_t = \alpha D_{t-1} + (1-\alpha)F_{t-1} \qquad (2.6)$$

第 $t-1$ 期的需求预测值

$$F_{t-1} = \alpha D_{t-2} + (1-\alpha)F_{t-2} \qquad (2.7)$$

将式（2.7）代入式（2.6），得

$$\begin{aligned} F_t &= \alpha D_{t-1} + (1-\alpha)\left[\alpha D_{t-2} + (1-\alpha)F_{t-2}\right] \\ &= \alpha D_{t-1} + \alpha(1-\alpha)D_{t-2} + (1-\alpha)^2 F_{t-2} \end{aligned} \qquad (2.8)$$

将式（2.8）再代入式（2.5）中，得

$$\begin{aligned} F_{t+1} &= \alpha D_t + (1-\alpha)\left[\alpha D_{t-1} + \alpha(1-\alpha)D_{t-2} + (1-\alpha)^2 F_{t-2}\right] \\ &= \alpha D_t + \alpha(1-\alpha)D_{t-1} + \alpha(1-\alpha)^2 D_{t-2} + (1-\alpha)^3 F_{t-2} \end{aligned} \qquad (2.9)$$

式（2.9）最终可展开为：

$$\begin{aligned} F_{t+1} &= \alpha D_t + (1-\alpha)\left[\alpha D_{t-1} + \alpha(1-\alpha)D_{t-2} + (1-\alpha)^2 F_{t-2}\right] \\ &= \alpha D_t + \alpha(1-\alpha)D_{t-1} + \alpha(1-\alpha)^2 D_{t-2} + \alpha(1-\alpha)^3 D_{t-3} + \cdots \\ &\quad + \alpha(1-\alpha)^{t-1} D_1 + (1-\alpha)^t F_1 \end{aligned} \qquad (2.10)$$

因为平滑常数必须小于 1，故上式中，实际需求值权重系数呈现指数递减的趋势，每一期权重系数比上期下降（$1-\alpha$），如表 2.3 所列，指数平滑法由此得名。

表 2.3　权重系数的递减结果

期间	实际需求值的权重系数
t	α
$t-1$	$\alpha(1-\alpha)$
$t-2$	$\alpha(1-\alpha)^2$
$t-3$	$\alpha(1-\alpha)^3$
……	……

由此可见，权重每次降低 $1-\alpha$。并且当平滑常数取得较大时，权重系数降低得较快，反之，则降低得较慢，表 2.4 中分别取平滑常数 0.9，0.5 和 0.1 说明了取不同的平滑常数其权重下降的趋势。

表 2.4　各期间不同平滑常数下的权重

平滑常数		期间			
α	t	$t-1$	$t-2$	$t-3$	$t-4$
0.9	0.9	0.09	0.009	0.000 9	0.000 09
0.5	0.5	0.25	0.125	0.062 5	0.031 25
0.1	0.1	0.09	0.081	0.072 9	0.065 61

　　由式(2.10)可知,除了平滑常数影响预测结果外,初始平滑值 F_1 也对预测结果有影响。初始平滑值的确定有几种情况:若有且历史数据较少,则常以算术平均值作为初始平滑值;若有历史数据,且历史数据较多时,常以第 1 个值作为初始值以求简单化;若无历史数据,则可以主观估计,并在开始时,考虑主观估计的不准确性,常取较高的平滑常数以使 $(1-\alpha)^{t+1}$ 下降更快,削弱初始值的影响。

　　平滑常数 α 代表了新旧数据的分配值,其值的大小,体现了预测值对过去和当前信息的依赖程度,α 越大,说明预测越依赖近期的信息;反之,则表明预测更依赖于历史信息。如果序列的长期发展趋势比较稳定,即产品的需求比较平稳,那么 α 值应取得小一些,而当市场外部环境变化较大时,α 值应当取得大一些,一般取值在 0.01～0.3 之间。对 n 期移动平均法来讲,若用指数平滑法,则其平滑常数可以利用下式计算得到[9]:

$$\alpha = \frac{2}{n+1} \qquad (2.11)$$

　　例 2.3　用指数平滑法分别取平滑常数为 $\alpha=0.1$,$\alpha=0.5$ 和 $\alpha=0.9$ 进行计算,计算结果如表 2.5 所列。

表 2.5　3 种平滑常数下预测结果

期间 (月)	实际销售量	不同平滑常数对应的预测销售量		
		$\alpha=0.1$	$\alpha=0.5$	$\alpha=0.9$
1	455	455	455	455
2	535	455	455	455
3	765	454	495	527
4	1 225	451	630	741
5	1 515	443	928	1 177
6	1 375	433	1 221	1 481
7	815	423	1 298	1 386
8	975	419	1 057	872
9	1 565	414	1 016	965
10	1 800	402	1 290	1 505
11	1 080	388	1 545	1 770
12	635	381	1 313	1 149
13	480	379	974	686
14	635	378	727	501

（续表）

期间 （月）	实际销售量	不同平滑常数对应的预测销售量		
		$\alpha = 0.1$	$\alpha = 0.5$	$\alpha = 0.9$
15	745	375	681	622
16	1 375	372	713	733
17	1 755	361	1 044	1 311
18	1 560	348	1 399	1 711
19	900	335	1 480	1 575
20	920	330	1 190	968
21	1 625	324	1 055	925
22	2 010	311	1 340	1 555
23	1 270	294	1 675	1 964
24	910	284	1 472	1 339

将表中平滑常数分别取 $\alpha = 0.1, \alpha = 0.5$ 和 $\alpha = 0.9$ 所得到的预测结果画成如图 2.10 所示的曲线,由该图可以清楚地看出存在滞后现象。即当实际需求上升时,指数平滑法预测结果偏低,而当实际需求下降时,指数平滑法的预测结果则偏高。这种滞后现象和简单移动平均方法一样,只是在指数平滑法中,不同的平滑常数其偏差的幅度也不一样。

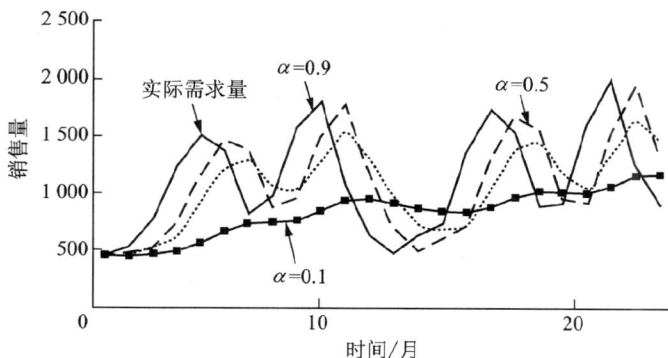

图 2.10 实际销售值和平滑常数取不同值的比较

2. 二次指数平滑法

上节讨论的指数平滑法为一次指数平滑法,当时间序列呈平滑趋势时,只须采用式(2.5)即可进行估计,当时间序列呈直线趋势时,必须通过二次指数平滑来估计,二次指数平滑法是在一次平滑的基础上,对所得到的时间序列再进行一次指数平滑,这就是二次指数平滑,其计算公式为:

$$F_{t+1}^{(2)} = \alpha F_{t+1}^{(1)} + (1-\alpha) F_t^{(2)} \tag{2.12}$$

式中,$F_{t+1}^{(1)}$ 为一次平滑后的结果。在二次指数平滑法中,指数平滑常数的确定和一次指数平滑法确定的原则一致。初始值的确定取第一期的一次指数平滑值,

即 $F_0^{(2)} = F_1^{(1)}$。在二次指数平滑常数法中,尚须找出时间序列所具有的线性趋势,通过建立如下线性趋势方程来进行预测:

$$y_{t+T} = a_t + b_t T \qquad (2.13)$$

式中

　　y_{t+T}——第 $t+T$ 期的预测值;

　　T——从目前周期 t 到需要预测的周期个数;

　　a_t——线性方程的截距;

　　b_t——线性方程的斜率。

其中 a_t 和 b_t 的计算公式分别为:

$$a_t = 2F_t^{(1)} - F_t^{(2)} \qquad (2.14)$$

和

$$b_t = \frac{\alpha}{1-\alpha}(F_t^{(1)} - F_t^{(2)}) \qquad (2.15)$$

例 2.4　对例 2.3 用二次指数平滑方法进行预测。假设平滑常数取 $\alpha = 0.1$,第 24 月为当前日期,要求预测第 25 月至第 30 月的销售量,各个月份的实际需求量、一次指数平滑值和二次指数平滑值如表 2.6 所列。如第 3 个月的一次指数平滑预测值为 $0.1 \times 535 + 0.9 \times 455 = 463$ 单位,二次指数平滑预测值为 $0.1 \times 455 + 0.9 \times 455 = 455$ 单位,其他类推。

表 2.6　实际销售量及指数平滑预测销售量计算结果

期间 (月)	实际销售量	一次指数平滑预测销售量	二次指数平滑预测销售量
1	455	455	455
2	535	455	455
3	765	463	455
4	1 225	493	456
5	1 515	566	460
6	1 375	661	470
7	815	733	489
8	975	741	514
9	1 565	764	536
10	1 800	844	559
11	1 080	940	588
12	635	954	623
13	480	922	656
14	635	878	683

期间（月）	实际销售量	一次指数平滑预测销售量	二次指数平滑预测销售量
15	745	854	702
16	1 375	843	717
17	1 755	896	730
18	1 560	982	746
19	900	1 040	770
20	920	1 026	797
21	1 625	1 015	820
22	2 010	1 076	839
23	1 270	1 169	863
24	910	1 180	894

如预测第 25 月至第 30 月的销售量，则首先根据式（2.14）和（2.15）计算直线斜率和截距：

$$a_{25} = 2 \times 1\,180 - 894 = 1\,466$$

和

$$b_t = \frac{0.1}{1 - 0.1}(1\,180 - 894) = 31.78$$

则第 25 月的预测销售量为：$y_{25} = 1\,466 + 31.78 \times 1 = 1\,498$ 单位，第 30 月的预测销售量为：$y_{30} = 1\,466 + 31.78 \times 6 = 1\,657$ 单位，其他类推。

当时间序列呈直线趋势时，对于非线性趋势则需要通过三次指数平滑来估计，

$$F_{t+1}^{(3)} = \alpha F_{t+1}^{(2)} + (1 - \alpha) F_t^{(3)} \tag{2.16}$$

2.3.5 预测误差分析

预测是一种预估计，影响预测的因素有很多，建立预测的模型难以将所有因素都定量考虑进来，所以作为一种估算，其结果和实际情况就必然存在着一定偏差，也就是预测结果不可能完全准确，这个偏差就是预测误差，预测误差是个变量，在所有预测方法中是不可避免的，问题是必须深入研究产生误差的原因，计算并分析误差之大小，以对误差进行适当控制，提高预测的准确程度。

由前面移动平均方法和指数平滑方法介绍中可知，上述方法不考虑季节和趋势因素，只考虑随机波动因素。所谓随机因素，是实际反映预测值和实际值之间的一种偏差，由前面的算例也可以看出，预测值和实际值之间均有滞后现象，换句话说，预测和实际需求之间总存在一种差异，这种差异的大小对预测的精确

度有非常大的影响。设 D 为实际需求值,而 F 为预测值,预测误差为 e,则

$$e = D - F \tag{2.17}$$

预测误差通常是一个平均值为 0 的正态分布。

　　产生预测误差的原因有很多,因为产品的实际需求是很多因素共同作用的结果,而这些因素却往往难以用一个准确的数学模型来描述,所以说,预测一定会存在误差,只是应该尽量降低这种误差的影响。

　　一种常见的误差来源是,预测人员往往根据过去的趋势外推至未来的过程,而很多预测人员却往往忽略这一点,经验表明,实际误差大于预测模型的误差。误差可分为随机误差和偏移误差两种,偏移误差出现在连续产生错误的时候,其来源有:没有包含正确的变量;变量间的关系定义错误;趋势曲线不正确;季节性需求偏离正常轨迹;存在某些隐性趋势等。随机误差可以定义为无法由预测模型解释的误差项。

　　用来描述误差程度的常用术语有标准差、均方差(或方差)和平均绝对偏差(MAD)。预测误差的总和通常为 0(或接近于 0),这不是一种衡量误差程度的方法。可以用每一误差的平方和来预测,因为误差的平方为一个非负的数,这是方差的衡量方法,即

$$S = \sum_{i=1}^{n} \frac{(D_i - F_i)^2}{n} \tag{2.18}$$

但方差却不可以得到预测误差 e 的估计值,利用平均绝对偏差(Mean Absolute Deviation, MAD)可以克服这一缺点,它简单明了并且可以获得跟踪信号,MAD 是预测误差的平均值,用绝对值表示,与标准偏差一样,MAD 的优点还在于它度量了观测值与期望值的离差。MAD 的计算公式为:

$$MAD = \frac{\sum_{i=1}^{n} e_i}{n} = \frac{\sum_{i=1}^{n} |D_i - F_i|}{n} \tag{2.19}$$

式中

　　i——第 i 时期;

　　n——时期总数;

　　D_i——第 i 期实际需求;

　　F_i——第 i 期需求预测值。

　　用 MAD 可以很好地估计时间序列的随机部分,而如果决定哪一种预测方法产生的预测结果较优时,均方差则是一个好的指标。举例来说,假如有两种方法进行 10 周期的时间序列分析,第一种方法每期均相差 10 单位,但时高时低。第二种方法前 9 期预测均非常精确,只是在第 10 期偏差 100 单位,显而易见,这两种方法的 MAD 都是 100,而第一种方法的均方差为 $10^2 \times 10 \div 10 = 100$,第二

种方法的均方差为 $100^2 \div 10 = 1000$ 单位,由此可见,均方差能更好地表明哪种预测结果较优。如果预测结果呈正态分布,则平均绝对偏差与标准偏差的关系为:

$$1\ 倍标准差 = \sqrt{\frac{\pi}{2}} \times MAD \approx 1.25 \times MAD \tag{2.20}$$

为保证预测的不偏性,可以采用跟踪信号(Tracking Singal,TS)这个指标,通常用平均误差和平均绝对偏差的比值计算,即

$$TS_i = \frac{E(e_i)}{MAD_i} \tag{2.21}$$

式中

$E(e_i)$——i 期累计预测误差。

例 2.5　根据 6 个月预测量和实际需求量计算平均绝对偏差(MAD),累计预测误差($E(e_i)$),以及跟踪信号(TS),如表 2.7 所列。

表 2.7　各偏差和跟踪信号的计算结果

期间(月)	需求预测量	实际需求量	偏差	累计偏差	绝对偏差	累计绝对偏差	MAD	TS
1	1 000	950	−50	−50	50	50	50	−1
2	1 000	1 070	+70	+20	70	120	60	0.33
3	1 000	1 100	+100	+120	100	220	73.3	1.64
4	1 000	960	−40	+80	40	260	65	1.2
5	1 000	1 090	+90	+170	90	350	70	2.4
6	1 000	1 050	+50	+200	50	400	66.7	3.3

跟踪信号在纠正指数平滑预测偏差中很有用处,跟踪信号可正可负,并存在一个临界值范围,若跟踪信号落在临界值范围之内,则预测误差可信度较好,反之则表明预测误差可信度较差,此时,须寻求原因,对预测数据进行重新评估。跟踪信号临界值可选得小一些,相反,对不太重要的预测,临界值可选得相对大一些。

一种改正预测偏差的方法是,当使用指数平滑法时,使用跟踪信号的绝对值作为平滑常数 α 值。这种预测常数称为调整平滑法,因为每次预测时平滑常数均不同,即平滑常数是一个动态变量。如跟踪信号绝对值增加,则增加了平滑常数,故较新的数据权数较大,而较旧的数据权数较小。另一方面,如果预测不偏,则跟踪信号接近于 0,平滑常数也接近于 0,若发生一个随机波动,则赋予该随机波动以较小的权重系数,若该随机波动成一个显著趋势后,则平滑常数随着跟踪信号的增大而增大,从而产生一个自动的更正。

2.3.6　线性回归分析

　　回归可以定义为两个或两个以上相关变量之间的函数关系,所谓线性回归分析方法,是认为变量间的函数关系是线性的,常用的线性回归方程为:$y=kx+c$,其中 x 为自变量;y 为因变量;k 为直线的斜率;c 为直线与纵轴的截距。

　　线性回归分析的主要优点是对主要事件或综合计划的长期预测很有用,缺点是假设历史数据和未来预测值都在一条直线上,实际情况可能并非如此。线性回归既可以用于时间序列分析,又可以用于因果预测方法,当因变量随时间而变时,则为时间序列分析方法,当某一变量随另一变量而变时,则为因果联系。线性回归的具体应用例子有手拟趋势线方法、最小二乘法和多元回归分析等。

1. 手拟趋势线方法

　　手拟趋势线方法是将已知的变量数据描于一个二维的图形上,即描点,然后画一条直线尽可能穿过所有的点,这条直线就是所要求的趋势线,趋势线画完后,要想得到直线的方程,必须要知道直线的斜率和截距。对于直线的截距,可以将手拟的直线延长至纵轴,然后直接测量得到截距,如图 2.11 所示的 c_0。对于斜率的计算,可以在直线上取两点,如图 2.11 所示,取 A 点和 B 点,通过直线下方的点即 A 点画一条平行于横轴的直线,通过直线上方的点即 B 点画一条平行于纵轴的直线,两直线必相交,令交点为 C,从而形成一个直角三角形,用量具可以量得直角三角形的两条直角边 BC 和 AC 的长度,假设长度分别为 l_{BC} 和 l_{AC},则斜率为 l_{BC}/l_{AC},由此可得到手拟的线性回归方程为:

$$y = \frac{l_{BC}}{l_{AC}}x + c_0 \tag{2.22}$$

用手拟直线来预测未来某个时期的值时,可以将 x 值直接代入式(2.22)中即可。

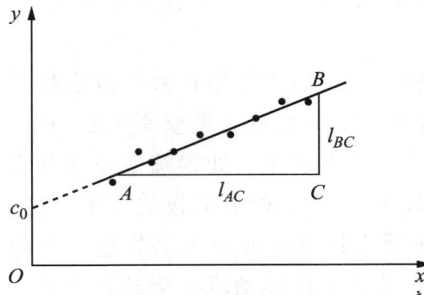

图 2.11　手拟趋势线方法

2. 最小二乘法

最小二乘法的基本出发点是保证各实际观察值和趋势线的垂直距离平方和为最小。假设 y 为实际值，$\hat{y}$ 为预测值，预测值线性模型和手拟趋势线中所用的模型一样，即为 $\hat{y}=c+kx$。各点的实际值和趋势线的垂直距离为 $y_i-\hat{y}_i(i=1,2,\cdots,n)$，如图 2.12 所示。

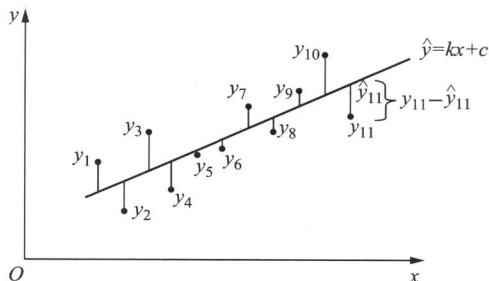

图 2.12　最小二乘法图示

最小二乘法的目标可以用下式描述：

$$\min \sum_{i=1}^{n} (y_i - \hat{y}_i)^2 \tag{2.23}$$

将式(2.18)代入上式中分别对 c 和 k 求导，并令导数值为零，可以得到 k 和 c 的计算公式为：

$$k = \frac{\sum_{i=1}^{n}(x_i \cdot y_i) - n \cdot \overline{x} \cdot \overline{y}}{\sum_{i=1}^{n} x_i^2 - n \cdot \overline{x}^2} \tag{2.24}$$

$$c = \overline{y} - k\,\overline{x} \tag{2.25}$$

式中

$\overline{x}$——自变量各已知值的平均值；

$\overline{y}$——实际值的平均值；

n——数据点的个数。

回归直线方程表明了两种变量之间的一种关系，另外一种评价两个变量之间关系的方法是计算相关系数 r 和标准差 S_{yx}，计算公式为：

$$r = \frac{n\sum_{i=1}^{n}(x_i \cdot y_i) - \sum_{i=1}^{n}x_i \cdot \sum_{i=1}^{n}y_i}{\sqrt{\left[n\sum_{i=1}^{n}x_i^2 - \left(\sum_{i=1}^{n}x\right)^2\right]\left[n\sum_{i=1}^{n}y_i^2 - \left(\sum_{i=1}^{n}y\right)^2\right]}} \tag{2.26}$$

和

$$S_{yx} = \sqrt{\frac{\sum_{i=1}^{n}(y_i - \hat{y}_i)^2}{n-2}} \qquad (2.27)$$

其中线性相关系数 r 表明自变量 x 和因变量 y 之间的线性相关的程度,相关性有正相关、负相关、完全正相关和完全负相关几种。当 r 为正时,说明 y 和 x 为正相关,即 y 随着 x 的增加而增加;r 非常接近于 1 时,y 和 x 为完全正相关;当 r 为负时,说明 y 和 x 为负相关,即 y 随着 x 的增加而减小;r 非常接近于 -1 时,y 和 x 为完全负相关。标准差则表明预测值与回归直线的偏离程度。

例 2.6 某种产品在 24 个月内的需求量如表 2.8 所列,试建立时间序列回归直线方程。

表 2.8 24 个月的需求量

期间(月)	需求量	期间(月)	需求量
1	234	13	244
2	219	14	265
3	226	15	272
4	214	16	263
5	231	17	245
6	231	18	253
7	257	19	260
8	234	20	256
9	238	21	279
10	252	22	256
11	254	23	264
12	257	24	296

将表 2.8 中参数代入式(2.24)和式(2.25)中可得该线性回归方程的斜率为 $k = 2.24$,直线的截距为 $c = 222$,故线性回归方程为 $y = 222 + 2.24t$。同理,将已知参数代入式(2.26)和式(2.27)中可得相关系数为 $r = 0.818$,标准差为 $S_{yt} = 11.12$。

3. 多元回归分析

通常影响预测的因素不止一个,并且这些因素是线性的或非线性的,对非线性回归往往通过适当的变换,将其化为线性回归模型,重要的是如何迅速、准确、方便地求得多元线性回归的模型,假设预测对象为 y,影响因素有 n 个,分别是 $x_1, x_2, \cdots, x_n$,它们之间有以下线性关系:

$$y = a + b_1 x_1 + b_2 x_2 + \cdots + b_n x_n + \varepsilon$$
$$\varepsilon \sim N(0, \sigma^2)$$

(2.28)

关于多元回归模型中系数的求法,可以参照线性回归的方法来做,即通过建立目标函数,根据目标函数对各系数求导数,并令导数值为零,就可以求得系数矩阵,这里不进行公式的推导了。

2.3.7　时间序列分解

前面已经论述了简单移动平均方法、加权移动平均法和指数平滑法,这 3 种方法均假设需求平稳,只考虑随机因素而忽略趋势因素和季节因素。本节讨论如何将一个时间序列分解为趋势和季节因素。要找出趋势性和季节性,尤其是季节性因素,必须存在大量已知数据,通常至少需要 48 个月的历史数据。这种方法的适用性受到一定限制,因为产品的生命周期在激烈的市场竞争中往往越来越短,很可能没到 48 个月产品即已更新换代。时间序列分解一般遵循以下 5 个步骤:

(1) 计划 12 个月中的中心移动平均。因为对于一整年的平均,季节性可以被忽略。

(2) 利用实际需求和 12 个月中心移动平均的比例来估计季节因素和计算季节指数。

(3) 找一条线去描述非季节性的数据,这条线的截距及斜率提供了在估计趋势因素时所需要的值。

(4) 将步骤(3)中得到的线延伸至未来,提供了一个在没有季节性的情况下将来的需求是什么的预测。

(5) 将每一个不含季节性的预测乘上季节指数以获得最后的预测。

例 2.7　这里以表 2.9 中的数据来说明上述过程。表中第 3 列为基于 12 月的移动平均所得到的预测值,第 4 列为季节因素,第 5 列为季节指数。

(1) 计算每连续 12 个月的需求平均值,如表中第一个 1 月至 12 月的中心平均值为(455+535+765+1 225+1 515+1 375+815+975+1 565+1 800+1 080+635)/12=1 062,时间的平均值为 7 月 1 日,依次类推。图 2.13 显示了实际需求值和 12 月的移动中心平均值之间的比较,12 月移动中心平均值实际上也反映了一种趋势。

(2) 计算季节因素和季节指数。季节因素的计算用当月的需求值和落在当月的 12 移动中心平均值之间的比值来确定,如第一个 7 月份的季节因素为815/1 061=0.768。而季节指数则是根据全部的季节因素求平均值得到的,如全部月份中 7 月份的季节指数为:(0.768+0.761+0.796)/3=0.775。计算结果如表 2.9 所列。

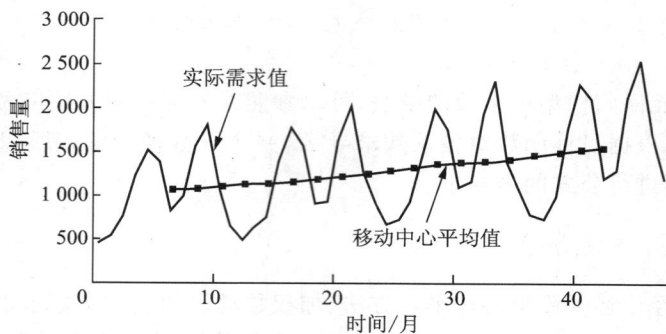

图 2.13 实际需求值和移动中心平均值的比较

表 2.9 季节因数、季节指数和消除季节性影响后的需求量计算结果

月份	实际需求量	12月的移动中心平均	季节因素	季节指数	消除季节性因素后的需求量
1	455				917
2	535				993
3	765				1 118
4	1 225				1 029
5	1 515				1 010
6	1 375				1 036
7	815	1 061.7	0.768	0.775	1 052
8	975	1 063.8	0.917	0.838	1 163
9	1 565	1 072.1	1.460	1.400	1 118
10	1 800	1 070.4	1.682	1.662	1 083
11	1 080	1 082.9	0.997	1.000	1 080
12	635	1 102.9	0.576	0.677	938
1	480	1 118.3	0.429	0.496	968
2	635	1 125.4	0.564	0.539	1 178
3	745	1 120.8	0.665	0.684	1 089
4	1 375	1 125.8	1.221	1.191	1 154
5	1 755	1 143.3	1.535	1.500	1 170
6	1 560	1 159.2	1.346	1.327	1 176
7	900	1 182.1	0.761		1 161
8	920	1 197.9	0.768		1 098
9	1 625	1 205.4	1.348		1 161
10	2 010	1 222.1	1.645		1 209

（续表）

月份	实际需求量	12 月的移动中心平均	季节因素	季节指数	消除季节性因素后的需求量
11	1 270	1 236.7	1.027		1 270
12	910	1 257.5	0.724		1 344
1	670	1 273.8	0.526		1 351
2	725	1 290.4	0.562		1 345
3	945	1 310.0	0.721		1 382
4	1 550	1 335.8	1.160		1 301
5	2 005	1 361.3	1.473		1 337
6	1 755	1 370.4	1.281		1 323
7	1 100	1 382.1	0.796		1 419
8	1 155	1 391.3	0.830		1 378
9	1 935	1 391.3	1.391		1 382
10	2 315	1 395.0	1.659		1 393
11	1 380	1 414.6	0.976		1 380
12	1 050	1 436.3	0.731		1 551
1	780	1 464.6	0.533		1 573
2	725	1 472.9	0.492		1 345
3	990	1 483.8	0.667		1 447
4	1 785	1 499.2	1.191		1 499
5	2 265	1 517.9	1.492		1 510
6	2 095	1 547.5	1.354		1 579
7	1 200				1 548
8	1 285				1 533
9	2 120				1 514
10	2 540				1 528
11	1 735				1 735
12	1 175				1 736

　　（3）找出趋势性的因素，这种趋势性的数据是一种非季节性的数据。用当月的实际需求值除以当月的季节指数值，即可以得到消除季节性因素后的数据，如表 2.9 第 6 列中所列。可以用上一节所介绍的线性回归分析方法找出这种非季节性因素或称趋势性因素，也可以借助于 Excel 直接生成趋势线，如图 2.14 所示，用 Excel 直接生成的趋势线方程为：

$$y = 17.082x + 877.42$$

该方程中，自变量 x 为时间单位，所以时间序列分解实际上是一种时间序列分析方法。

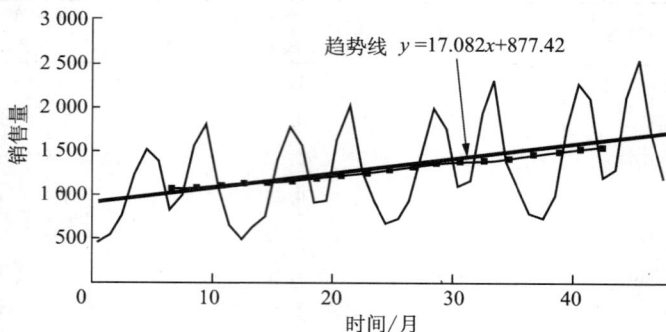

图 2.14　利用 Excel 直接生成趋势线

（4）由第（3）步所得到的趋势线外推至未来，得到未来某个时期一个在没有季节性的情况下的预测值，如果计算第 49 个月的预测值，则直接将 49 代入公式，得到第 49 个月的预测值

$$y = 17.082 \times 49 + 877.42$$
$$= 1714.438 \text{ 单位}$$

（5）计算到第（4）步，如果不考虑季节性因素的影响，则就此结束，实际上上述 4 个步骤是一种外推算法，即找出一系列历史数据的趋势线，并外推于将来做中长期预测。若考虑季节性因素影响，则用第（4）步计算结果乘上当月的季节指数，即可以得到既考虑季节因素又考虑趋势因素的预测值，如要计算第 49 期的预测值，49 期为第 5 个年度的第 1 个月，则用第 49 期的趋势预测值和 1 月的季节指数 0.496 相乘得到，即为 1 714.438×0.496＝850.36 单位。

2.3.8　因果预测

因果预测方法是认为自变量和因变量之间存在因果关系，这里自变量并非时间序列分析中的时间变量，而是影响需求的因素，这种将需求视为因变量，而将影响因素视为自变量，通过对变量间的关系进行分析，进而由自变量来确定因变量的需求预测方法就是因果预测，现实生活中，这种因果现象非常多，如雨季必然会导致雨具销量的增加，房产的热销必然会导致电梯、家具等的销量增加，这里雨季的降水量和房产数即为自变量，雨具销量和电梯、家具的销量则是因变量。

和时间序列分析一样，因果预测方法也是建立在对数据分析的基础上的，由自变量和因变量的数据找出它们之间的因果关系。通常认为这种因果关系是简单的线性关系，可以通过前面所介绍的一元线性回归分析方法找出。变量间的因果关系找到后，就可以建立统计模型对需求做预测。下面以一个具体的例子来说明因果预测方法。

例 2.8　某市近 5 年电梯生产量(以销售额表示)和房产开发数量如表 2.10 所列。电梯和房产的销售呈现一种因果关系,只要找出这种因果关系模型,就可以由当年要开发的房产数量来预测电梯的销售额。

表 2.10　某市近 5 年房产开发数量和电梯销售额

年份	房产开发数量(万套)	电梯销售额(亿元)
1987	165	305
1998	175	315
1999	195	330
2000	220	350
2001	250	380

解:首先要明确自变量和因变量,这里,自变量为开发的房产数量,用 x 表示,因变量为电梯销售额,用 y 表示,预测的线性模型为 $y=kx+c$,这里用最小二乘法求解,先建立如下的表格即表 2.11。

将表格中求得的参数代入式(2.24)和式(2.25)中,得

$$k=\frac{341\ 800-5\times 201\times 336}{206\ 775-5\times 201\times 201}=0.864$$

$$c=336-0.864\times 201=162$$

如果 2002 年房产销售数量为 300 万套,则可以预测电梯的销售额将为:0.864× 300+162=421.2(亿元)。

表 2.11　最小二乘法处理

x	y	xy	x^2
165	305	50 325	27 225
175	315	55 125	30 625
195	330	64 350	38 025
220	350	77 000	48 400
250	380	95 000	62 500
$\bar{x}=201$	$\bar{y}=336$	$\sum xy=341\ 800$	$\sum x^2=206\ 775$

习　　题

1. 需求预测和生产计划有什么关系?

2. 需求预测的重点和目的分别是什么?

3. 何为独立需求?何为相关需求?二者有什么区别?相关需求产品是否

需要做预测？为什么？

4. 下列预测方法中你认为哪种方法的预测精度最高？这几种预测方法各适用于什么情况？

① 简单移动平均；② 加权移动平均；③ 指数平滑法；④ 线性回归分析法。

5. 线性回归分析法适用于解决哪些类型的预测问题？

6. 计算预测误差有什么作用？如何根据预测误差修正预测模型？

7. 如何选择指数平滑法中的平滑常数？

8. 试列举相加式季节和相乘式季节趋势关系的例子。

9. 某产品在第 1 年的需求如表 1 所列。试用几种方法进行预测。

表 1　产品的需求量

	期间（月）											
	1	2	3	4	5	6	7	8	9	10	11	12
需求量	3 600	3 300	3 500	3 450	3 400	3 800	3 700	3 750	3 650	3 650	3 900	3 950

① 利用简单移动平均法，预测第 1 年 4～12 月的需求，预测期间为 3 个月；

② 用指数平滑法进行预测，并且当指数平滑常数分别取 0.1，0.3 和 0.9 时重做第①题；

③ 利用线性回归分析，预测第 2 年前 3 月的需求。

第3章　库存分析与控制

需求预测职能为我们提供了每种产品需求量的一个估计值,生产计划的职能则将预测量变成有时间优先级的生产计划,库存分析与控制则一定要提出一些措施,不仅要保证材料和产品在需要时,就能够获得所需的数量,而且还要防止过多的库存占用大量的流动资金。所以说,库存分析与控制的目的是要确定适当的存贮策略,计划、组织、协调和控制物料,以适时适量为各部门提供所需物料,使总的运作成本保持最低。因此,库存分析和控制应与需求预测和生产计划与控制一起作为整体来考虑。本章主要包括以下几个部分:① 库存及库存管理的基本概念;② 库存的 ABC 分析;③ 库存分析与控制常用的几种模型。

3.1　基本概念

　　库存包括生产和销售过程中所用的各种物料,库存有其固有的优缺点,一方面它可以有效地保证生产的正常运行,在生产过程中及企业和市场之间起到一个缓冲的作用,以缓解供需之间的矛盾,如果缺少适当的存货,生产线可能由此而中断;血库无存货,病人可能因无血可供而死亡;商店内某种商品缺货,顾客一定会转投其他商店。由此看来,一定量的库存是必要的。可是另一方面,它又占用大量的资金(建造仓库的静态投资和仓库运行中的运作管理成本,以及物料本身所占用的资金等),使企业不能将有限的资金用在开拓市场、研发等业务上,长此以往,必将拖企业的后腿,并且库存太多,会使企业中所存在的问题不易暴露出来,这样日积月累,企业的问题会越来越多,形成恶性循环。因此,必须对库存进行合理的计划和控制,保证在不影响生产的情况下,使库存量尽可能地低,以减少库存资金,提高资金周转率。

3.1.1　库存的定义和分类

　　在 19 世纪末期以前,封建地主、资本家等均以其拥有的库存多少作为衡量财富的重要指标,库存即是财富。而在 19 世纪末至第一次世界大战,美国由于生产过剩而造成库存过剩,从而引起恐慌,库存占用了大量的资金,影响企业的投资、扩张,企业的发展受到库存过剩的束缚,这时,库存再也不是财富,而是企业的坟墓,企业也从此意识到了库存管理的重要性。随后,众多的企业都加强了对订购量的管理,初期库存管理的模型相对简单,并做了许多假设。随着对库存控制的要求越来越高,市场需求也越来越呈现动态特性的一面,这个阶段,有必要在库存控制中引入统计学和运筹学的理论和方法进行分析。到了 20 世纪 50 年代,电子计算机出现了,原来对库存进行分析和控制均采用手工操作,工作量太大,影响了效率,现在借助计算机,一方面计算处理的速度大大提高,另一方面,也发展出许多综合的比较复杂的库存控制策略。

1. 库存的定义

　　库存,顾名思义,是存放在仓库中的物料,可以是原材料,也可以是半成品,或者是成品。从广义上讲,库存则是指企业所有资源的储备,包括与生产直接相关的物料和间接相关的备品备件等,狭义的库存则只是与生产直接相关的物料。库存系统则是指用来控制库存水平、决定补充时间及订购量大小的整套制度和控制手段。对于制造业来讲,其库存一般可分为:

　　(1)原材料或采购件;

（2）在制品；

（3）产成品；

（4）零件、工具等的备件；

（5）运送到仓库或顾客手中的在途产品；

（6）维持正常生产所需的消耗品。

其中与产品生产和计划控制直接相关的是前面三种库存。几乎一切与库存管理相关的基本问题都与下列几个问题相关：① 订购何种物料？ ② 什么时候订货？ ③ 什么时候到货？ ④ 一次订货的数量是多少？

2. 库存的功能性分类

库存的主要功能在于作为缓冲，从原材料到产成品的生产过程的观点来看，有原材料、零件、组件（装配件）、半成品和成品等。从库存所在的位置来看，有独立的仓库库存、存在于制造过程中的在制品库存，以及由供应商供应的、在途或在工厂内专门活动区域存放的供应件。从库存的功能看，可以分为周转库存、缓冲库存、运输库存和预期库存。

（1）周转库存。周转库存有时也称为批量库存。不管是用 MRP 做计划还是用 JIT 做计划，通常订货或拉动都存在一定的批量，这在相关应用软件里有所体现，按批量订货是从订货的规模经济性来考虑的，如果物料按批量组织订货，则由此形成的周期性库存就称为周转库存。关于批量的大小及订购时间点的确定，以及决定批量大小及选择订购点的方法，将在本章的后面介绍。

（2）缓冲库存。市场需求是不确定的，供应商的供货也存在诸多不定因素，所以有必要设置库存以起到安全作用，设置的安全或缓冲库存能满足成品需求的最高点，这种为防止缺货而设置的库存为缓冲库存，有时也称为安全库存或保留库存。有了缓冲库存，即使在某段时间，市场的需求值高于平均值，或者供货发生延迟，也可以满足顾客的需求。

（3）运输库存。生产过程各个阶段通常是分开的，尤其在建立全球化的供应体系过程中更是如此，大的集团公司更加关注的是核心能力的竞争，因此经常将许多非核心业务外包出去，如汽车行业即是如此，汽车组装需要的众多零部件通常在不同的地点生产，然后运送到总装厂进行组装；成品车生产出来后，通常也不一定直接送到顾客手中，而是经过销售商再送交顾客，零部件或产成品在到达顾客（总装厂也是一种广义的顾客）的过程中存在许多运输。这种从一个阶段到达下一个阶段，从一个地点到另一个地点的物料就是运输库存。它是处于运输过程中的物料，以及在两地之间的库存，运输库存取决于运输的时间。

（4）预期库存。由于许多产品的市场需求往往存在季节性，例如夏季通常对冰箱、电风扇、空调等需求猛增，所以有时需要进行一定量的储备，以防销售旺季到来时,由于生产能力的限制,出现产品供不应求的情况。但是,设定预期库存对企业来讲通常存在一些风险,一旦如果因某种因素没有出现预期的季节性时,就会造成大量库存积压,相应地就会造成大量资金的积压。

3.1.2　库存成本

对库存进行分析通常建立在对成本分析的基础上,通过建立库存的模型,寻求使总成本最小来确定库存的订购策略,常用的库存成本有存储成本、订购成本、短缺成本和生产准备成本,现分述如下。

1. 存储成本

为存储保管库存所需的成本,通常称为存储成本,也可称为保管成本。其构成要素主要有处理与存储成本,过时损坏与失窃成本,保险和税收成本,以及资金投资成本即机会成本。

(1) 处理与存储成本。包括贮藏空间的成本如仓库成本,供暖照明等设备成本。若利用现成的仓储设备而不另做其他用途,则存储成本为固定值,不随库存水平变化而变化,但一旦超出既定的库存水平后,成本就随库存水平的增加而上升。处理成本也随库存水平大小的变化而变化,主要包括物料搬运人员和仓库保管人员所产生的成本,如监督、实地清点物料、搬运等,若遇无效率的存储布置,则会增加处理成本。

(2) 过时损坏与失窃成本。许多物料在存储中,会发生变质,其损坏程度因物料性质的不同而异。过时情况发生在成本市场需求消失后,仓库仍有许多库存,从而造成损失。失窃成本也会造成资产的损失。

(3) 保险和税收成本。库存是公司的一种投资,常常需要支付保险费、税收等,从而产生成本。

(4) 机会成本。库存需要资本投资,一旦资金用于库存后,即无法用做其他用途,故机会成本只能取决于该项资金用于其他备选方案时的投资回报率。

2. 订购成本

采购每批物料时通常须耗费固定成本,此固定成本常称为订购成本。其构成要素常有填写请购单、制造订单、记录订单、追踪订单、质量检验、处理发票或工厂报告,以及付款准备的成本等事务的工作成本。另外还包括每批物料的生产成本,该成本与批量大小有关。订购成本与每批订购量大小成反比,每批订购量越大,每年订购次数越少,则订购总成本越低。

3. 短缺成本

主要内容包括停工待料或无法立即满足需求所发生的各种损失,如加班费、特殊管理费、违约罚款、赶工成本、特殊处理成本、信誉损失成本等。通常存在两种情况:第一种情况是发生需求时仓库无库存,且无法立即得到补充,这种缺货会失去销售机会,这种销售损失会造成利益的损失,也可能是一种信誉的损失,还可能面临失去顾客的严重后果。第二种是库存量无法满足市场需求,但可以等待,此时可由系统的应急处理程序通过特殊的手段增加能力,如加班、赶工、外包等,此时也产生成本。

3.1.3 库存分析和控制的重要性

在先进的生产管理理念发展的几个阶段,如大量生产方式、准时化生产方式(JIT)、物料需求计划(MRP)、约束理论(TOC)等,都与库存的管理有直接联系,尤其是准时化生产方式以降低库存为核心,一切工作以降低库存、消除浪费为指导思想。本章和后面介绍的 MRP 以及 JIT 都是针对库存进行分析和控制的。

库存成本在企业总的运营成本中占很大的比例。据统计,美国制造业中,平均库存成本占库存产品价值的 30%～50%。国有大中型企业,如按库存平均 40%～50% 比例占用流动资金的话,则也意味着几百万、几千万乃至更多的资金被占用在企业的各类库存上,所以说,对库存进行分析与控制可以通过降低库存量,进而降低成本。产品的利润等于销售价格减去其成本,销售价格不变,降低成本即意味着提高利润空间,最终提升企业竞争能力。库存成本在产品总成本构成中占很大的比例,所以说,减少库存而节约的成本可看做是利润的增加。随着市场竞争的日趋激烈,对产品成本的要求越来越高,企业必须想方设法降低制造成本,尤其是降低库存成本,一些世界级制造企业在降低库存成本方面真是煞费苦心,为的就是能在国际市场上保持良好的竞争力。

企业库存量大的好处之一就是企业不会因缺货而造成损失,但库存量大容易使许多问题被掩盖起来,如产品质量问题、设计问题、生产计划问题等,大的库存量导致不容易发现这些问题,进而也不会去解决问题,这不符合精益思想的持续改进原则。

虽然准时化生产以追求零库存为目标,但实际上真正实现零库存是很难做到的,即使是准时化生产的发明者——日本丰田汽车公司也没有做到零库存,但零库存应该是任何一个企业都去追求的目标。所有的公司(包括 JIT 方式下的公司)都要保持一定的库存,其原因如下:

(1)保持生产运作的独立性。在工作中心保持一定量原材料或中间在制品,能给该中心带来生产柔性,以防因缺货造成工作中心的停机。在各个工作中心之间保持一定的库存,可以使工作中心之间得到平衡,进而使产品产量平稳化,另外,有了一定量的在制品和产成品库存,可以避免生产经营过程中因意外事故引起停工而造成各类经济损失。

(2)满足需求的变化。市场是动态的,并且存在许多不确定性因素,同样,市场对产品的需求也是动态的,有一句话叫"预测永远是不对的",即说明需求的变化性。如果能精确地知道产品的需求,将有可能使(虽然不是必须节约的)生产的产品恰好满足需求。但是,需求通常是不能完全知道的,所以必须保持安全库存或缓冲量,以防需求的变化。

(3)增强生产计划的柔性。库存储备能减轻生产系统的压力。也就是说,生产提前期宽松了,在制订生产计划时,就可通过加大生产批量使生产流程更加有条不紊,并降低成本。

(4)克服原料交货时间的波动。在向供应商订购原料时,有许多原因都将导致材料到达时间的延误:发运时间的变化,供应商工厂中原材料短缺而导致订单积压,供应商或运输公司发生意外的工人罢工,意外的事故,订单丢失,以及材料误送或送达的材料有缺陷等。

(5)利用经济订购量的好处。为避免未来的材料价格上涨,或为获得大批量采购的折扣收益,订单量越大,所要签订的订单数则越少,在订购上所花费的成本相对就小,同时,大订单对降低运输成本也有好处——运送的数量越多,单位运输成本越小,订购批量增大时,单位产品的订购成本下降,但存储成本则上升,因而要利用经济批量的概念以寻求总成本最小。相反,库存可以掩盖公司内部存在的问题,如图 3.1 所示。这些问题就好比大海里的暗礁,库存就形同大海的水平面,库存高时,暗礁藏于水面以下,此时不易发现暗礁(问题),水平面(库存)下降时,相对较高的暗礁(原来比较严重的问题)就凸现出来,暗礁(问题)暴露出来以后,就应想方设法予以解决,此时,最高的暗礁(问题)消除了,也许此时其他暗礁就会藏在下面,此时应再设法降低水平面(库存),这样反复找问题,反

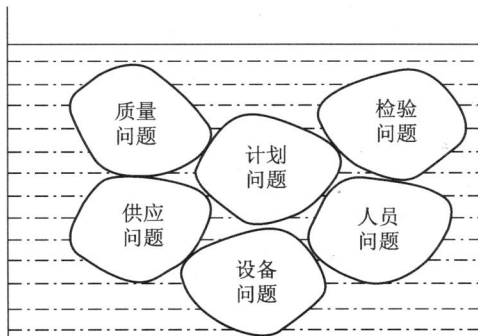

图 3.1　库存掩盖实际存在的问题

复解决问题,这是一个持续改进的过程。

3.1.4 库存分析与控制的绩效衡量

库存分析与控制的绩效指标主要有:① 客户服务水平;② 库存的投资。

1. 客户服务水平

客户服务,可以定义为当客户需要某种物料时可以及时得到该物料。这里的客户是广义的客户,可以是最终消费者,也可以是组织中的某个工厂,甚至可以是工厂中生产线上的下道工序。对客户服务的衡量有百分比衡量和绝对值衡量两种。百分比衡量如准时出货的订单百分比;准时出货的生产线物料百分比;准时出货的总单位百分比;未缺料的订购期间的百分比。绝对值衡量主要有:没有存货的订购日数;没有存货的生产线物料日数;没有存货的总物料日数;由于物料与元件的短缺而造成的闲置时间等。

2. 库存投资

库存周转率(Inventory Turnover Rate,ITR)是在一定期间内原材料、在制品和产成品的周转的次数,是衡量库存管理水平最重要的一个指标。库存周转率的计算可以采用库存金额或库存数量来计算,以库存金额计算时,计算公式为:

$$ITR = 一定期间的出货金额 / 同期间的库存金额 \qquad (3.1)$$

若以库存数量计算,公式为:

$$ITR = 一定期间的出货数量 / 同期间的平均库存数量 \qquad (3.2)$$

Krupp 于 1981 年提出:用来计算该比率的销售值的成本应由销售的历史平滑成本(针对 3 个月左右)除以库存的现值,即所谓的动态库存周转率(Dynamic Inventory Turnover Rate,DITR),其计算公式为:

$$DITR = (销售的最近 3 个月成本的总和 \times 4) / 库存的现值 \qquad (3.3)$$

Close 于 1970 年建议用下式计算预计库存周转率(Projected Inventory Turnover Rate,PITR):

$$PITR = 销售的年度预测成本 / 现今的库存投资 \qquad (3.4)$$

3.2 库存的 ABC 分类

3.2.1 基本思想

库存 ABC 分类和帕累托(Pareto)图有着类似的思想,帕累托图最早用于解释经济学中的一个现象,即少数人掌握着大多数的财富。企业内部许多问题也有这种现象,美国的 GE 公司首先将此概念应用于库存管理,创立了库存的 ABC 3 级分析方法,按占用的空间比例或数量比例,以及占用的成本比例之间的关系将库存分成 3 类:

(1) 将存货单元累计 20%,但是成本却占总成本的 80% 的物料划分为 A 类库存。

(2) 将存货单元在 20%~50%,成本占总成本 15% 的物料划分为 B 类库存。

(3) 将存货单元在 50%~100%,成本占总成本 5% 的物料划分为 C 类库存。

字母 A,B 和 C 代表不同的分类且其重要性递减,选用这 3 个字母并没有特别的意义,将物料分为 3 级也不是绝对的。库存的 ABC 分析可以用图来描述,如图 3.2 所示,这种分类并不是影响物料重要性的惟一标准,除此之外,还有其他的标准:如物料的单位成本,生产物料的资源和人力是否容易获得,提前期,物料的缺货成本等。

运用 ABC 法的关键,在于如何以"关键的少数和次要的多数"作为依据,通过定性和定量的分析,将管理对象的库存物料按照分类指标划分为 ABC 3 类,然后采取相应的控制策略,这就是 ABC 分类法的基本思想。

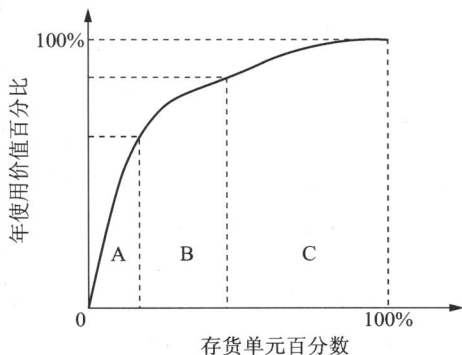

图 3.2　库存 ABC 分析图

3.2.2　实施步骤

1. 实施程序

在实践中,人们常以产品品种数量和对应的金额数作为划分标准,需要强调的是,使用年度金额并不是作为物料分类的惟一准则,只是一般的 ABC 分类法,一般 ABC 分类法实施的程序为:

（1）确认库存中每一物料的年度使用量。

（2）将每一物料的年度使用量和物料的成本相乘,计算每一物料的年度使用金额。

（3）将所有物料的年度使用金额求和,得到全年度库存总金额。

（4）将每一物料的年度使用总金额分别除以全年度库存总金额,计算出每一物料的年度使用百分比。

（5）将物料根据年度使用百分比由大至小排序。

（6）检查年度使用量分布,并根据年度使用量百分比将物料加以分类。

2. 控制策略

对库存进行分类的目的是,按利用价值对存货单元加以区别对待,采用不同的库存控制策略分别进行控制。一般地,对于高价值的 A 类物料,应集中力量进行控制以减少库存;相反,对于低价值的物料,如 C 类物料,通常维持较大库存以避免缺货。可以从以下方面阐述物料的控制策略:

（1）A 类物料——应对此类物料进行严格跟踪,精确地计算订货点和订货量,并且经常进行维护。

（2）B 类物料——实施正常控制,只有在特殊情况下才赋予较高的有限权,可按经济批量订货。

（3）C 类物料——尽可能简单地控制,可通过半年或一年一次的盘点来补充大量的库存,给予最低的作业有限权控制。

这种 ABC 分类法简单易行,有助于分析和控制重点物料,但是,其缺点也显而易见。首先,判别的标准不全面,仅仅根据品种、金额的多少还难以科学分类。如有些备件或比较重要的物料,尽管占用金额不高,但对生产影响大,且采购周期较长,这类物料也应归为 A 类物料。然而,如果按照一般 ABC 分类法,这类物料也许应归为 B 类或 C 类物料,因此,ABC 的划分,不仅取决于品种和金额的大小,同时应考虑物料的重要性程度,采购周期的长短等,只有综合考虑多种因素,才能合理地区分 ABC。另外,一般分类法只是一种粗略的区别,因为物料品种很多,一次划分难以合理,也不易控制,因此,需要更细、更具体的针对性划分方法。已公开发表的分类方法有备件的层次类别 ABC 分析法和基于模糊评判法的 ABC 分析法,金锡万等提出了备件的层次类别 ABC 分析法,韩明光等提出了模糊评判法的 ABC 分类法。

此外,需要说明的是,对不同的产品,如外购件、自制件、独立需求产品和相关需求产品等应进行不同的 ABC 分析。在分析过程中,不能忽略需求和未来的发展趋势,库存量及库存管理的重点应根据市场的需求变化做动态调节,此一时是 A 类物料,彼一时则可能是 B 类物料,另外,仓库管理部门和其他部门如销售部门、工程部门等应实现信息共享,如果某时期,销售部门计划放弃某产品,则应将这个信息及时反馈至仓库管理部门。仓库管理部门还应与供货的厂家保持联系,因为可能由于市场变化,某种产品不再生产,则供货商必须及时得到该信息,以决定采取相应的库存管理策略。

例 3.1　某仓库有 10 种物料,每年使用量、年利用价值如表 3.1 所列。试进行库存的 ABC 分析。

将这 10 种物料按照年使用金额比例进行排序,并进行归类,即将这 10 种物料按年使用金额分成 ABC 3 种物料,如表 3.2 所列,表中还列出了每种物料年使用量百分比,对表 3.2 进行整理和合并,可得到最后的结果,如表 3.3 所列。

表 3.1　物料的使用量和价值

物料编号	年使用量	年利用价值(元)
001	1 500	600
002	2 800	63 150
003	3 000	700
004	2 000	8 400
005	1 000	450
006	1 200	33 150
007	2 000	1 080
008	1 500	4 980
009	2 500	10 980
010	2 500	1 140
总计	20 000	124 630

表 3.2　按照物料的价值排序

物料编号	年利用价值(元)	累积年利用价值(元)	累积百分比(%)	年使用量	年使用量百分比(%)	物料级别
002	63 150	63 150	50.67	2 800	14	A
006	33 150	96 300	77.27	1 200	6	A
009	10 980	107 280	86.08	2 500	12.5	B
004	8 400	115 680	92.82	2 000	10	B
008	4 980	120 660	96.81	1 500	7.5	B
010	1 140	121 800	97.73	2 500	12.5	C
007	1 080	122 880	98.60	2 000	10	C
003	700	123 580	99.16	3 000	15	C
001	600	124 180	99.64	1 500	7.5	C
005	450	124 630	100	1 000	5	C

表 3.3　整理合并后的最终结果

级别	物料编号	年使用量百分比(%)	每级总价值(元)	总价值百分比(%)
A	002,006	20	96 300	77.26
B	009,004,008	30	24 360	19.55
C	010,007,003	50	3 970	3.19
	001,005			

3.3　库存分析与控制的几种模型

对于独立需求的产品进行库存分析和控制,普遍采用订货点法。而对于非独立需求的产品,则习惯采用物料需求计划方法。订货点法可以分为两种模型:一种是事件驱动,即只要现有库存水平小于一定值就发出订货请求,每次物料出库时都要对库存量进行重新计算,该模型叫定量订货模型(也称经济订购批量,EOQ 或 Q 模型);另一种则是时间驱动,即每隔一定时间就要进行订货,在这种模型中要设定一个库存盘点期,在盘点期内,不产生订货请求,只在盘点期结束时才进行订货,这种模型叫定期订货模型(也称定期系统,定期盘点系统等)。这两种模型都是确定性的库存模型。因为定量订货模型在每次出库时都对库存实时监控,所以缺货的可能性比较小,并且要求的安全库存量也较小。定期订货模型为了防止在盘点期发生缺货的情况,则通常要设定较大的安全库存量。定量订货模型没有盘点期。但两种模型一般都要有一定量的安全库存量。因为定量订货模型的安全库存量较低,所以比较适用,该模型对库存的监控很严密,这样可以对潜在的缺货快速地做出反应。另外,由于对每一次补充库存或货物出库都要进行记录,所以定量订货模型所需要的时间更长。

定量订货模型的计算处理过程为:① 设定订货点、提前期等参数。② 等待状态,等待需求的发生。③ 若有需求发生,则按所需的物料数量出货,若缺货,则延期交货。④ 出货时计算领取物料的现有库存量。⑤ 进行判断,如果物料的现有库存量小于订货点,则发出订货指令,该订货量在指定的提前期内到达,若计算的物料的现有库存量大于订货点,则回到第②步,继续等待需求的发生。故定量订货模型要不断监控库存量的大小。

定期订货模型的计算处理过程为:① 设定盘点周期、订货提前期等参数。② 等待状态,等待需求的发生。③ 若有需求发生,则从仓库中提取货物,如缺货,则须延期交货。④ 进行判断,确定是否已到盘点期。⑤ 若没到盘点期,则回到第②步,若已到盘点期,则计算库存水平。⑥ 计算订购量,保证库存水平达到设定的需要量。⑦ 进行订购,订购量为需要的数量。

3.3.1　定量订货模型

1. 定量订货模型的建立

定量订货模型有时也可称为经济定量模型（Economic Order Quantity, EOQ）。所谓经济定量模型是指，利用数学方法，求得在一定时期内储存成本和订购成本总和为最低时的订购批量。定量订货模型可与其他的模型相组合。

定量订货模型基于下列假设条件：

（1）需求已知而且不变，所以不会有缺货的情况；

（2）发出订单时，及时受理，即订货和交货之间的时间为零；

（3）订货的提前期是固定的；

（4）一批订货是瞬时到达的，即假设在一定时间，物料的补充以无限大的速率进行；

（5）数量不打折扣；

（6）订货成本是固定不变的，与订货量无关，保管成本与库存水平成正比；

（7）没有脱货现象，都能及时补充；

（8）单位产品的价格是固定的；

（9）不允许出现延期交货的情况。

上述假设的第（6）条中，如果年需求量一定，则订购成本是随着订购批数的减少、每批订购数量的增加而减少，储存成本则随订购批量的增加、每批订购数量的减少而下降。前者要求采购批量大而批数少以降低订购成本，后者则要求采购批量小而批数多以降低储存成本。EOQ 模型的目的就是选择每一库存的最佳订购量，以使二者之和最低。在 EOQ 模型中，通过对提前期（指从发出订货到收到订货所需的时间）的考虑，以帮助确定在什么时候开始订货，以及通过建立一定量的安全库存，以防止由于意外事故或供不应求而造成损失。在分析定量订货模型库存管理时，有两个信息是非常重要的，一个就是库存量随时间增长而消耗的速率；另外一个就是库存成本和订购批量大小之间的关系。这两个重要信息见下节介绍的定量订货模型。

定量订货的模型如图 3.3 所示，该模型实际上反映了库存量和时间之间的一个关系。由图可以看出，订购批量为 Q，也是库存量的最大值，订货点为 Q^*，平均库存量为 $\overline{Q}$，$\overline{Q}=Q/2$，订货提前期为 LT，根据前面的假设条件，提前期是固定的，所以每次订货的提前期均为 LT。通常我们以采购成本和储存成本的总和来表示总成本，采购成本和储存成本计算公式为：

$$采购成本 = 每次采购成本 \times 该期的采购次数 \tag{3.5}$$

$$储存成本 = 平均库存量 \times 该期单位储存成本 \tag{3.6}$$

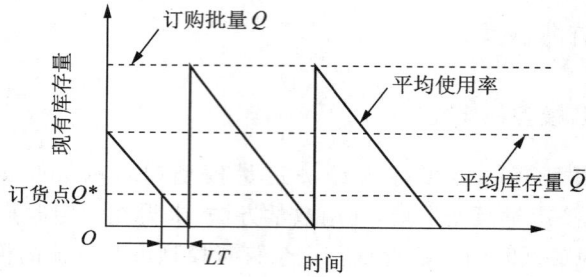

图 3.3　定量订货模型

在需求固定情况下从仓库提取货物,实际上得到的现有库存量应为一阶梯状的图形,如图 3.4(a)所示,一般用斜线近似地表示,即视现有库存量和时间为线性关系,如图 3.4(b)所示。

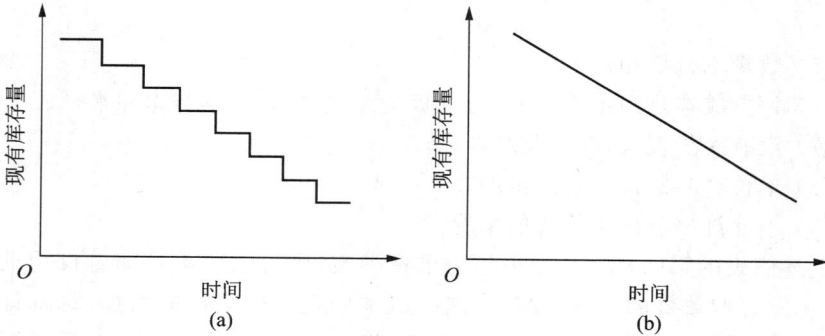

(a)

(b)

图 3.4　现有库存量与时间的关系

设 D 为年需求量,C_1 为单位存货的年成本,C_T 为一次订货的业务成本,则每年的订购次数可以用年需求量除以每次订货的批量得到,即 D/Q。由此可以计算每年的总储存成本

$$TC_I = C_1 \frac{Q}{2} \tag{3.7}$$

式中,TC_I 为每年的总储存成本。

每年的订购总成本

$$TC_T = C_T \frac{D}{Q} \tag{3.8}$$

式中,TC_T 为每年的总订购成本。

总成本以 TC 表示,则计算公式为:

$$TC = C_T \frac{D}{Q} + C_1 \frac{Q}{2} \tag{3.9}$$

2. 定量订货模型的微分解法

在式(3.9)中,由于年需求量和单位存货的年成本及一次订货的成本均为已知,故总成本是批量的函数,方程式中的两个组成部分,采购成本和批量成反比关系,因为批量越大,势必订购次数就少,故每年采购成本相应地少,而储存成本则和批量成正比关系,批量越大,放在仓库的时间就长,保管成本相应地增多。根据前面的假设,需求是连续且稳定的,所以可以用总成本对订货量的微分得到。为使总成本最小,可以用总成本对批量求一下偏导,并令偏导函数等于零,令

$$\frac{\mathrm{d}(TC)}{\mathrm{d}Q} = 0 \qquad\qquad (3.10)$$

得

$$-C_{\mathrm{T}}\frac{D}{Q^2} + \frac{C_{\mathrm{I}}}{2} = 0 \qquad\qquad (3.11)$$

由式(3.11)可得批量

$$Q = \sqrt{\frac{2DC_{\mathrm{T}}}{C_{\mathrm{I}}}} \qquad\qquad (3.12)$$

此为最佳订购批量,常用 EOQ 表示。将式(3.12)中的经济订购批量代入式(3.9)中,可以得到经济批量所对应的最小总成本

$$TC_{\min} = C_{\mathrm{T}}\frac{D}{\sqrt{2DC_{\mathrm{T}}/C_{\mathrm{I}}}} + C_{\mathrm{I}}\frac{\sqrt{2DC_{\mathrm{T}}/C_{\mathrm{I}}}}{2} = \sqrt{2DC_{\mathrm{T}}C_{\mathrm{I}}} \qquad (3.13)$$

3. 定量订货模型的图解说明

将库存的采购成本、储存成本和总成本之间的关系用图 3.5 可以很好地表示,由前面微分解的推导过程中可知:当采购成本和储存成本相等时,所对应的订货批量即是最佳经济订购批量。由公式可以看出,储存成本随着订购量的增大呈线性比例关系增大,而订购成本恰恰和订购批量是一个反比的关系,即随着订购量的增大,订购成本反而降低。由图 3.5 中可知,总成本的曲线有一个最低点,该最低点即是所对应的经济订购批量,在该图中,显然总成本在最低点对批量的导数为零,这和前面微分解是一致的。

4. 再订购点的确定

由图可知,定量订货模型中再订购点等于提前期内的需求量,若提前期内的库存需求速率不变,则在安全库存为零时(如图 3.3 所示),即在现有库存量刚好为零时,发出的订单能够及时交货,此时,订货点

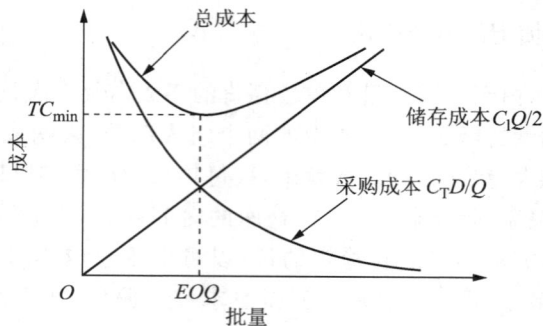

图 3.5　定量订货模型总成本构成图

$$Q^* = LT \cdot q \tag{3.14}$$

式中, q 为平均每日需求率, 可由年需求量除以天数近似地得到。如果提前期内的需求有变化, 这是一种随机库存模型, 将在后面章节中介绍, 此时需考虑安全库存, 安全库存的确定和计算也将在后面介绍。当库存降到安全库存量和提前期内的需求量之和时就得到订货点, 设安全库存为 SS, 则订货点

$$Q^* = LT \cdot q + SS \tag{3.15}$$

如图 3.6 所示。

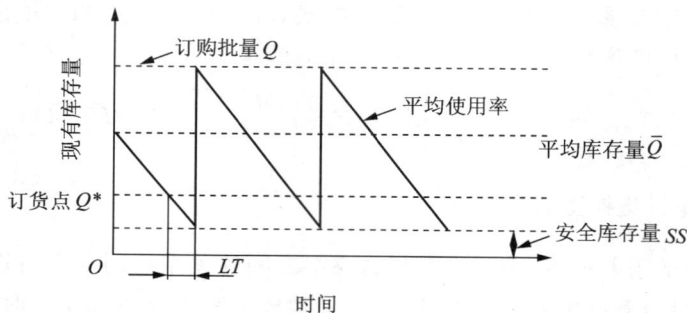

图 3.6　考虑安全库存时的定量订货模型

例 3.2　已知某物料的年需求量为 1 000 单位, 则日需求量为 1 000/365 单位, 订购成本为每次 5 元, 单位产品的年存储成本为 1 元, 订货提前期为 5 天, 该物料的单价为 10 元。试确定经济订购批量与再订购点, 另外, 确定总成本。

　　解: 最优订购批量可根据式(3.12)得到, 计算如下:

$$EOQ = \sqrt{\frac{2DC_T}{C_I}} = \sqrt{\frac{2 \times 1\,000 \times 5}{1}} = 100 \text{ 单位}$$

　　再订购点

$$Q^* = LT \cdot q = 5 \times 1\,000/365 = 13.7 \text{ 单位}$$

由此可知, 当库存量将降至 14 单位时, 即开始发出订货请求, 订购的数量为 100

单位。

年库存总成本

$$TC_{\min} = \sqrt{2DC_{\mathrm{T}}C_{\mathrm{I}}}$$
$$= \sqrt{2 \times 1\,000 \times 5 \times 1}$$
$$= 100(\vec{\pi})$$

5. 定量订货模型总成本灵敏度分析

式(3.13)为经济订购批量所对应的总成本,这里假设该总成本用 TC^* 表示,经济批量用 Q^* 表示,并假定非经济订购批量对应的总成本为 TC。则 TC 和 TC^* 之间的关系可推导如下:

$$TC^* = C_{\mathrm{T}} \frac{D}{Q^*} + C_{\mathrm{I}} \frac{Q^*}{2} \tag{3.16}$$

$$TC = C_{\mathrm{T}} \frac{D}{Q} + C_{\mathrm{I}} \frac{Q}{2} \tag{3.17}$$

将式(3.17)除以(3.16)式,得

$$\frac{TC}{TC^*} = \frac{C_{\mathrm{T}} \dfrac{D}{Q} + C_{\mathrm{I}} \dfrac{Q}{2}}{C_{\mathrm{T}} \dfrac{D}{Q^*} + C_{\mathrm{I}} \dfrac{Q^*}{2}} \tag{3.18}$$

再将式(3.18)分子和分母分别除以 C_{I},得

$$\frac{TC}{TC^*} = \frac{C_{\mathrm{T}} \dfrac{D}{C_{\mathrm{I}}Q} + \dfrac{Q}{2}}{C_{\mathrm{T}} \dfrac{D}{C_{\mathrm{I}}Q^*} + \dfrac{Q^*}{2}} \tag{3.19}$$

将经济批量计算式 $Q^* = \sqrt{\dfrac{2DC_{\mathrm{T}}}{C_{\mathrm{I}}}}$ 代入式(3.19)中,可以得到

$$\frac{TC}{TC^*} = \frac{1}{2}\left(\frac{Q}{Q^*} + \frac{Q^*}{Q}\right) \tag{3.20}$$

由式(3.20)可知,当定购批量增大或减少同一个值时,灵敏度的影响是一致的。例 3.2 中,若经济订购批量为 110 单位,即批量增加 10%,则总成本

$$TC = C_{\mathrm{T}} \cdot \frac{D}{Q} + C_{\mathrm{I}} \cdot \frac{Q}{2}$$
$$= 5 \times \frac{1\,000}{110} + 1 \times \frac{110}{2}$$
$$= 100.45(\vec{\pi})$$

故 $\dfrac{TC}{TC^*} = \dfrac{100.45}{100} = 1.004\,5$,也可以用式(3.20)计算得到,即

$$\frac{TC}{TC^*} = \frac{1}{2}\left(\frac{1.1Q^*}{Q^*} + \frac{Q^*}{1.1Q^*}\right)$$
$$= (0.909 + 1.1)/2$$
$$= 1.0045$$

该例中,批量改变 10% 造成总成本上升的幅度为 0.45%,由此可见,总成本对批量大小改变的灵敏度较弱。

6. 定量订货模型的变型——边使用边到达的模型

前面讨论的定量订货模型假设货物是成批到达,且是瞬时到达的。有一种情况需要考虑,就是货物一边生产一边使用,即不是成批瞬时到达,如图 3.7 所示。图中 ABF 与图 3.3 相同,因不是瞬时到达,故现有库存量沿 AC 上升而不是沿 AB 上升,AC 的斜率表示供货率,又因为供货过程中不断消耗,故实际库存量沿 AD 上升,至 D 点后,供货完成,D 点至 F 点则只有消耗,到 F 点后库存量降至 0,此过程为一个订货周期。

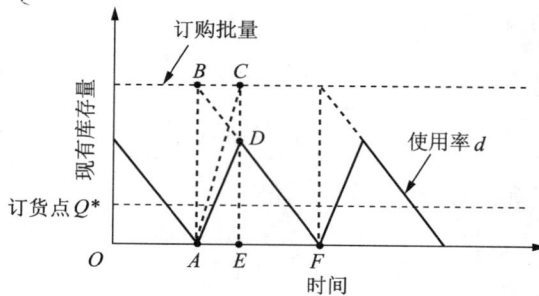

图 3.7　边使用边消耗的库存模型

在这种模型下,生产出来的物料将被持续地消耗,所以在边生产边使用的模型下,已知提前期,并且没有安全库存,则库存水平永远低于批量的大小。我们假定 p 是每天供货率(或生产率),d 是每天用货率(需求率),供货率必须大于消耗率,订货批量为 Q_p,生产期间为 T_p,则每天的生产率等于订货批量除以生产期间,即

$$p = Q_p/T_p \tag{3.21}$$

设总的消耗时间为 T_d,则需求率等于订货批量除以消耗时间,即

$$d = Q/T_d \tag{3.22}$$

由式(3.21),得到生产期间的总的供货量

$$Q_p = pT_p \tag{3.23}$$

设 I_{max} 为最高库存量,则

$$I_{max} = (p - d)T_p \tag{3.24}$$

由式(3.23)解出 T_p，并将其代入式(3.24)中，可以得到用总供货量表示的最高库存

$$I_{\max} = (p-d)\frac{Q_p}{p} \qquad (3.25)$$

此时，平均库存量为 $I_{\max}/2$，则年储存成本

$$\frac{I_{\max}}{2} \cdot C_I = (p-d)\frac{Q_p}{2p} \cdot C_I \qquad (3.26)$$

年采购成本公式维持不变，则年总成本

$$TC = (p-d)\frac{Q_p}{2p} \cdot C_I + C_T \cdot \frac{D}{Q_p} \qquad (3.27)$$

同样，对批量 Q_p 求导，并令其为零，可以得到此时的最佳订购批量

$$Q_p^* = \sqrt{\frac{2DC_T}{C_I} \cdot \frac{p}{p-d}} \qquad (3.28)$$

对应的总成本

$$TC^* = \sqrt{2DC_TC_I\frac{p-d}{p}} \qquad (3.29)$$

很明显，采用这种模型，订货批量增大，而总成本一定比瞬时到达的模型要小。当供货率 $p \to \infty$ 时，式(3.28)和式(3.12)的经济订购批量公式相同，式(3.29)和式(3.13)总成本公式相同，即为订货近似瞬时到达的模型。如 $p=d$，即供货率和消耗率相等，由式(3.28)得到，经济订购批量 $Q_p^* \to \infty$，而对应的总成本为 0，这种情况意味着生产必须持续不断，此时，库存量永远为 0，相应库存成本也为 0。

例 3.3　在例 3.2 中，假设物料是边生产边消耗，并假设每天生产率为：$p=8$ 单位/天，每天需求率为：$d=6$ 单位/天，则将上述数据代入式(3.28)中可得订货批量

$$Q_p^* = \sqrt{\frac{2DC_T}{C_I(1-d/p)}} = \sqrt{\frac{2 \times 1000 \times 10}{0.5(1-6/8)}} = 400(单位)$$

代入式(3.29)可得总成本

$$\begin{aligned}
TC^* &= DC + \sqrt{2DC_TC_I\frac{p-d}{p}} \\
&= 1000 \times 10 + \sqrt{2 \times 1000 \times 5 \times 1 \times \frac{8-6}{8}} \\
&= 10\,050(元)
\end{aligned}$$

3.3.2　非确定性定量订货模型

前面所介绍的定量订货模型，假定需求量是确定的且订货提前期 LT 为常

量,实际情况下,需求量和订货提前期通常为随机变量,这种随机性导致该模型下发生缺货的概率较确定性定量订货模型而言有所增大,所以说,为降低缺货概率,一般设置一定的安全库存量。例如,对某产品而言,依往年的经验,需求率和订货提前期均为固定,假设订货提前期为 10 天,一次订货的量为 1 200 单位,需求率为每天 40 单位。若考虑需求存在波动和订货提前期的随机变化,假定需求为每天 20~60 单位,而订货提前期为 8~12 天之间随机变化。如果不设置安全库存量,将会有 50% 左右缺货的可能性发生。安全库存量又可称为缓冲库存量,是用来应付需求波动和订货提前期波动的库存量。

非确定性定量订货模型,按照需求变化复杂程度的不同可以分为以下几种: ① 订货提前期不变,一个周期内需求率固定不变,且为线性,而各个周期间的需求率不同;② 订货提前期不变,一个订货周期内需求率有变化,以订货时刻点为界限,即订货提前期的需求和订货点前的需求都有变化;③ 需求固定,提前期有变化;④ 需求和提前期同时变化,每个订货周期内订货点前的需求波动,对定量订货模型下的安全库存量没有影响。因为定量订货模型是连续地监控现有库存量的,只要出现现有库存量小于订货点这种情况,就下达订货指令。第 1 种是第 2 种的特殊情况,本章只讨论提前期不变情况下的安全库存量,即讨论第 2 种情况。

影响安全库存量的主要因素有顾客希望的服务水平、提前期期内的需求变动和提前期的变动等。对于安全库存量的计算,在 1955 年以前,通常安全库存量等于提前期内的最高需求量减去提前期内的平均需求量。

一般来说,提前期内最高需求量难以准确量化,当然,为保证尽可能不缺货,可以将提前期内最高需求量设得高一些,问题是这种假设必然会导致安全库存量的增加,从而造成总成本的上升。所以,安全库存量通常在给定的服务水平下确定。假设需求量的变动服从正态分布,安全库存量和缺货概率的关系如图 3.8 所示。如果库存量为平均需求量大小,因为需求呈现正态分布,实际需求量超过平均需求量的概率有 50%,即若不设置安全库存,则缺货的概率将为 50%,为减少这种缺货的概率,须设置安全库存。假设增加一定安全库存量以提供提前期内需求大于平均需求的 40%,则此时可以提供 90% 的服务水平,图中阴影面积则为 10%,表示缺货概率为 10%。

服务水平和缺货概率是相对的,假定缺货概率为 r,则服务水平为 $1-r$。给定缺货概率或服务水平可以查正态分布表,从而得到对应的安全系数 z。假设提前期内的需求变异量即标准差为 σ,则安全库存 SS 的计算公式为:

$$SS = \sigma z \tag{3.30}$$

此时,订货点

$$Q^* = q \times LT + SS \tag{3.31}$$

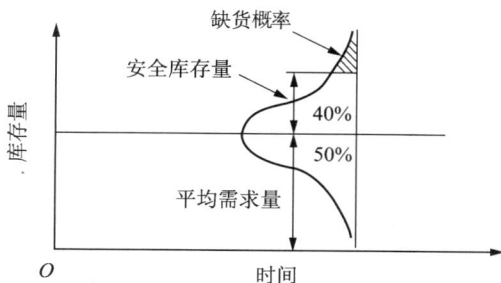

图 3.8　安全库存量和缺货概率的关系图

另外一个计算安全库存量的方法是用平均绝对偏差 MAD，即根据需求的预测值和实际值进行计算，预测需求量和实际需求量之差服从正态分布，由第 2 章需求预测可知，MAD 和标准差之间的关系为 1.25 倍，假设 MAD 对应的安全因子为 SF，SF 和安全系数 z 间的关系为：

$$SF = 1.25 \times z \qquad\qquad (3.32)$$

由此可得安全库存

$$SS = MAD \times SF \qquad\qquad (3.33)$$

例 3.4　假设就某产品对 10 周的市场预测量均为 250 单位，提前期为 10 天。表 3.4 中列出了需求预测量和实际需求量，则利用平均绝对偏差可以计算安全库存量。

表 3.4　绝对偏差的计算结果

周　　次	需求预测量	实际需求量	绝对偏差
1	200	190	10
2	200	180	20
3	200	175	25
4	200	210	10
5	200	205	5
6	200	215	15
7	200	195	5
8	200	210	10
9	200	210	10
10	200	190	10

10 周的绝对偏差总和为 120，平均绝对偏差即 MAD 为 120/10＝12。假设缺货概率为 10%，可查得安全系数 z 为 1.28，MAD 对应的安全因子 SF 为 1.2×1.28＝1.536，则安全库存量

$$SS = MAD \times SF$$

$$= 12 \times 1.536$$
$$= 18.4 \text{ 单位}$$

订货点

$$OP = 250 + 18.4 = 268.4 \text{ 单位}$$

上面讨论的安全库存适用于定量订货模型,在定期订货模型中,安全库存量除了需要供应提前期内的需求,还要考虑每个周期内部订货盘点前的需求变化。这将在下一节中介绍。

3.3.3　数量折扣模型

把前面两节介绍的定量订货模型做了适当的简化,即只考虑了订货成本和保存成本。所谓经济订购批量,实际是在订货成本和保存成本间寻求一个平衡点,但物料本身的单价是固定不变的,所以在批量订购过程中,当批量越大时,通常会获得一定的数量折扣。数量折扣不是连续的,而是分段的,如某种产品的单价为 100 元,一次购买的数量比较大时可以考虑折扣,当一次购买的数量在 50~100 单位时,单价可以降低为 95 元,如果一次购买的量为 150~200 单位时单价为 85 元,这就是一种数量折扣的例子。不同订购批量对应的单价如图 3.9 所示。本节将以定量订货模型考虑数量折扣问题。

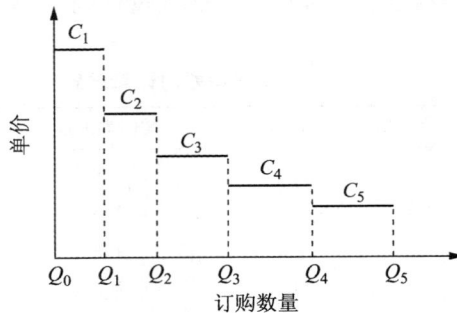

图 3.9　数量折扣模型

设 C_i 为单价,这里假设单位存货的年保管成本随单价的变化而变化,即用单价乘上成本率 ΔC_t 得到,成本率固定不变,考虑单价后,与式(3.9)对应的总成本将改为:

$$TC = C_T \frac{D}{Q} + \Delta C_t C_i \frac{Q}{2} + DC_i \tag{3.34}$$

经济订购批量

$$Q_i^* = \sqrt{\frac{2DC_T}{\Delta C_t C_i}} \tag{3.35}$$

由此可得不同单价对应的总成本曲线,如图 3.10 所示。图中显示了 3 种单价对应的总成本曲线 $TC_1(Q)$，$TC_2(Q)$ 和 $TC_3(Q)$，实线部分表示真实发生的总成本，如当批量小于 Q_1 时，对应的总成本为 $TC_1(Q)$ 的实线部分。当批量达到 Q_1 并且小于 Q_2 时，因为存在数量折扣的关系，对应的总成本曲线为 $TC_2(Q)$ 的实线部分。同理，当批量达到 Q_3 时，总成本曲线为 $TC_3(Q)$ 的实线部分。所以说，考虑数量折扣的因素，总成本曲线实际上沿着 $ABCDEF$ 即图中 3 条曲线的实线部分所示。需要说明的是，位于下方的曲线，其最小总成本一定比位于上方的小，在每段曲线中，可根据不同的单价 C_i 计算相应的总成本最低的经济批量 Q_i^*；如果计算出的 $Q_i^* > Q_i$，则最低总成本在该曲线中，总成本最低对应的批量为 Q_i，如图 3.10 曲线 $TC_1(Q)$ 所示；如果计算出的 $Q_i > Q_i^* > Q_{i-1}$，则最低总成本对应的批量为 Q_i^*，如图 3.10 曲线 $TC_2(Q)$ 所示；如果 $Q_i^* < Q_{i-1}$，则最低总成本对应的批量为 Q_{i-1}，如图 3.10 曲线 $TC_3(Q)$ 所示。经济订购批量在数量折扣情况下的求法为：先求出最下端曲线的最佳值，依次向上求各曲线的值，并将各段的总成本进行比较，总成本最小对应的数量为最佳经济订购批量。

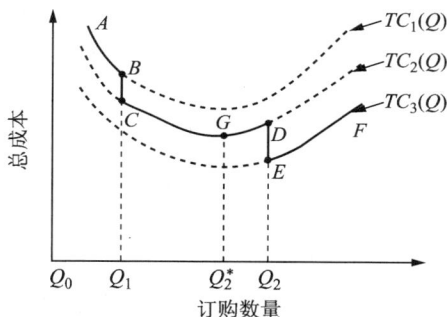

图 3.10　数量折扣总成本曲线

　　例 3.5　假设某产品每次订货的成本为 40 元，年需求量为 4 000 单位，单位存货成本率即每年每元的 20%，订购批量的数量折扣关系如表 3.5 所列。

表 3.5　订购批量的数量折扣关系

批量范围	单价(元)
$100 \leqslant Q \leqslant 499$	2.55
$500 \leqslant Q \leqslant 2\,249$	2.50
$2\,250 \leqslant Q \leqslant 3\,199$	2.45
$3\,200 \leqslant Q \leqslant 5\,249$	2.40
$5\,250 \leqslant Q < \infty$	2.35

　　由式(3.35)可先求 Q_5^*，并知该值小于 5 250，依次求得的 Q_4^* 和 Q_3^* 分别小于 3 200 和 2 250，而 Q_2^* 为 800，在 500 到 2 249 之间，所以可以对每段最低总成本对应的数量进行比较，计算结果为：$TC_5(5\,250) = 10\,664$ 元，$TC_4(3\,200) =$

$10\,418$ 元，$TC_3(2\,250)=10\,422$ 元，$TC_2(800)=10\,400$ 元，$TC_1(499)=10\,603$ 元，由此可知，最佳经济订购批量应为 800 单位，每年对应的总成本为 $10\,400$ 元。

3.3.4　定期订货模型

定量订货系统模型要求对系统进行适时的跟踪，如果没有计算机，则这项工作是很难实现的。有些物料尤其是非独立需求的物料，是用物料需求计划系统来管理的，物料需求计划将在后面章节中介绍。也可以采取一种策略来代替这种订货点法，即使用常用的周期检查策略，定期进行盘点。这就要求必须在每隔一定时间即周期，检查库存并发出订单，定期订货模型适用于下列情形：

（1）通常为独立需求产品。

（2）物料从仓库中出货比较难以记录，且连续记录花费比较昂贵。

（3）购自同一供应商的一组物料，集成为一张订单，会大幅度降低每个物料的总准备成本，如小工具、大量共用的零件（如螺栓、螺钉、垫片）等。

（4）容易腐烂的物品，特别是有保存期限的物品，尤其适合用定期订货模型来管理。

（5）整车运送或完全利用可使用的能力，可享受经济上的优惠。

在定期订货系统中，只在特定的时间进行库存盘点，不同时间的订购量不尽相同，订购量的大小主要取决于各个时期的使用率。它一般要求比定量订货系统更高的安全库存。

定量订货模型是要对库存连续盘点，一旦库存水平到达再订购点，立即进行订购。相反地，标准定期订货模型仅是在盘点期进行库存盘点。它有可能在订货刚到时由于大批量的需求而使库存降至零，这种情况只有到下一个盘点期才会被发现。而新的订货需要过一段时间才能到达，这样，在盘点期和提前期内有可能发生缺货。安全库存应当保证在盘点期和提前期内不发生缺货，因此定期订货模型的库存量要高于定量订货模型的库存量。定期订货系统模型如图 3.11 所示。定期订货模型的每个订货周期内的需求有静态和动态两种情况，静态情况比较简单，图 3.11 显示的是需求为随机的情况。

在定期订货系统中，当在盘点期进行再订购时，安全库存必须为 $z\sigma$。若盘点期为 t，则图 3.11 中有 $t_1=t_2=t_3=t$，固定提前期为 LT。在这种情况下，需求率是随机分布的且为均值。订货量 Q 用下式表示：

订货量 ＝ 盘点期和提前期内的平均需求 ＋ 安全需求 － 现有库存

$$(3.36)$$

即

$$Q=q(t+LT)+z\sigma-I \qquad (3.37)$$

式中

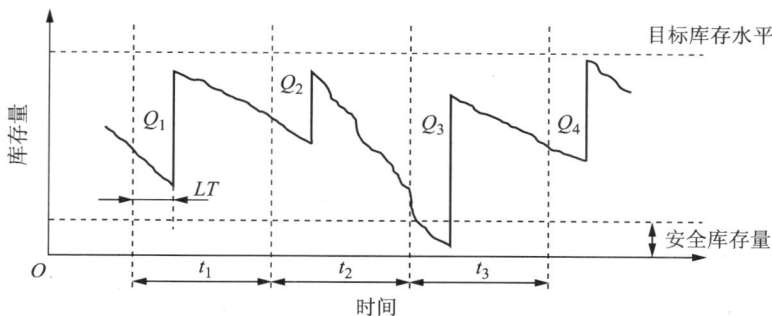

图 3.11　定期订货模型

Q——订购量；

t——两次盘点的间隔期；

LT——订货提前期；

q——日平均需求量；

z——既定服务水平下的安全系数；

σ——盘点周期与提前期需求的标准差；

I——现有库存量。

如某种产品日平均需求量为 10 单位，盘点间间为 10 天，订货提前期为 5 天，安全库存量为 15 单位，该产品现有库存量为 40 单位，则最大库存水平为 $10 \times (10+5)+15=165$ 单位，而订货量为 $165-40=125$ 单位。在该模型中，日平均需求量可以根据对年需求量的预测进而计算得到。对于 z 值，可以通过求以下公式，然后查标准正态分布表可以得到相应的值：

$$E(z) = \frac{qt(1-r)}{\sigma_{t+TL}} \tag{3.38}$$

式中

$E(z)$——期望缺货率；

r——服务水平；

qt——盘点周期内的需求量；

σ_{t+TL}——盘点周期和提前期内需求的标准差。

3.3.5　混合系统模型

混合系统模型即综合考虑两种模型的优点，将定量订货模型和定期订货模型相结合而形成的一种模型，即定期-定量订货模型。

在定期订货模型中，在盘点期到来时均须订购，有时订购量太小，就不太经济，所以，此时可以将定期订货模型和定量订货模型结合起来，这种定期-定量订货模型是由 Arrow，Harris 和 Marschak 等 3 人提出的，故又有人将它称为

Arrow-Harris-Marschak模型,也有的将这种模型称为＜s-S-T＞库存模型。该模型也是定期检查库存量,在每阶段,库存的消耗量是一个变数。分析步骤为:首先确定检查周期 t,确定最高库存量 S 和订购点 s;然后定期检查各阶段末的库存量,并计算现有库存量 I,如果 $I>s$ 时,不订货;如果 $I\leqslant s$ 时,则要订货,且订购量为最高库存量减去现有库存量。模型如图 3.12 所示。图中,在 A 点可以看到现有库存量大于设定的订购点,故此时不订货,而在 B 点和 D 点,现有库存量小于订货点,C 点的现有库存量等于订货点,故此时发出订货指令。

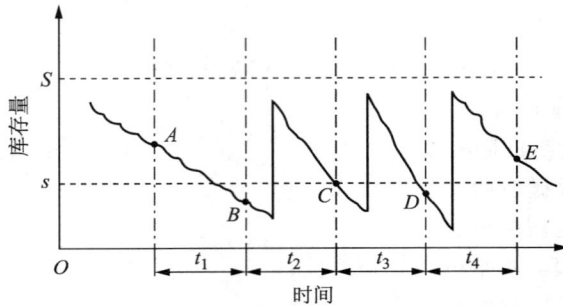

图 3.12　定量-定期订货模型

3.3.6　其他订货模型

除了针对相关需求产品的物料需求计划策略和针对独立需求产品的订货点模型策略外,在企业里还有其他比较实用的库存运作模式。

1. 任意补充系统

任意补充系统是以某一固有频率对库存进行盘点,当库存水平下降到某一数量以下时订购一个补充量。这种任意补充系统必须预先设定补充点,而不设定订购点。有连续补充点法和分批补充点法,连续补充点法是每次出货后均要补充,补充量就是出货量,分批补充点法则是当出货量达到设定的量时进行补充。

2. 双箱系统

物料从一箱获得,另一箱的库存数量刚好等于再订购点的库存数量。这实际上是一种定量订货库存模型,使用双箱系统时,预先准备两个料箱,并在料箱中装满相同的物料,料箱的容量预先设定好,当有需求发生时,从其中的一个料箱中取物料,当该箱物料用完后,就使用另外一个料箱,同时发出订货请求,订货量为料箱容量,这样一种反复循环使用的库存系统就是双箱系统。

3. 单箱系统

对库存进行周期性的补充,是一种比较简单的定期订货模型。通常预先设定一个最高的库存目标,并以固定的时间间隔将库存补充到预定的最高水平。

4. 目视检查系统

和单箱系统一样,目视检查系统也是一种定期订货系统。即将库存放置一处,按预先设定的时间周期,经目视检查后,提出申请订购,订购数量为预定最高库存量与现有库存量之差。

3.4　库存盘点

对库存的周期盘点进行的频率较高,而不是一年一次或两次,尤其是实施准时化生产的企业中,库存盘点的频率更高。有效地进行周期盘点,确保库存精度的关键在于,确定在什么时候由谁来对哪些物资进行盘点,通常在以下情况时计算机会发出盘点通知:

(1) 当库存记录表明,库存物料很少或者为零时;

(2) 当库存记录表明物料已有,但缺货单早已填写的时候(此时表明库存记录与实际库存不一致);

(3) 在某些特定活动发生之后;

(4) 在物资的盘点日期(盘点日期根据盘点周期推算而得,盘点周期是根据物资的重要性,利用 ABC 分类法来确定的)。

在进行盘点时,必须做好以下工作:① 分别由生产计划与物流控制部门主管、财会人员和仓库保管员组成的盘点小组监督盘点操作人员,并将每种库存的规格、数量、物料号、仓库号和库位号逐项登记。② 盘点完毕的库存贴挂"已盘点"标签,仓库管理员要保留好以备查。③ 对盘点表中库存规格、数量等内容进行核查,如发现有数量较大的差异应予以确认,并要查明原因,以确保盘点的正确性。④ 陈旧、滞销库存应单独制表列出。⑤ 汇总库存盘点结果,并将库存盘点结果反馈给生产计划与物流控制部门,以对系统的参数进行适当的调整。财会人员也应将财务处理内容与盘点结果进行核对,并确保一致。

3.5　准时化生产下的库存策略

将准时化生产和物料需求计划系统相比较,前者所采取的策略正好相反。众所周知,物料需求计划系统采取的是推动系统,是一种备货生产的方式,常用于大量生产方式,是属于一种重视计划的系统,制订计划通常要综合考虑客户的订单和对市场的预测。而作为生产方式发展的第三个阶段,也是 21 世纪最先进的生产方式,准时化生产采取的是拉动的策略,即生产任务是根据市场需求拉动生产的,这种生产方式以消除生产中存在的一切浪费为宗旨,其中库存的浪费被认为是最大的浪费。因此,在准时化生产中,采用所谓的看板来拉动,只要市场有需求,即有订单时,立即从最后一道工序开始进行拉动,没有看板则不生产。在这种情况下,理论上讲,库存可以减少为一个单位,可实际上是做不到的。因此准时化生产也要设置一定的安全库存量。在准时化生产下对库存的控制策略将在第 10 章中介绍。

习　　题

1. 为什么要对物料进行 ABC 分类?

2. 定量订货模型和定期订货模型二者相比哪个安全库存量较大? 为什么?

3. 什么情况下用定量订货模型? 什么情况下用定期订货模型? 二者各有什么优缺点?

4. 举例说明周转库存、安全库存、预期库存、运输库存。

5. 按单生产的企业需不需要库存? 为什么?

6. 某产品年需求量为 12 000 单位,每单位产品年保管成本为 5 元,每次订货业务成本为 100 元,试用定量订货模型确定最佳订购点。如果是一边生产一边使用,并假设每天需求率为 80 单位,每天供货率为 120 单位,则最佳订购批量为多少?

7. 某产品的年需求为 12 000 单位,经济订购批量为 200 单位,订货提前期为 2 周,平均绝对偏差为每订购期间 100 单位,并假设每年允许出现一次缺货,试求每年订购次数为多少? 订购点为多少? 服务率为多少? 安全库存量为多少?

8. 某产品年需求量为 1 000 单位,订货频率为每 10 天订货 1 次,订货提前期为 5 天,标准差为 7 单位。假定该产品的缺货概率为 2%,现有库存为 300 单位,则订货的批量应为多少?

第4章 综合生产计划

　　综合生产计划是在工厂设施规划、资源规划和长期市场预测的基础上做出的,是指导全厂各部门1年内经营生产活动的纲领性文件。长期需求预测为制订综合生产计划提供了依据。综合生产计划是针对产品群的计划,是将企业策略与生产能力转换为劳动力水平、库存量、产量等变量的一种优化组合,它可以使总成本最小。所以说,综合生产计划的制订实际上也是对能力和需求的一种平衡,计划的结果可以采取一种单独的策略,也可以采取多种策略的混合策略。本章主要包括以下几个部分:① 基本概念;② 综合生产计划的分析技术,其中主要介绍试算法及数学方法。

4.1　基本概念

在编制综合生产计划时,由于在战略规划中已确定了工厂设备与生产能力,故当需求变化时,就不能用改变生产能力的策略,而只能采取其他一些策略,如加班、减班、招聘新工人、解聘员工、外包等策略来调节生产能力,或采取这些策略的混合策略。严密地制订这些策略或混合策略,所得到的、有效的生产计划就是综合生产计划,中短期生产计划和短期生产计划都要根据综合生产计划来制订。

企业综合生产计划不只是现有设备和人员及库存的合理安排与使用,而且是企业决策者根据外部环境、经济指标和发展目标,必须处理的许多问题中的一个重要方面。到目前为止,已有许多学者提出综合生产计划的几个模型。如用数学规划方法研究多品种综合生产计划问题;应用最优控制理论,求解多产品生产和劳动力水平的计划问题,研究了在随机需求条件下,如何根据逐个阶段总费用递推确定产品的逐个阶段最优生产量,以及预定价格和可行价格问题。在众多模型中,由于所提出的综合生产计划仅仅考虑了需求预测,并且根据费用最小求解问题,只考虑了产品的产量,而没有考虑到销售决策中的产品的价位,影响了综合生产计划的市场适应性和有效性,所以理想的模型应是把它和其他模块融为一体。本章所举的几个例子均做了假设。

4.1.1　综合生产计划的描述

在整个生产计划与控制系统中,综合生产计划所处的层次较高。综合生产计划的主要目的是明确生产率、劳动力人数、当前库存和设备的最优组合,确保在需要时可以得到有计划的产品或服务。生产率是指每单位时间(如每小时或每天)生产的产品数量。劳动力水平是指生产所需的工人人数。当前库存等于上期期末库存。综合生产计划的周期也较长,计划周期为 $6\sim18$ 月,通常为 1 年,但每月或每季度都要根据实际情况做适时的更新。

对于需求稳定的产品或服务,不存在综合生产计划的问题,生产率、劳动力人数、库存水平只要按照稳定的需求来组织生产即行。对于存在季节性需求或周期性需求的产品或服务,则可以采取两种策略:一种是修改或管理需求;另一种就是管理供应,如提供足够的生产能力和柔性使得生产能力满足需求,或者以平准化的速率进行生产。

综合生产计划问题可以描述为:在已知计划期内,每一时段 t 的需求预测量为 Ft,以最小化生产计划期内的成本为目标,确定时段 $t=1,2,\cdots,T$ 的产量 P,库存量 It,劳动力水平 Wt。

　　制订综合生产计划有几种方法,一种方法是从公司的销售预测中获得信息,通过需求预测得到未来一段时期内市场的需求量,各产品系列应该生产多少,计划人员利用此信息可以决定如何利用公司现有的资源以满足市场的预测。另一种方法是通过模拟不同主生产计划和计算相应的生产能力需求,了解每个工作中心是否都有足够的工人与设备,并以此制订综合生产计划,如果生产能力不足,就要确定是否需要加班,是否需要增加工人人数等,以便采取相应的措施以增加能力,以及增加多少,然后用试算法进行试算,并不断修正,最后得到一个比较满意的结果。

4.1.2　综合生产计划所处的地位

　　图 4.1 表示综合生产计划在整个生产计划体系中所处的地位。产品决策和工厂能力决策的计划是长期战略规划,是由企业最高层领导所做出的决策;综合生产计划的时间周期通常为 1 年,由职能部门经理或中层管理人员制订;短期生产作业计划由车间一级管理人员制订并贯彻执行。

　　由图 4.1 可知,综合生产计划的制订依赖于对市场需求的预测、客户的实际订单、现有的库存状态信息、各种成本参数、每月可用的工作日天数、可以获得的原材料,以及外部生产能力等,综合生产计划的输入可以分为四个部分:资源、预测、成本和劳动力变化的政策。资源主要有人力/生产率,以及设施与设备;成本主要有库存持有成本、缺货成本、招聘/解聘成本、加班费用、库存变化成本,以及转包合同的费用;劳动力变化的政策主要有转包合同、加班、库存水平/变化和缺货。综合生产计划的输出是劳动力、库存量、生产纲领,是作为主生产计划的输入。

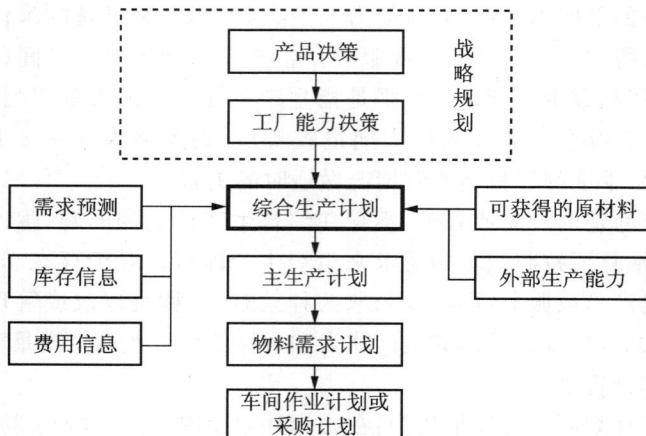

图 4.1　综合生产计划与其他模块的关系图

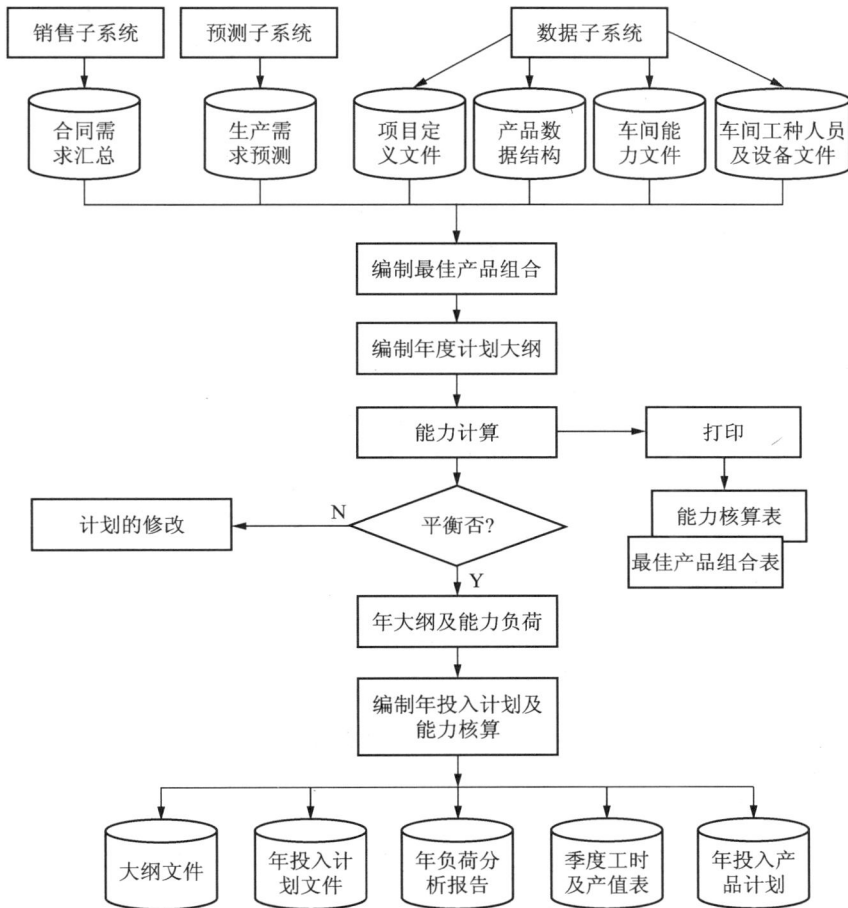

图 4.2　综合生产计划信息流程图

在工厂实际运作过程中,在编制综合生产计划前,先要根据销售子系统(合同需求的汇总)、预测子系统(生产需求的预测)和数据子系统(包括项目定义文件、产品数据结构、车间能力文件和车间工种人员及设备文件),确定最佳的产品组合,然后编制综合生产计划,综合生产计划是确定劳动力水平、库存量等的最优组合。综合生产计划编制后,也要进行能力计划与分析,如能力可行,则打印能力核算表和产品组合表,形成年生产大纲和能力核算清单、年投入计划文件、年负荷分析报告、季度工时及年投入产品计划。如不行,则返回,重新修改综合生产计划。主生产计划是根据市场预测和实际订单制订的最终产品生产计划,确定每批订货所需产品的数量与交货期。粗能力计划是检查核定当前所具备的生产、仓库设施和设备、劳动力的能力是否满足要求,并且核定供应商是否已经安排了足够的生产能力,以确保在需要时能按时提供所需的物料。物料需求计划是从主生产计划得到最终产品的需求量,将其分解为零件与部装件的需求量,并做出物料需求计划。该计划应确定何时安排每种零件与部装件的生产与订货,以保证按计划完成产品生产。同时要制订细的能力计划,它要对生产能力和负荷进行平衡分析,并且是对每个工作中心进行分析。这和主生产计划的粗能力计划有所区别。在粗能力计划中,只是对生产系统中的关键工作中心进行能力负荷平衡分析,最后生成生产车间作业计划或零部件的采购计划,并将加工单或采购单分别下达到车间和采购部门。综合生产计划信息流程图如图 4.2 所示。

4.1.3　综合生产计划策略分析

如果需求非常平稳,如一些流程型工业,其计划的制订相对简单,重点在于制订综合生产计划和设备的可靠性维修计划。如果在计划阶段内出现季节性需求或周期性需求,则可以采取相应的措施来应对这种需求,实际上也就是在需求和供应之间寻求一个平衡点。因为出现供大于求或供小于求都是企业或顾客所不愿看到的,因此可以采取对需求进行管理和对供应进行管理两种策略。需求的管理可以采取以下措施,如生产互补性产品,利用广告、降价等手段进行促销,以及按照累计订单进行生产,即在订单累计到一定量时再按照订单进行生产。本章主要针对解决综合生产计划的管理供应策略进行论述,其中有以下几种策略:追逐策略、稳定的劳动力水平、外包和平准策略。

1. 追逐策略

追逐策略是适时改变劳动力水平以适应需求变化的一种策略,当订货变动时,雇佣或解雇工人,使产量与订货相一致。这种策略取决于劳动力的成本,发达地区劳动力成本往往很高,通常不采取这种策略;经济欠发达地区,则通常采取追逐策略以保证能按时完成订单。采用这种策略,是因为在招聘新工人时要对员工进行培训,还要求工人所从事的工作易于培训。这种经常性变动员工的数量,往往会造成员工人心不稳,影响员工工作的积极性和士气。

2. 稳定的劳动力水平——变化的工作时间

通过柔性的工作计划或加减班改变工作时间,以适应需求量的变化,使产品产量与订单量相匹配。采用这种策略使工人人数相对稳定,但在需求量变化时,必须增加或减少员工的工作时数,这时只能采取加减班的策略。缺点是不须另招聘或解聘员工,虽然节省了招聘或解聘费用,但柔性工作计划或加班会产生其他成本,加班费用往往超出正常工作的费用。

3. 外包

如果需求量增大时,企业既不想通过雇佣新工人来满足需求,又不想通过加班来满足需求,则可以将超过企业生产能力的那部分外包出去,从而间接地提高企业的生产能力。但采取这样的策略通常都有一定的风险,因为将部分订单外包出去以后,可能会有一部分顾客转投竞争对手,从而会失去顾客。一般都在雇佣或解雇工人的费用很高,或者加班成本很高,以及在核心领域发生转移时采用这种策略。

上述三种策略可以叫做需求配合策略,即保证企业有足够的生产能力和柔性以满足需求。这种方法会使生产率变动很大。需求配合策略的基本出发点是避免为满足需求必然要求高库存从而提高库存成本的情况发生。如果需求出现上升,然后又出现短期下降的趋势,则可以在这段时间内对这些多余人员进行训练,使他们掌握多种技能,这样可以增大生产线的柔性。

4. 平准策略

可以用变动库存量、压缩订单积压和减少销售来消化缺货或剩余产品,保持稳定的劳动力数量与产出率。因有稳定的工作时间雇员可以受益,但可能会造成缺货。平准化生产方式是着眼于保持一个平准生产计划。平准生产计划是指在一段时间内保持生产能力的平稳。它在一定程度上是我们提到的 4 种策略的综合。对于每段时间,它维持劳动力数量的稳定和低库存量,并依赖需求拉动生产。平准策略可有计划安排整个系统,使之达到库存与在制品量最小化,这样在制品储备少,产品及时改进;生产系统流程平稳;从供应商处购买的物料能及时交付,而且事实上常常直接送至生产线。

对综合生产计划制订后进行能力和负荷平衡分析时,不须涉及具体的工作中心,也不涉及具体的每一个阶段,而是计算全部工作中心的年全部生产能力,并且根据客户的合同订单和对市场的需求预测得出生产负荷,然后进行比较。如果出现能力和负荷不平衡,则可以通过上述策略改变生产能力,也可以采取做广告、降价促销、延期交货、不同季节的产品混合生产等手段来改变负荷。

综合生产计划的编制策略还与生产的类型有关。对于制造装配型企业来说(如汽车行业),通常采用订货生产,那么在制订年度计划时,由于市场的波动等不确定性因素的影响,根本不可能得到准确的订货合同信息,所以对这种生产类型的企业而言,综合生产计划只起到一个指导的作用。这类企业的计划重点将是周期更短的生产计划,如采用物料需求计划或准时化生产方式以克服上述缺点。而对于流程型生产企业来说,其生产是连续的,生产能力可以明确计算,加之其年需求量往往起伏不大,故综合生产计划是非常关键的。

制订综合生产计划时通常要保证总成本最小,如果采取上述单独的策略效果不佳,于是有时需要采取包含上述两个或两个以上的策略的混合形式,例如,一家企业可能同时采用加班和外包来调节生产能力。采取混合策略的缺点是组合很多,要寻求一个合理的组合比较困难。

4.1.4 综合生产计划相关成本

综合生产计划的制订过程实际上是一个优化的过程,其目标是确定劳动力水平和库存量的最优组合,从而使计划期内的与生产相关的总成本最低。所以说,综合生产计划也可以为企业的年度预算提供依据,保证预算的准确性。综合生产计划有4种与生产相关的成本,具体有:

(1) 基本生产成本——是计划期内生产某一产品的固定与变动成本,包括直接与间接劳动力成本,正常与加班的工资。一般加班成本比正常成本高。

(2) 库存成本——主要组成部分是库存占用资金的成本。另外,还有储存费用、保险费、税费、物料损坏和变质费用、过时风险费用、折旧费用,等等。在精益生产方式中,制造过剩被认为是最大的浪费,而制造过剩意味着一定会产生大量额外的库存成本,所以应该尽量避免库存的浪费。库存不仅占用无用的空间,而且其实质会掩盖企业中存在的许多问题和造成产品生产成本的增加。

(3) 延期交货成本——这类成本比较难以估算。包括由延期交货引起的赶工生产成本、失去企业信誉和销售收入的损失。

(4) 与生产率相关的变动成本——典型成本是雇佣、培训与解雇人员的成本,设施与设备占用的成本,人员闲置成本,兼职与临时员工成本,外包成本。雇佣临时或兼职员工是降低这类成本的一种方法。下面简述几个典型的与生产率相关的变动成本。

第一是聘用和解雇员工的成本。当需求增加或减小时,为保证供应和需求相符合,即企业的生产能力和负荷相匹配,必须另外招聘或解雇员工。不同的国家,在招聘和解雇员工时产生的成本不相同,如美国,雇佣和解聘费用相对较低,而在日本这种强调终生雇佣的国家,则招聘和解聘的费用相对来说较高,所以应视不同情况采取相应的策略。另外,招聘新员工时,必须对员工进行培训,而且新员工在开始时可能使生产率有所降低,所以这些培训费用和相关的间接费用也应考虑在内。

第二是外包成本。如果当需求增大时,企业不想招聘新的员工来满足增大的需求,则可以将多余的负荷外包出去来达到满足需求的目标,对于两个企业来说,这可以达到双赢的目标,使得那些没有充分利用生产能力的企业能够将能力尽量发挥出来,但另一方面,外包出去的企业也会冒失去顾客的风险。

第三是人员和设备闲置成本。如果出现某段时间需求低于供应时,为了不使制造过剩,必然导致闲置情况的发生。出现闲置时,可以参考精益生产的一些做法:① 可以利用闲置时间对员工进行培训,使员工成为多能工,即掌握多种技能,这样可以提高生产线的柔性和便于生产线按照规定的生产节拍进行生产;②利用闲置期间对生产线布置、质量控制、标准化作业等进行持续的改进活动。这样的话,即使出现闲置,也不会造成浪费。

第四是兼职或临时员工成本。如果可能的话,应尽可能雇佣兼职人员或临时员工,这对企业或员工都有利,有以下几个原因:有些人可能不希望全职工作,而喜欢工作具有一定的弹性;雇佣兼职或临时员工不需要额外的一些福利;雇佣临时员工或兼职人员本身要支付的工资相对较低。新招聘或雇佣使得费用相对较低,越来越多的提供兼职或临时员工的人事公司的涌现,就说明了这一点。

4.2　综合生产计划计算方法

制订综合生产计划过程为:战略计划作为一个长期规划,是确定未来很长一段时间内公司的产品发展方向。工厂的生产能力也在此阶段做决策,这是工厂的设计能力。能力定好后,要进行工厂选址,以及工厂内部系统设施的配置,此时,工厂的最大生产能力已经定好,更重要的是确定实际的生产能力,这由市场的需求来决定。

综合生产计划的制订方法通常有直观试算法、定量的数学方法和仿真方法。其中直观试算法易于理解和掌握,是最常用的一种方法。定量的数学方法有:线性规划方法、线性决策方法、搜索决策规则和目标规划方法。简单的线性规划可以通过图解方法来解决,复杂问题可以建立线性优化的数学模型通过单纯型法来求解。另外,有一些学者提出了专家系统方法和计算机仿真分析的方法。

4.2.1　直观试算方法

直观试算法,顾名思义是一种试算的方法,有时又叫做图表法,这种方法优点是直观,缺点是往往只能获得局部最优解,而不能得到全局最优解,而且计算结果只能采取一种单一的策略,实际情况是有可能采取多种策略的综合策略。直观试算法的基本步骤为:

(1) 确定每一时段的需求、安全库存量及期初的库存水平。

(2) 确定每一时段的正常生产能力。

(3) 确定加班、转包等生产能力。

(4) 确定库存策略。

(5) 计算劳动成本、库存成本、缺货成本、招聘和解聘成本、加班成本、外包成本等相关成本。

（6）初步设定几种可行的方案。

（7）计算每个方案总的成本。

（8）寻找总成本最低的方案。

通常这种方案可以获得比较满意的结果，但并不是最佳的方案，因为它只是计算其中有限的几种方案。企业在编制综合生产计划时一般利用简单的试算法。这种方法有两个计算过程，一个就是手算，另一个就是借助电子表格软件（Excel）实现这一计算过程。精确的方法如线性规划与仿真方法经常在电子表格软件中被应用。

例 4.1　某公司要制订未来 6 个月产品群组的年度生产计划，已知 6 个月的需求预测量和每月实际工作天数如表 4.1 所列，每天正常工作时间为 8h。该产品群组的期初库存量为 600 单位，安全库存量为 400 单位，如表 4.2 所列。相关的成本数据如表 4.3 所列，需要说明的是，在考虑分包成本时，仅考虑边际成本，即假如材料成本为每件 100 元，分包成本为每件 120 元，那么在考虑实际分包成本时，要将分包成本减去材料本身的成本，就得到所谓的边际成本[7]。

表 4.1　每月需求预测量和工作天数

月　　份	预测量	每月工作天数
1	1 800	22
2	1 500	19
3	1 100	21
4	850	21
5	1 100	22
6	1 600	20
总计	8 000	125

表 4.2　库存量

期初库存	安全库存
600	400

表 4.3　成本数据

成 本 类 型	成 本 值
招聘成本	200 元/人
解聘成本	250 元/人
库存成本	1.5 元/件·月①
缺货成本	5 元/件·月
材料成本	100 元/件
分包成本	20 元/件

（续表）

成 本 类 型	成 本 值
单位产品加工时间	5h/件
正常人工成本	4 元/h
加班人工成本	6 元/h

① 每件产品保管 1 个月需 1.5 元。

综合生产计划的编制按照以下步骤进行：

（1）首先按照原始数据计算每月的实际需求和每月月末的库存量。

每月的实际需求计算公式为：

$$P_i = DF_i + SI_i - BI_i \qquad (4.1)$$

式中

P_i——每月实际需求量；

DF_i——每月需求预测量；

SI_i——每月安全库存量；

BI_i——每月期初库存量。

每月月末库存量计算公式为：

$$EI_i = BI_i + P_i - DF_i \qquad (4.2)$$

式中

EI_i——每月月末库存量。

以上计算结果如表 4.4 所列。

表 4.4　需求量的计算

月　　份	1	2	3	4	5	6
期初库存量	400	450	375	275	225	275
需求预测量	1 800	1 500	1 100	900	1 100	1 600
安全库存量	450	375	275	225	275	400
实际需求量	1 850	1 425	1 000	850	1 150	1 725
期末库存量	450	375	275	225	275	400

（2）初步设定 4 种策略，其内容介绍如下：

策略一　追逐策略，即满足需求量的变化，以改变工人人数来调节生产能力，假设每班次工作 8h，追逐策略的分析结果如表 4.5 所列。

表 4.5　改变工人人数

月　　份	1	2	3	4	5	6
实际需求量	1 850	1 425	1 000	850	1 150	1 725
满足需求所需生产时间(h)	9 250	7 125	5 000	4 250	5 750	8 625

（续表）

月　份	1	2	3	4	5	6
每月工作天数	22	19	21	21	22	20
每人每月工时(h)	176	152	168	168	176	160
所需人数	53	47	30	25	33	54
招聘人数	0	0	0	0	8	21
招聘成本(元)	0	0	0	0	1 600	4 200
解聘人数	0	6	17	5	0	0
解聘成本(元)	0	1 500	4 250	1 250	0	0
正常人工成本(元)	37 000	28 500	20 000	17 000	23 000	34 500

总成本:173 300 元

在表中:满足需求所需生产时间＝实际需求量×5h/件;

每人每月工时＝工作天数×8h/天;

所需人数＝满足需求所需生产时间÷每人每月工时;

招聘人数＝本月所需人数－上月人数;

如果为正,表示需招聘员工;如果为负,则表示需要解聘员工。

策略二　平准策略,即保持工人人数不变,变动库存,既不加班也不外包,固定工人的人数用该段时间内平均每天需要工人人数计算,即用 6 个月的总需求量乘以每件加工时间,再除以一个工人在计划期内的总工作时间,即

$$\frac{5h/件 \times 8000 件(6 个月的总预测量)}{125 天(6 个月的总工作天数) \times 8h/天 \cdot 人} = 40 人$$

计算结果如表 4.6 所列。

表 4.6　平准策略

月　份	1	2	3	4	5	6
月初库存量	400	8	−276	−32	412	720
每月工作天数	22	19	21	21	22	20
可用生产时间(h)	7 040	6 080	6 720	6 720	7 040	6 400
实际生产量	1 408	1 216	1 344	1 344	1 408	1 280
需求预测量	1 800	1 500	1 100	900	1 100	1 600
月末库存量	8	−276	−32	412	720	400
缺货成本(元)	0	1 380	160	0	0	0
安全库存量	450	375	275	225	275	400
多余库存量	0	0	0	187	445	0
多余库存成本(元)	0	0	0	280.5	667.5	0

（续表）

月 份	1	2	3	4	5	6
正常人工成本(元)	28 160	24 320	26 880	26 880	28 160	25 600

总成本：162 488 元

在表中：可用生产时间＝工作天数×8(h/天)×40 人；

实际生产量＝可用生产时间÷5(h/件)；

月末库存＝月初库存＋实际产量－需求预测量；

下月的月初库存＝本月的月末库存。

策略三 外包策略，即将超出能力之外的工作包出去，工人人数固定，以满足最小的需求预测量，由表 4.1 可知，最小预测量为 4 月份 850，其他月份超出 850 的能力就用外包的形式来满足，由最小预测量计算最少的固定的工人人数为：

$$\frac{5(\text{h/ 件}) \times 850(\text{件}) \times 6(6 \text{ 个月的总预测量})}{125 \text{ 天}(6 \text{ 个月的总工作天数}) \times 8\text{h/ 天} \cdot \text{人}} = 25 \text{ 人}$$

计算结果如表 4.7 所列。

表 4.7 外包策略

月 份	1	2	3	4	5	6
生产需求量	1 850	1 425	1 000	850	1 150	1 725
每月工作天数	22	19	21	21	22	20
可用生产时间(h)	4 400	3 800	4 200	4 200	4 400	4 000
实际生产量	880	760	840	840	880	800
分包件数	970	665	160	10	270	925
分包成本(元)	19 400	13 300	3 200	200	5 400	18 500
正常人工成本(元)	17 600	15 200	16 800	16 800	17 600	16 000

总成本：160 000 元

策略四 加班策略，即保持工人人数不变，通过加班或减班来改变能力，计算结果如表 4.8 所列。

表 4.8 加班策略

月 份	1	2	3	4	5	6
期初库存	400	8	−276	−32	412	720
每月工作天数	22	19	21	21	22	20
可用生产时间(h)①	6 688	5 776	6 384	6 384	6 688	6 080
固定生产量	1 338	1 155	1 277	1 277	1 338	1 216
需求预测量	1 800	1 500	1 100	900	1 100	1 600

（续表）

月　份	1	2	3	4	5	6
加班前库存量	−62	−345	177	554	792	408
加班生产件数	62	345	0	0	0	0
加班成本（元）	1 860	10 350	0	0	0	0
安全库存	450	375	275	225	275	400
多余库存	0	0	0	329	517	8
库存成本（元）	0	0	0	494	776	12
正常人工成本（元）	26 752	23 104	25 536	25 536	26 752	24 230

总成本：165 491 元

① 该策略的正常工人人数比较难以确定，目标是使期末的库存与安全库存尽可能接近，这要进行反复试算。最后可知最合适的工人人数为 38 人，可用生产时间＝工作天数×8(h/天)×38 人。

（3）将 4 种策略进行比较，比较结果如表 4.9 所列。

表 4.9　4 种策略的比较结果

成　本　项	策略 1	策略 2	策略 3	策略 4
正常人工成本（元）	160 500	160 000	100 000	152 000
加班人工成本（元）	0	0	0	12 210
招聘成本（元）	5 800	0	0	0
解雇成本（元）	7 000	0	0	0
外包成本（元）	0	0	60 000	0
库存成本（元）	0	948	0	1 281
缺货成本（元）	0	1 540	0	0
总成本（元）	173 300	162 488	160 000	165 491

（4）最终确定采取何种策略。由表 4.9 可知，策略 3 即外包策略的总成本最小，故可以确定采用这种策略，在该策略中，未来 6 个月的工人人数为 25 人，每月的安全库存和期末库存都可以确定。

4.2.2　综合生产计划的数学方法

上述试算法只能用于解单一产品的问题，并且最终也只能采取一种最佳的策略，所得到的最佳解只是一种局部的优化，因为实际上最小总成本所对应的可能是几种策略的组合，这就须借用数学方法来解决。综合生产计划的数学方法一般不为人们所采用，原因有：建立的优化数学模型常常是动态的，因为它会受一些政策的影响；一些因素如劳工合约、可用资金、生产能力限制或产品储存寿命可能会影响决策；试算方法已被大多数企业经理所接受，如果利用电子表格来计算则会使工作量大大降低；另外，数学的规划方法是研究人员从研究角度所提出的,它很难为企业经理所接受。下面简述几种常用的数学规划方法。

1. 线性规划方法

线性规划方法是确定一些变量,这些变量满足一定的约束条件,并追求一定的目标,其中目标函数和约束条件均为线性的,线性规划方法因此而得名。线性规划的数学模型确定以后,如果是比较简单的数学模型,则可以用图解法来解,比较复杂的线性规划模型,则可以通过单纯型方法来解。对于不考虑雇佣与解聘的特殊情况,可应用更容易建立的运输方法模型,比较复杂或非常复杂的线性规划还可以通过建立线性规划数学模型,借助于计算机软件来计算分析。线性规划数学模型中,目标通常是总成本最小或总利润最大,而限制条件则是生产能力的限制、储存空间的限制、劳动时间的限制、劳动人数的限制等。因为做线性的假设,而实际情况却常常不是线性的,因此要建立符合实际情况的数学模型,这样就比较困难。例如,由于生产效率的降低,每小时加班成本可能会随加班的增加而增加。另外,如果生产量的变化较大,则随着生产量的增大,每单位产品的成本可能会随着产量的增大而降低。

典型的线性规划数学模型如下:

目标函数为

$$\min Z = \sum_{j=1}^{n} C_j X_j \quad (j = 1, 2, \cdots, n) \tag{4.3}$$

约束条件为

$$
\begin{aligned}
A_{11} X_1 + A_{12} X_2 + \cdots + A_{1n} X_n &\leqslant B_1 \\
A_{21} X_1 + A_{22} X_2 + \cdots + A_{2n} X_n &\leqslant B_2 \\
&\vdots \\
A_{m1} X_1 + A_{m2} X_2 + \cdots + A_{mn} X_n &\leqslant B_m
\end{aligned}
\tag{4.4}
$$

式中,A_{ij},B_i,C_j 为给定常量。

如果将上述通用线性规划模型用于综合生产计划,则目标函数是总成本最小。总成本要考虑人工成本、招聘成本、解聘成本、加班成本、外包费用和缺货损失等。约束条件主要考虑生产能力的约束、人工能力的约束、库存水平的约束、非负条件的约束等。

将该线性规划数学模型用于综合生产计划模型的建立,则目标函数为总成本最小,约束条件有:① 产品的计划产量应小于最高需求量;② 产品的计划产量应高于最低需求量;③ 各种资源的限制;④ 各种变量的非负性限制。

例 4.2　对某产品未来 6 个月的需求预测如表 4.10 所列,每月工作天数如表 4.11 所列,成本参数如表 4.12 所列,假设产品的单位生产成本为 0,每天正常工作一个班次 8h,单位产品的生产时间为 2 天,期初人数为 35 人。求最优的总体计划。

表 4.10 产品的需求预测量

月 份	1	2	3	4	5	6
需求预测量	2 760	3 320	3 970	3 540	3 180	2 900

表 4.11 每月工作天数

月 份	1	2	3	4	5	6
工作天数	21	20	23	21	22	22

表 4.12 成本参数

成本类型	成本值
单位产品生产成本	$C_P = 0$ 元
单位人工成本	$C_W = 120$ 元/人·天
招聘费用	$C_H = 450$ 元/人
解聘费用	$C_L = 600$ 元/人
存储费用	$C_I = 5$ 元/件·周期

建立线性规划数学模型时需要设定的变量有：

① $P_i(i=1,2,\cdots,6)$ 为每个月的产量；

② $W_i(i=1,2,\cdots,6)$ 为每个月的工人数量；

③ $H_i(i=1,2,\cdots,6)$ 为每个月的招聘人数；

④ $L_i(i=1,2,\cdots,6)$ 为每个月的解聘人数；

⑤ $I_i(i=1,2,\cdots,6)$ 为每个月的库存量。

建立的线性规划数学模型以总成本最小为目标，设总成本为 TC，则数学模型为：

$$\min TC = 2\,520 \times W_1 + 2\,400 \times W_2 + 2\,760 \times W_3 + 2\,520 \times W_4 + 2\,640 \times W_5$$

$$+ 2\,640 \times W_6 + 450 \sum_{i=1}^{6} H_i + 600 \sum_{i=1}^{6} L_i + 5 \sum_{i=1}^{6} I_i$$

式右第一项为考虑正常人工成本，如第一月的人工成本为 $120 \times 21 \times W_1 = 2\,520 \times W_1$；第二项为招聘费用；第三项为解聘费用；第四项为库存费用。

约束条件需要考虑生产能力的约束、人工能力的约束、库存平衡的约束及非负条件的约束。

① 生产能力的约束：

$P_1 \leqslant 84 \times W_1$（由 $2 \times P_1 \leqslant 21 \times 8 \times W_1$ 得到，以下推导同）；

$P_2 \leqslant 80 \times W_2$；

$P_3 \leqslant 92 \times W_3$；

$P_4 \leqslant 84 \times W_4$；

$P_5 \leqslant 88 \times W_5$；

$P_6 \leqslant 88 \times W_6$。

② 人工能力的约束：

$W_1 = 35 + H_1 - L_1$；

$W_2 = W_1 + H_2 - L_2$；

$W_3 = W_2 + H_3 - L_3$；

$W_4 = W_3 + H_4 - L_4$；

$W_5 = W_4 + H_5 - L_5$；

$W_6 = W_5 + H_6 - L_6$。

③ 库存平衡约束：

$I_1 = 0 + P_1 - 2\,760$；

$I_2 = I_1 + P_2 - 3\,320$；

$I_3 = I_2 + P_3 - 3\,970$；

$I_4 = I_3 + P_4 - 3\,540$；

$I_5 = I_4 + P_5 - 3\,180$；

$I_6 = I_5 + P_6 - 2\,900$。

④ 非负条件的约束：

$P_i(i=1,2,\cdots,6) \geqslant 0$；

$W_i(i=1,2,\cdots,6) \geqslant 0$；

$H_i(i=1,2,\cdots,6) \geqslant 0$；

$L_i(i=1,2,\cdots,6) \geqslant 0$；

$I_i(i=1,2,\cdots,6) \geqslant 0$。

将上述模型的数据输入到优化软件中即可得到最优解,如表 4.13 所列。

表 4.13　最优解的结果

月份	产量	库存量	招聘人数	解聘人数	需要工人数
1	2 940.000	180.000	0.000	0.000	35.000
2	3 232.857	92.857	5.411	0.000	40.411
3	3 877.143	0.000	1.732	0.000	42.143
4	3 540.000	0.000	0.000	0.000	42.143
5	3 180.000	0.000	0.000	6.006	36.136
6	2 900.000	0.000	0.000	3.182	32.955

由上述计算可知,总费用为 600 191.60 元。实际产量、库存量、招聘人数、解聘人数、需要工人数均要取整数。

2. 运输方法

运输方法又可称为图表作业法,实际上是一种表格化的线性规划方法。用运输方法编制综合生产计划必须做一定的假设：① 在每一计划期内的正常生产能力、加班生产能力和外包都有一定的限制；② 每一期间的需求预测量均为已知；③ 成本和产量为线性关系。

利用运输方法，必须正确建立运输表格，如表 4.14 所列。在表中，第一行分别为每期计划方案、计划期、未用生产能力和可用生产能力。接下来是每期的正常产量、加班产量和外包产量。最下面一行表示每期总的需求量。表中每一格的右上角表示单位产品的相应成本，包括了生产成本和库存成本。设单位产品在每期的库存成本为 C_I，单位产品的正常生产成本为 C_P，单位产品的加班生产成本为 C_O，单位产品的外包成本为 C_W，则如果第 1 期生产出来的产品准备在第 2 期销售，其成本就变为 $C_P + C_I$，若在第 3 期销售，成本就为 $C_P + 2C_I$。依次类推可得加班生产成本和外包成本。第 t 期的正常可用生产能力为 PN_t，第 t 期的加班可用生产能力为 PO_t，第 t 期的正常可用生产能力为 PW_t。

表 4.14　运输表

计划期	计划方案	计划期			未用生产能力	可用生产能力
		1	2			
1	正常	C_P	$C_P + C_I$	$C_P + 2C_I$		PN_1
	加班	C_O	$C_O + C_I$	$C_O + 2C_I$		PO_1
	外包	C_W	$C_W + C_I$	$C_W + 2C_I$		PW_1
2	正常		C_P	$C_P + C_I$		PN_2
	加班		C_O	$C_O + C_I$		PO_2
	外包		C_W	$C_W + C_I$		PW_2
3	正常			C_P		PN_3
	加班			C_O		PO_3
	外包			C_W		PW_3
需求		D_1	D_2	D_3		

应用运输方法编制综合生产计划时遵循如下步骤：① 在可用生产能力一列填上正常、加班和外包的最大生产能力。② 在每一单元格中填上各自的成本。③ 在第 1 列寻找成本最低的单元格，尽可能将生产任务分配至该单元格，但必须满足生产能力的限制。④ 在该行的未用生产能力中减去所占用的部分，但必须注意剩余的未用生产能力不能为负数，如果该列仍有需求尚未满足，则重复步

骤②～④,直至需求全部满足为止。并且按照②～④的步骤分配全部期间的单元格。使用运输表还应注意,每一列的分配总和必须等于该期的总需求,每一行生产能力和也应等于可用的总的生产能力。

　　例 4.3　已知某产品的需求量及期间数如表 4.15 所列,假设期初库存为零,正常时间单位成本为 100 元;加班时间单位成本为 107 元;外包单位成本为113 元,每期间单位存储成本为 2 元,不允许出现缺货情形,正常时间每期间可生产 180 单位,加班为 36 单位,外包可达 50 单位,将以上各项列成运输问题表格则如表 4.16 所列,最终综合生产计划如表 4.17 所列。

表 4.15　产品的需求量预测

期间(月)	1	2	3	4	5	6	7	8	9	10	11	12	13
需求量	100	180	220	150	100	200	250	300	360	250	240	210	140

表 4.16　运输表

期间(月)	计划方案	1	2	3	4	5	6	7	8	9	10	11	12	13	未用能力	可用能力
1	正常	100 **100**	102	104 **40**	106	108	110	112	114	116	118	120	122	124	0 40	180
	加班	107	109	111	113	115	117	119	121	123	125	127	129	131	0 36	36
	外包	113	115	117	119	121	123	125	127	129	131	133	135	137	0 50	50
2	正常		100 **180**	102	104	106	108	110	112	114	116	118	120	122	0 0	180
	加班		107	109	111	113	115	117	119	121	123	125	127	129	0 36	36
	外包		113	115	117	119	121	123	125	127	129	131	133	135	0 50	50
3	正常			100 **180**	102	104	106	108	110	112	114	116	118	120	0 0	180
	加班			107	109	111	113	115	117	119	121	123	125	127	0 36	36
	外包			113	115	117	119	121	123	125	127	129	131	133	0 50	50
4	正常				100 **150**	102	104	106 **10**	108 **20**	110	112	114	116	118	0 0	180
	加班				107	109	111	113	115	117	119	121	123	125	0 36	36
	外包				113	115	117	119	121	123	125	127	129	131	0 50	50

（续表）

期间（月）	计划方案	1	2	3	4	5	6	7	8	9	10	11	12	13	未用能力	可用能力
5	正常					100 **100**	102 **20**	104 **60**	106	108	110	112	114	116	0	180
	加班					107	109	111	113	115	117	119	121	123	36	36
	外包					113	115	117	119	121	123	125	127	129	50	50
6	正常						100 **180**	102	104	106	108	110	112	114	0	180
	加班						107	109	111 **28**	113 **8**	115	117	119	121	0	36
	外包						113	115	117	119	121	123	125	127	50	50
7	正常							100 **180**	102	104	106	108	110	112	0	180
	加班							107 **36**	109	111	113	115	117	119	0	36
	外包							113	115	117	119	121	123	125	50	50
8	正常								100 **180**	102	104	106	108	110	0	180
	加班								107 **36**	109	111	113	115	117	0	36
	外包								113	115	117	119	121	123	50	50
9	正常									100 **180**	102	104	106	108	0	180
	加班									107 **36**	109	111	113	115	0	36
	外包									113 **36**	115	117	119	121	14	50
10	正常										100 **180**	102	104	106	0	180
	加班										107 **36**	109	111	113	0	36
	外包										113 **34**	115	117	119	19	50

（续表）

期间(月)	计划方案	1	2	3	4	5	6	7	8	9	10	11	12	13	未用能力	可用能力
11	正常											100 / **180**	102	104	0 / 0	180
	加班											107 / **36**	109	111	0 / 0	36
	外包											113 / **24**	115	117	0 / 26	50
12	正常												100 / **180**	102	0 / 0	180
	加班												107 / **30**	109	0 / 6	36
	外包												113	115	0 / 50	50
13	正常													100 / **140**	0 / 40	180
	加班													107	0 / 36	36
	外包													113	0 / 50	50
需求量(个)		100	180	220	150	100	200	250	300	260	250	240	210	140	858	3 458

表 4.17　最佳综合生产计划

期间(月)	生产数量 正常时间	加班时间	外包	需求量	各期间期末库存
1	140			100	40
2	180			180	40
3	180			220	0
4	180			150	30
5	180			100	110
6	180	36		200	126
7	180	36		250	92
8	180	36		300	8
9	180	36	36	260	0
10	180	36	24	250	0
11	180	36	24	240	0
12	180	30		210	0
13	140			140	0
总计	2 260	246	94	2 600	

3. 线性决策规划

有一些学者 Holt，Modigliani，Muth，以及 Simon 曾利用线性决策规划来研究综合生产计划问题，线性决策规则是与生产率变动、库存水平及加班有关的成本，表示为生产与员工人数的二次函数。决定最佳员工人数与生产率水平的线性决策规划可由总二次成本函数的微分而得到。这种方法也有缺点：一是这种方法需要二次成本函数，但这往往不符合实际情况；二是这种方法没有对决策变量进行限制，实际上决策变量也往往是有一些限制的[7]。

4. 目标规划

在制订综合生产计划时通常有以下目标：制订的计划应在生产能力之内；生产必须满足需求；生产与库存成本应最小化；库存投资不应超出一定的限制；加班成本应控制在一定的范围之内；员工人数不能超出一定的数目。在建立线性规划的数学模型时，这些目标一般是单目标问题，但是这些目标的优先顺序难以确定。利用目标规划就可以克服这个缺点，它可以提供这些目标优先次序的解决方案，但是如果目标是相互抵触的，则难以同时满足这些目标[7]。

5. 计算机仿真

无论是线性规划方法，还是线性决策规划方法，或是目标规划方法，均要求出实际的解析表达式，求准确的解析表达式往往比较困难，于是就利用计算机作为工具，通过开发一定的仿真软件进行综合生产计划的编制。利用解析方法编制综合生产计划，要求严格地假定决策变量间的关系。例如，有的假设成本与生产量之间为线性关系，有的则假定成本与生产量之间是一个二次函数。利用解析方法求解，这种决策变量间的关系应是固定的，而实际情况往往是，有的期间成本与生产量之间为线性关系，而有的期间则为二次函数关系。计算机仿真方法可以很容易地克服这个难题。解析方法可以得到最佳解，而系统仿真方法则不一定能求到最佳解。

4.2.3 综合生产计划的扩展

前面讨论的几种综合生产计划方法都是针对一种产品的生产计划优化问题，实际工作中，往往是多品种、多阶段的计划问题，有的资料中将这种问题归纳为高级综合生产计划问题，高级综合生产计划无法用直观试算法进行试算，而只能通过建立数学模型，用一定的算法软件来解决。在建立线性规划数学模型时也以成本最小为目标，建立模型时需要已知某些参数和设定一些决策变量，已知的参数有：

T——计划期长度；

N——产品品种数；

t——期间 $t,t=1,2,\cdots,T$；

i——第 i 种产品，$i=1,2,\cdots,N$；

D_{it}——产品 i 在期间 t 的需求预测；

n_{it}——产品 i 在期间 t 的产量/人；

C_{it}^{P}——产品 i 在期间 t 的单位生产成本；

C_{it}^{I}——产品 i 在期间 t 的单位保管成本；

C_t^{H}——期间 t 招聘一个工人的费用；

C_{it}^{W}——期间 t 一个工人的费用；

C_t^{L}——期间 t 解聘一个工人的费用；

I_{it}——产品 i 在期间 t 的库存量。

待确定的决策变量有：

P_{it}——产品 i 在周期 t 的出产数量；

W_t——周期 t 的可用工人数；

H_t——在周期 t 招聘的工人数；

L_t——在周期 t 解聘的工人数。

多品种综合生产计划的优化模型为：

$$\min \sum_{t=1}^{T} \sum_{i=1}^{N} (C_{it}^{\mathrm{P}} P_{it} + C_{it}^{\mathrm{W}} W_t + C_i^{\mathrm{H}} H_t + C_t^{\mathrm{L}} L_t + C_{it}^{\mathrm{I}} I_{it}) \tag{4.5}$$

约束条件为：

$$\sum_{t=1}^{T} \left(\frac{1}{n_{it}}\right) P_{it} \leqslant W_t \qquad t=1,2,\cdots,T \tag{4.6}$$

$$W_t = W_{t-1} + H_t - L_t \qquad t=1,2,\cdots,T \tag{4.7}$$

$$I_{it} = I_{it-1} + P_t - D_{it} \qquad t=1,2,\cdots,T; \quad i=1,2,\cdots,N \tag{4.8}$$

$$P_{it},\ W_t,\ H_t,\ L_t,\ I_{it} \geqslant 0 \quad t=1,2,\cdots,T; \quad i=1,2,\cdots,N \tag{4.9}$$

习　　题

1. 企业的计划层次如何划分，各种层次之间有何关系？

2. 综合生产计划取决于市场需求预测，预测的精度和综合生产计划模型的实际相关度有多大？

3. 制订综合生产计划时，什么情况下采用直观试算法、什么情况下采用线性规划的单纯型法、什么情况下采用运输方法？

4. 试用微软的 Excel 电子表格解决本章直观试算法中实例问题。

5. 制订综合生产计划的混合策略如何考虑。试用混合策略为本书直观试算法中的例子设计出总成本最小的方案。

6. 制订综合生产计划考虑相关成本因素时均假设它是固定不变的,但由于工人参加学习可以得到经验,即学习效应,这使得单位产品的成本随着产量的上升而降低,考虑学习效应时,如何建立数学模型?

第5章　主生产计划

主生产计划在制造计划和控制系统乃至整个生产管理中有很重要的作用，它直接与需求预测、综合生产计划，以及物料需求计划相联系，连接了制造、销售、工程设计及生产计划等部门。综合生产计划的计划对象为产品群，主生产计划的对象则是以具体产品为主的基于独立需求的最终物料（End Item）。主生产计划的制订是否合理，将直接影响到随后的物料需求计划的计算执行效果和准确度。一个有效的主生产计划需要充分考虑企业的生产能力，要能够体现企业的战略目标、生产和市场战略的解决方案。粗能力计划将决定企业是否有足够的能力来执行主生产计划。本章包括以下几个部分：① 主生产计划的基本概念；② 主生产计划的计算逻辑；③ 主生产计划的评价和维护；④ 最终组装计划。

5.1　基本概念

5.1.1　主生产计划与其他制造活动之间的关系

首先,我们要对主生产计划在整个生产计划和控制系统中的地位有个认识,主生产计划是整个计划系统中的关键环节。一个有效的主生产计划是企业对客户需求的一种承诺,它充分利用企业资源,协调生产与市场,实现生产计划大纲中所确定的企业经营计划目标。主生产计划在三个计划模块中起承上启下,从宏观计划向微观计划过渡的作用,它决定了后续的所有计划及制造行为的目标,是后续物料需求计划的主要驱动,如图 5.1 所示。从短期上讲,主生产计划是物料需求计划、零件生产、订货优先级和短期能力需求计划的依据。从长期上讲,主生产计划是估计本厂生产能力(厂房面积、机床、人力等),仓库容量,技术人员和资金等资源需求的依据。

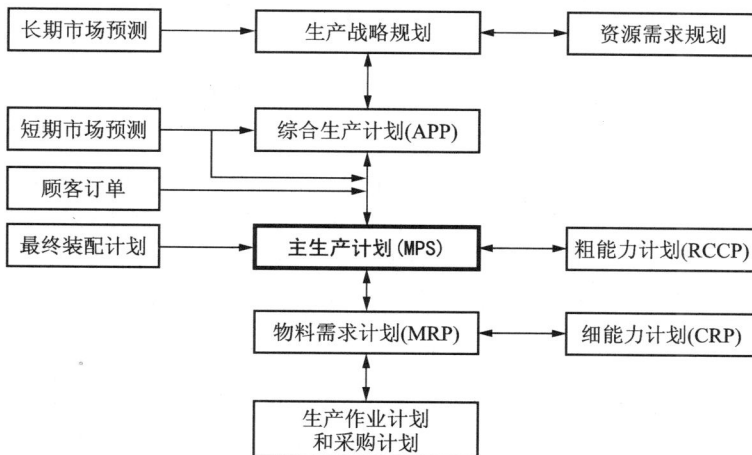

图 5.1　主生产计划与其他制造活动之间的关系

其次,综合生产计划约束主生产计划,因为主生产计划的全部细节性的计划要和综合生产计划所阐述的一致。在一些公司,主生产计划是总公司或单个工厂按照月或者季度销售计划来进行描述的。而在另外一些公司,主生产计划是根据每个月生产线上要生产的产品的产量来进行描述的。

在主生产计划制订后,要检验它是否可行,这时就应编制粗能力计划,对生产过程中的关键工作中心进行能力和负荷的平衡分析,以确定工作中心的数量和关键工作中心是否满足需求。

最终,组装计划描述的则是在特定时期里主生产计划的物料组装成最终产品,有时候其对象和主生产计划的计划对象一致,在大多数情况下,最终组装计划和主生产计划的计划对象不一致。

　　主生产计划是制造物料的最基础的活动,是生产部门的工具,因为它指明了未来某时段将要生产什么。同时,主生产计划也是销售部门的工具,它指出了将要为用户提供什么,主生产计划还为销售部门提供生产和库存信息,一方面它可以使得企业的行销部门与各地库存和最终的顾客签订交货协议,另一方面,也可使生产部门较精确地估计生产能力。如果能力不足以满足顾客需求,应及时将此信息反馈至生产和行销部门。高级管理层需要从主生产计划反馈的信息中了解制造计划可否实现。

5.1.2　主生产计划的计划对象

　　综合生产计划的计划对象是产品系列,每一系列可以由多个型号的产品所构成,综合生产计划不做细分,这和其后的主生产计划有所区别,举例来说,如果某汽车公司生产某种轿车,有 4 种型号 A,B,C 和 D,计划年总生产量为 1 万辆,这是综合生产计划预先规定的,而不必规定每一型号的轿车的产量。而主生产计划则规定每一种型号的产品的生产量,如 A 型号车为 2 500 辆、B 型号车为 3 500 辆。C 型号车为 2 000 辆,D 型号车为 2 000 辆,如图 5.2 所示。图中,通过编制汽车的综合生产计划可知第一个月的总产量为 800 辆。在此基础上,编制主生产计划时,不仅要将该产品群分解至每一型号的汽车产量,还要将时间周期进行分解,通常分解为以周为单位,则由图可以看出,第一个月的第一周需生产 A 型号汽车,产量为 200 辆;第二周需生产 B 型号和 D 型号的汽车,产量分别为 300 辆和 150 辆;第三周需生产 C 型号的汽车,产量为 150 辆;第四周不生产,这样,前四周的总产量和综合生产计划相对应,即为 800 辆。

汽车的综合生产计划

月	1	2	3
汽车产量(辆)	800	1 000	900

各种型号汽车的主生产计划

	1	2	3	4	5	6	7	8	9	10	11	12
型号 A	200				250						220	
型号 B		300					350					380
型号 C			150		200					150		
型号 D		150						200	150			

图 5.2　综合生产计划和主生产计划的关系

5.1.3 主生产计划的制造环境

主生产计划是针对产品系列中具体的产品而做的计划,其计划对象是基于独立需求的最终物料,这种最终物料可能是最终产品,也可能是一般的零件或部件。如果零件或部件是作为装配最终产品所用,则该零部件为相关需求产品。可用物料需求计划来制订详细的计划,如果这种零部件不是作为装配最终产品所用,例如,它是作为维修件专门提供给维修公司的,则应视为独立需求件,于是制订相应的主生产计划。

关于产品的制造环境或生产模式在第 1 章中已介绍,从客户订制的程度和要求看,可以将生产模式分为 4 种典型的情况:备货生产、订货组装、订货生产和订货工程。可以将订货生产和订货工程也即按顾客设计制造归为一类。主生产计划的计划对象是基于最终产品的,特定的顾客订单或者最终产品和产品的选择,对不同的制造环境其概念是不同的。

1. 备货生产

备货生产是先将产品生产出来,然后依靠库存来满足需求,它是根据对市场需求预测和安全库存及期初库存来制订主生产计划的。备货生产通常是生产流通领域内直接销售的产品,主生产计划和最终组装计划的计划对象都是 A 型产品结构中的顶层,如图 5.3(a)所示。对于产品系列下有多种具体产品的情况,要根据市场分析来估计各类产品占产品系列总量的百分比。此时,主生产计划的计划对象是具体产品。

2. 订货组装

订货组装是把很多已装配好的结构零件进行组装,期望交货期比实际交货期要短,所以生产必须在预测顾客订单时开始。大量最终产品的制造使得最终预测变得非常困难,并且储存最终产品也有相当的风险。由此订货组装试图维持柔性,只生产基本零件和组件,一般在接到最终订单时才开始进行最终产品的装配。

订货组装的好处是,不同的最终产品只需要相当少的次组件和零件就可以完成,这样可大量降低产品库存。这种产品实际上是模块化的产品,即产品有多种搭配选择时,基本的次组件则可能不多,此时,主生产计划的计划对象是相当于 X 型产品结构中的"腰部"的材料,即通用件、基本件或可选件,而顶部的产品,则是最终组装计划的计划对象,如图 5.3(b)所示。

如图 5.4 所示,一个最终产品由 4 个次组件和 1 个零件组成,每个次组件有不同的型式,如 SA1 有 4 种型式,SA2 有 2 种型式,SA3 有 4 种型式,SA4 有 3

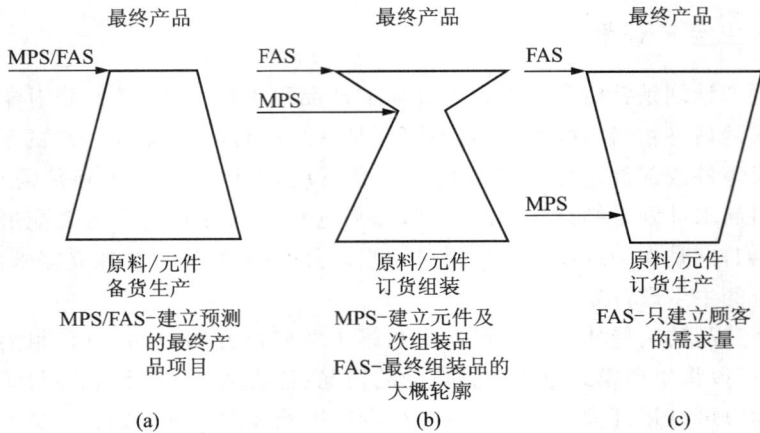

图 5.3　不同制造环境下的 MPS 和 FAS 计划对象

种型式,零件有 5 种型式,则最终的产品有 $4 \times 2 \times 4 \times 3 \times 5 = 480$ 种,此时,如果主生产计划以最终产品为对象,则共有 480 种计划对象,这时应以组件为计划对象,则只有 $4 + 2 + 4 + 3 + 5 = 18$ 种。

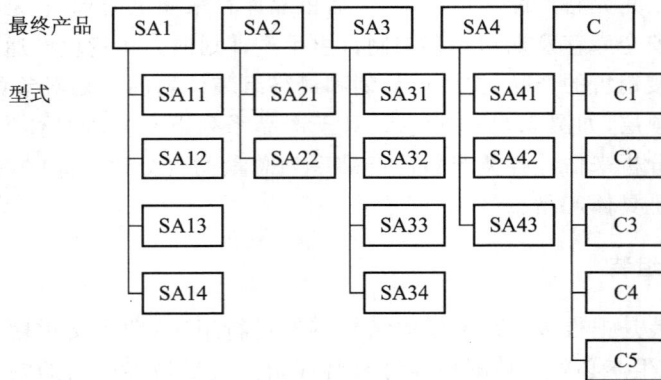

图 5.4　订货组装下主生产计划的对象

订货组装的例子有汽车,它有很多已装配好的零件和组件,如发动机、汽车座椅、转向器、制动器等,在有顾客订单时才组装。这种原料/元件很多,通用件、次组装件、可选件则相对较少,但组合却有很多情况。主生产计划的计划对象应为数量不太多的通用件、次组装件和可选件。

3. 订货生产和订货工程

一般来讲,订货生产的公司保存非成品库存,并在需要时设立每一客户订单。在大批量生产的公司虽然经常如此,但是不大可能准确地预测顾客的需求。订货生产和订货工程的最终产品一般就是标准定型产品或按订货要求设计的产品,也就是产品结构 0 层的最终产品。对钢材这类的订货生产,同一型号的钢坯可轧制出规格多样的钢材,这时,主生产计划的计划对象可以放在按钢号区分的钢坯上(相当于 T 型或 V 型结构的低层),以减少计划的物料数量。然后,再根据订单确定最终产品。而最终组装计划则是品种很多的钢材的组装。订货生产和订货工程计划对象如图 5.3(c)所示。

5.1.4　主生产计划的时间分段

主生产计划的结果是一个分时段的计划,在不同的时间分段上,主生产计划对应的订单状态是不同的,按照三级状态,可以将主生产计划的订单分成三类:制造订单、确认的计划订单以及计划订单。

1．制造订单(Manufacturing order)

已下达至系统的制造订单,授权制造指定数量的产品。这种订单通常不能更改,只有企业最高层管理人员才有权处理。

2．确认的计划订单(Firm planned order)

计划订单的数量和时间已固定下来,计算机不能自动地改变它们,只有计划员才可以改变它们,确认计划订单是叙述主生产计划的常用方法。

3．计划订单(Planned order)

计划订单是系统管理的订单,随时可以更改。

主生产计划是一个分时段的生产计划,和订单的状态相对应,制造订单和确认的计划订单是以需求时间栏作为分界的,而确认的计划订单和计划订单是以计划时间栏作为分界的。

需求时间栏(Demand Time Fence)是目前时间至计划时间中的一个时间点,在目前时间至需求时间这一段时间内,相应的订单为制造订单,这是已经开始要制造的订单,在此期间,只有最高层领导才有权对此进行修改,一般情况下,这个阶段的主生产计划是不能随意改变的。

计划时间栏(Plan Time Fence)是位于需求时间栏和全部计划期间之间的一个时间点,在需求时间栏和计划时间栏之间对应的订单为确认的计划订单,包含了实际订单及预测的订货,而在计划时间栏之后便只有预测的客户订单。通常在企业的生产控制系统中的处理策略是:在需求时间栏以内,根据客户的实际订单做计划;在需求时间栏至计划时间栏之间,根据客户订单和预测订货量中的最大值进行计划,如预测量超出实际订单,则表示还有订单可能没有到达,若实际订单超出预测量,则表示预测偏低,以实际订单为准;而在计划时间栏之后,一般便可根据预测的订货量做计划。

需求时间栏和计划时间栏,以及对应的订单如图 5.5 所示。

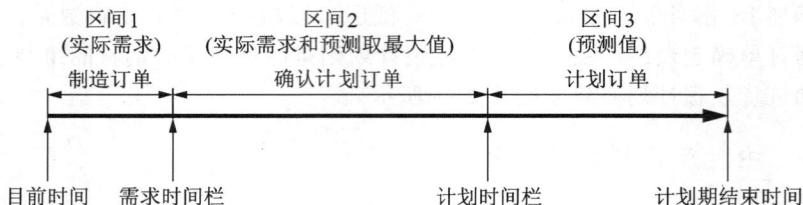

图 5.5   主生产计划时间栏的说明

5.2   主生产计划的计算逻辑

5.2.1   设计和制订程序

主生产计划的制订主要取决于:① 客户订单;② 经销商订单;③ 库存补货订单;④ 个别成品的预测;⑤ 厂际需求;⑥ 配销中心需求;⑦ 成品的库存水准;⑧ 安全库存量;⑨ 已发出的完成品指令单;⑩ 库存的限制。

主生产计划和物料需求计划一样,通常要解决以下三个基本问题:① 制造的目标是什么? ② 制造的资源是什么? ③ 如何协调目标(要求)与资源(能力)之间的关系?

制订主生产计划时遵循以下步骤:① 选择物料。② 根据产品族安排主生产计划。③ 制订计划的总周期、需求时间栏、计划时间栏,以及相关的准则。④ 选择计算和显示可供销售量的方法。

主生产计划的建立,首先必须以进行市场的需求预测为前提。在整个计划期不同的时段内,主生产计划的输入数据是不一样的,在需求时界内,是根据顾客订单制订的,所以除了进行市场需求预测外,还要对客户的订单进行需求的管理。然后,制订初步的主生产计划,并用粗能力计划技术核算生产能力是否满足需求,如果能力小于负荷,则要修改主生产计划,此外,在主生产计划执行期间,还要不断对主生产计划进行实时控制。

5.2.2   主生产计划的制订及计算逻辑

1. 相关原始参数的确定

制订主生产计划时,应以时间分段记录来说明主生产计划量、销售预测、预计可用库存量和可供销售量之间的关系。制订主生产计划结果是形成主生产计划报表,报表由表头和表体构成。表体是进行主生产计划计算所需的重要原始参数,常用的原始参数有物料名称、物料编号、现有库存量、提前期、需求时界、计划时界、安全库存量、批量等,如表 5.1 所列。报表主体则是主生产计划的计算主体,要根据主生产计划的计算逻辑分别确定预计可用库存量、净需求量、计划产出量和可供销售量等信息。编制主生产计划除了需要上述原始参数外,还需要预测量和实际订单量的信息,如表 5.2 所列,这是制订主生产计划的最重要的输入。

表 5.1　相关原始参数

参数名称	参数值	参数名称	参数值
物料号	LA001	提前期(周)	1
物料名称	灯具	需求时界(周)	3
期初库存量	15	计划时界(周)	8
安全库存量	5	计划日期	02/04/01
批量	60	计划员	PES

表 5.2　预测和合同量

	期间(周)									
	1	2	3	4	5	6	7	8	9	10
预测量	20	20	20	20	20	20	20	20	20	20
合同量	25	18	23	16	28	15	24	18	20	18

需求时界点　　　　　　　　　　　　计划时界点

主生产计划的编制过程和第 6 章物料需求计划的编制过程基本一致,只是关注的信息不太一样。对主生产计划而言,比较关心产品的可供销售量,而物料需求计划则关心物料的可用库存量。计算过程首先是根据预测量和合同量确定毛需求,再根据毛需求和现有库存量,以及计划接受量计算净需求,从而确定何时投入、何时产出、投入多少、产出多少。下面依次说明主生产计划的相关计算逻辑。

2. 计算毛需求(Gross Requirement,GR)

毛需求不是预测信息,而是生产信息。毛需求是有时段性的,而不是某一计划期的一个平均值。毛需求的确定没有固定的模式,因系统和企业的实际需求而定。其中用得较多的是考虑每阶段所在的时段,在需求时界内,毛需求等于实际顾客合同量;在计划时界内,毛需求取预测量和合同量中的最大值;在计划时界以外,毛需求则取预测值。设产品 i 在期间 t 的毛需求为 $GR_i(t)$,则其计算公式为:

$$GR_i(t) = \begin{cases} D_i(t) & t \leqslant t_d \\ \max[D_i(t), F_i(t)] & t_d < t \leqslant t_p \\ F_i(t) & t_p < t \end{cases} \qquad (5.1)$$

式中

$D_i(t)$——产品 i 在期间 t 的实际订单量；

$F_i(t)$——产品 i 在期间 t 的需求预测量；

t_d——需求时界；

t_p——计划时界。

由表 5.2 可得毛需求的计算结果如表 5.3 所列。

表 5.3　毛需求计算结果

	期间（周）									
	1	2	3	4	5	6	7	8	9	10
预测量	20	20	20	20	20	20	20	20	20	20
合同量	25	18	23	16	28	15	24	18	20	18
毛需求	25	18	23	20	28	20	24	20	20	20

3. 确定在途量（Scheduled Receipts，SR）

在途量表示已经订购或已经生产，预计在期间 t 到货的物料量，设产品 i 在期间 t 的在途量为 $SR_i(t)$。计算净需求量和预计可用库存量时应考虑在途量。如何考虑在途量，将在计算净需求量和预计可用库存量中做介绍。当该产品提前期大于 1 周时，如提前期为 3 周，则已核发和执行的订单既可以在第 1 周到达，也可以在第 2 周或第 3 周到达，因为本例的提前期是 1 周，故已在途的订货量应在第 1 周到达。当然，如果考虑实际的特殊情况，在途量可以在计划期间的任一期到达。

4. 计算预计在库量（Projected On-Hand，POH）

某期间若没有计划订单产出，则期末预计的在库量称为预计在库量。物料需求计划利用预计在库量 POH 来决定某期是否有净需求。设产品 i 在期间 t 的预计在库量为 $POH_i(t)$。第一期的预计在库量等于初始库存量加上第一期的在途量再减去毛需求，计算公式为：

$$POH_i(1) = OH + SR_i(1) - GR_i(1) \qquad (5.2)$$

其他期的预计在库量

$$POH_i(t) = PAB_i(t-1) + SR_i(t) - GR_i(t) \qquad (5.3)$$

式中

$PAB_i(t-1)$——产品 i 在期间 $t-1$ 的预计可用库存量，后文将有介绍。

预计在库量是用来决定某期是否有净需求的。若预计在库量比安全库存量少,则净需求等于安全库存量减预计在库量。反之,若预计在库量比安全库存量大,则没有净需求。

5. 计算净需求(Net Requirement, NR)

净需求是一个实际的需求,和毛需求不一定相等,因为毛需求是一个比较粗的需求,它只是根据客户订单和预测得到的一个需求值,并没有考虑这种物料的现有库存量。举例来说,如果某种产品在某期的毛需求是 100 单位,现有库存为 40 单位,则若不设置安全库存,实际需求并非 100 单位,而是 60 单位。除了考虑现有库存量,还必须考虑在途量,如上例中在途量为 20 单位,则实际需求就变为 $60-20=40$ 单位。若考虑安全库存,则实际需求还应加上安全库存量,所以说,净需求的确定要根据该产品的毛需求、现有库存量、在途量和安全库存量来计算。若不考虑安全库存,则净需求可用本期毛需求减去本期在途量和上期可用库存量得到。设产品 i 在期间 t 净需求为 $NR_i(t)$,则其计算公式可以写成:

$$NR_i(t) = GR_i(t) - SR_i(t) - PAB_i(t-1) \qquad (5.4)$$

式中

$PAB_i(t-1)$——上期即第 $t-1$ 期的预计可用库存量。

如果净需求计算结果为负值,也就是现有库存加上计划订单入库量之和超过了毛需求,则净需求为零,此时,不需要下达生产订单或采购订单。反之,如果净需求的计算结果为正值,表明可提供的量小于需求量,则有净需求,净需求量即为式(5.4)的计算结果。

若考虑安全库存,并设安全库存为 SS,则净需求为毛需求加安全库存并减去在途量和上期可用库存量得到,计算公式为:

$$NR_i(t) = SS + GR_i(t) - SR_i(t) - PAB_i(t-1) \qquad (5.5)$$

式(5.5)也可写成:

$$NR_i(t) = SS - POH_i(t) \qquad (5.6)$$

同理,若计算结果为负,表明没有净需求,当计算结果为正时,表明有净需求。至于每一期的净需求的计算,则可以逐期往前推移。表 5.4 中显示了净需求的计算,因本例安全库存为 5,故应用式(5.3)计算净需求,如第 1 期和第 2 期的净需求计算为:

$$NR_i(1) = SS + GR_i(1) - SR_i(1) - PAB_i(0)$$
$$= 5 + 25 - 20 - 15$$
$$= -5$$
$$NR_i(2) = SS + GR_i(2) - SR_i(2) - PAB_i(1)$$
$$= 5 + 18 - 0 - 10$$

$$= 13$$

第 1 期的净需求为 -5,小于 0,表明第 1 期无净需求。第 2 期的净需求计算结果为 13,表明第 2 期产生净需求。其他期别依次类推。

表 5.4　主生产计划计算结果

	期初	期间(周)									
		1	2	3	4	5	6	7	8	9	10
毛需求		25	18	23	20	28	20	24	20	20	20
在途量		20									
预计在库量		10	-8	29	9	-19	21	-3	37	17	-3
预计可用库存量	15	10	52	29	9	41	21	57	37	17	57
净需求		0	13	0	0	24	0	8	0	0	8
计划订单产出量		0	60	0	0	60	0	60	0	0	60
计划订单投入量		60	0	0	60	0	60	0	0	60	
可供销售量		10	0	0	0	12	0	0	0	0	0

6. 确定计划订单的产出(Planned Order Receipts, PORC)

由上面净需求的计算可以看出,并非所有期间都有净需求,如果可提供的量能满足毛需求,则表明有净需求,净需求是一个随机的结果。某一期间 t 有净需求,就要求在该期必须获得等于或超过净需求的物料量,这就是计划订单的产出,产出的期别和净需求的期别相对应。通常设产品 i 在期间 t 的计划订单产出量为 $PORC_i(t)$。如表 5.4 中第 1 期的净需求为 0,则第 1 期的计划订单产出量也为 0,第 2 期的净需求为 13,则在第 2 期就有一定量的产出。产出量的确定通常要考虑订货的经济批量因素,所以说,计划订单的产出量应为批量的整数倍。批量的大小通常在系统运行之时即已确定,当然,在系统运行过程中也可以根据实际情况做相应的调整,主要指正在执行中的在未来某时段到达的订单数量。本例中,批量为 60,因第 2 期的净需求为 13 单位,故只要有一个批量的产出即能满足净需求,如果净需求为 75 单位,则计划订单的产出应为 2 个批量大小。

7. 确定计划订单的投入(Planned Order Release, POR)

订单的下达到交货通常有个周期,这个周期就是所谓的提前期,计划订单的下达时段用产出日期即净需求的需求日减去计划订单的提前期。设产品 i 在期间 t 的计划订单产出量为 $POR_i(t)$,则其计算公式为:

$$POR_i(t) = PORC_i(t - LT) \tag{5.6}$$

式中

LT——订货提前期。

如第 2 周有 13 单位的净需求,考虑到提前期为 1 周,故该计划订单应在第 1 周下达。

8. 计算预计可用库存量(Projected Available Balance,PAB)

可用库存量是在现有库存中,扣除了预留给其他用途的已分配量,可以用于需求计算的那部分库存,它和现有库存量不是一个概念。每期预计可用库存量可用上期可用库存量加上本时段的在途量和本时段的计划产出量减去本期的毛需求。设第 i 种产品在第 t 期的预计可用库存为 $PAB_i(t)$,$PAB_i(0)$ 即表示期初库存,$PAB_i(t)$ 的计算公式为:

$$PAB_i(t) = PAB_i(t-1) + SR_i(t) + PORC_i(t) - GR_i(t) \qquad (5.7)$$

式中,$PORC_i(t)$ 为第 t 期的计划订单接受量。

式(5.7)也可写成:

$$PAB_i(t) = POH_i(t) + PORC_i(t)$$

如第 1 周的预计可用库存量为

$$
\begin{aligned}
PAB_i(1) &= PAB_i(0) + SR_i(1) + PORC_i(1) - GR_i(1) \\
&= 15 + 20 + 0 - 25 \\
&= 10
\end{aligned}
$$

第 2 周的预计可用库存量为

$$
\begin{aligned}
PAB_i(2) &= PAB_i(1) + SR_i(2) + PORC_i(2) - GR_i(2) \\
&= 10 + 0 + 60 - 18 \\
&= 52
\end{aligned}
$$

第 3 周的预计可用库存量为

$$
\begin{aligned}
PAB_i(3) &= PAB_i(2) + SR_i(3) + PORC_i(3) - GR_i(3) \\
&= 52 + 0 + 0 - 23 \\
&= 29
\end{aligned}
$$

若预计可用库存量为负值,则表示订单将被推迟。计算结果如表 5.4 所列。

9. 可供销售量(Available to Promise,ATP)

可供销售量的信息主要为销售部门提供决策信息,向客户承诺订单交货期,它是销售人员同临时来的客户洽谈供货条件时的重要依据。在某个计划产出时段范围内,计划产出量超出下一次出现计划产出量之前各时段合同量之和的数量,是可以随时向客户出售的,这部分数量称为可供销售量。可供销售量出现在所有主生产计划期间,在第一期中,可供销售量等于在库量加上某时段计划产出量减去已到期和已逾期的客户订单量,在第一期之后的任何有计划产出量的期间,可供销售量是把某时段的计划产出量(含计划接受量)减去下一次出现计划产出量之前的各毛需求量之和而得到。设产品 i 在期间 t 的可供销售量为 $ATP_i(t)$,则其计算公式为:

$$ATP_i(t) = POR_i(t) + SR_i(t) - \sum_{j=t}^{t'} GR_j \qquad (5.8)$$

式中

$POR_i(t)$——期间 t 的计划订单产出量;

t'——下一次出现计划产出量前的期间。

如果计算第 1 周的可供销售量,则还应考虑期初库存。如第 1 周的可供销售量为

$$ATP_i(1) = POR_i(1) + SR_i(1) - GR_1$$
$$= 15 + 20 - 25$$
$$= 10$$

第 2 周的可供销售量为

$$ATP_i(2) = POR_i(2) + SR_i(2) - \sum_{j=2}^{4} GR_j$$
$$= 60 + 0 - 18 - 23 - 20$$
$$= -1$$

第 5 周的可供销售量为

$$ATP_i(5) = POR_i(5) + SR_i(5) - \sum_{j=5}^{6} GR_j$$
$$= 60 + 0 - 28 - 20$$
$$= 12$$

若某期间计算出来的可供销售量为负数,则表示业务员已超量接受订单。计算结果如表5.4所列。

5.2.3 主生产计划中的批量

主生产计划中批量的确定主要有两种策略,一种就是所谓固定批量策略,即批量为一恒定的数值,固定批量策略不会产生解雇和招聘的费用,也不用对生产能力进行调整;另一种为追逐策略,追逐策略要求调动生产以追求市场需求。显然,两种截然不同的策略会有很多可选用的主生产计划。目标是找出一个在成本和利润之间求得最佳平衡点的计划。固定策略有一个特例,就是如果一个批量大小不能满足需求,则取该批量的整数倍作为实际的批量值。

例 5.1 表 5.5 为固定策略下的批量,假定提前期为 1 周,安全库存量为 0,批量为 20 单位。如果在第 4 周净需求为 24,则对应的批量应为 40 单位。为防

止预测错误或制造问题,应设置安全库存量。

表 5.5　固定策略下的主生产计划

| | 当期 | 期间(周) | | | | | | | | | |
		1	2	3	4	5	6	7	8	9	10
毛需求		12	12	10	15	10	10	10	10	15	15
预计可用库存量	15	3	11	1	6	16	6	16	6	11	16
净需求		0	9	0	14	4	0	4	0	9	4
计划订单产出量			20		20	20		20		20	20
计划订单投入量		20		20	20		20		20	20	

在例 5.1 中如果采用追逐策略,则应为表 5.6 所列。每次批量的大小根据实际净需求来确定。

表 5.6　追逐策略下的主生产计划

| | 当期 | 期间(周) | | | | | | | | | |
		1	2	3	4	5	6	7	8	9	10
毛需求		12	12	10	15	10	10	10	10	15	15
预计可用库存量	15	3	0	0	0	0	0	0	0	0	0
净需求		0	9	10	15	10	10	10	10	15	15
计划订单产出量		0	9	10	15	10	10	10	10	15	15
计划订单投入量		9	10	15	10	10	10	10	15	15	

5.3　主生产计划的评价和维护

5.3.1　粗能力计划

粗能力计划是计算关键工作中心的能力需求,图 5.6 显示了在生产计划各个阶段所对应的能力和需求的平衡分析,粗能力计划和细能力计划将在第 7 章中详细介绍。

比较了实际可用的能力和计划需求的能力之后,就可以得出目前的生产能力是否满足需求的结论,如果出现实际能力和需求的能力即负荷不匹配时,可以修改主生产计划,如取消部分订单、延迟部分订单或将部分订单外包出去。一旦时间栏设定,一般不希望改动它们,尤其是需求时间栏不要轻易改动,原因是时间栏表明了修改计划的困难程度和代价。但是,现实情况下的确有一些情况需要修改:① 某用户变更或取消订单;② 可利用的生产能力发生变化;③ 无法提供原计划的材料,不得不停止生产;④ 供方失约;⑤ 出现过多的废品。

主生产计划制订后,经过粗能力计划就可以确认能力是否满足实际的需求,最终确定是否同意或否定初步的主生产计划。如果同意主生产计划,则利用它来继续生成后续的物料需求计划;如否定主生产计划,则要对能力和 MPS 进行调整和平衡。调整的方法有:改变预计的负荷量或改变生产能力。可以采取重新安排订单、拖延(暂缓)订单、终止订单、将订单拆零、改变产品组合的措施来改变预计的负荷量。对于能力的改变,则可以通过改变产品的生产工艺、申请加班、外协加工、雇佣临时工等措施来增加能力。

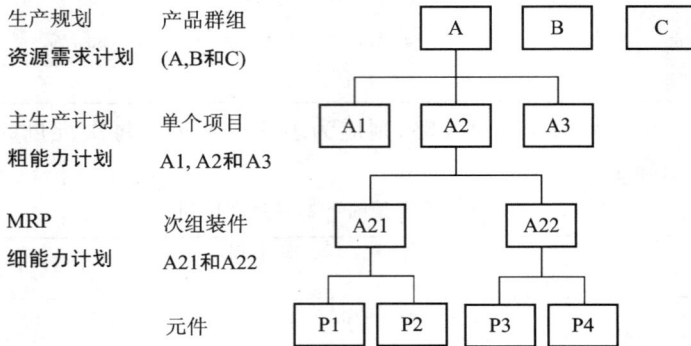

| 生产规划 | 产品群组 | A | B | C |
| 资源需求计划 | (A,B和C) | | | |

A1　A2　A3

| 主生产计划 | 单个项目 |
| 粗能力计划 | A1, A2和A3 |

A21　A22

| MRP | 次组装件 |
| 细能力计划 | A21和A22 |

元件　P1　P2　P3　P4

图 5.6　生产计划的各个阶段所对应的能力计划

5.3.2　主生产计划的改变

在 MRP 系统中,由于计划总随着时间的变化而变化,系统处理这种变化的方法有全重排法(Regeneration)和净改变法(Net change)。

1. 全重排法

该法是把主生产计划完全推翻重新制订,重新展开物料清单,重新编排物料需求的优先顺序。原有计划订单都会被系统删除并重新编排。其优点是:全部计划理顺一遍,避免差错。其重排时间间隔要根据产品结构的复杂程度等来确定。缺点是耗时较长。由于全重排法本身固有的缺点,所以,全重排法的时间周期相对较长,一般一个星期或两个星期对主生产计划进行重排。表 5.7 显示的是 3 种产品在未来 6 个月中的主生产计划,在编制过程中,系统要计算 3 种产品6 个月中每个月的计划量,共 18 个变量。如果 1 月份结束后,要重新编制2～7月的主生产计划,假设编制 2～7 月的主生产计划时,第 5 月产品 A 的计划量有改变,即从 50 调整为 100,则采用全重排法,要重新计算 18 个变量,结果如表5.8所列,表中黑体表示在该周期计算时较上周期变化的量,其他的量保持不变。

表 5.7　3 种产品在 6 个月中的主生产计划

产品	期间（月）					
	1	2	3	4	5	6
A	50	0	100	150	50	100
B	60	30	90	120	0	120
C	40	80	80	80	40	80

表 5.8　主生产计划的改变

产品	期间（月）						
	1	2	3	4	5	6	7
A	50	0	100	150	**100**	100	**50**
B	60	30	90	120	0	120	**30**
C	40	80	80	80	40	80	**40**

2. 净改变法

系统只对订单中有变动的部分进行局部修改，一般改动量比较小，如只变动部分产品结构、需求量和需求日期等。净需求因为计算量较小，故运算时间快，可以随时进行，一般用于计划变动较多但影响面不大的情况。上例中，如果采用净改变法，则在滚动编制 2～7 月份的主生产计划时，只要重新计算变动部分，即只要计算表 5.8 中 4 个黑体变量即可。第 6 章介绍的物料需求计划中同样也存在这两种改变计划的情况。

5.3.3　主生产计划的批准和控制

不管是手工编制主生产计划，还是利用计算机软件系统编制主生产计划，都应将主生产计划的结果报上级主管审批，如审批合格，则签发以进行下一步工作，即编制物料需求计划，如审批不合格，则应更改处理。具体讲，主生产计划的审核批准遵循以下 4 个步骤：

（1）提供 MPS 初稿相对于生产计划大纲的分析。

（2）向负责进行审批的人提交 MPS 初稿及认真的分析。

（3）获得 MPS 的正式批准。

（4）将 MPS 下发至使用者。

另外，在主生产计划执行期间，还要实时监控主生产计划执行的结果，以决定是否需要修改主生产计划。进行主生产计划的控制遵循如下步骤：① 追踪实际生产量和计划生产量之间存在差异的情况。② 比较这种差异是否在 MPS 规定的范围内,以及可供销售量是否满足要求。③ 计算下一期的可供销售量。④ 计算现有在库量以决定计划生产量。⑤ 根据提前期的大小决定何时应投入生产。⑥·决定主生产计划与能力计划是否需要修正。

5.3.4　主生产计划员的职责

主生产计划员负责管理、建立、接受并维护特定产品的主生产计划。主生产计划是一个分时段的计划,其中有需求时间栏和计划时间栏,并对应有 3 种订单。对于主生产计划员来说,他的职责就是将订单进行转换,如把计划订单转换为确认计划订单,把确认计划订单转换为制造订单,并要掌握、了解这一确认计划订单的时间和数量。标准物料需求计划的异常编码系统可以指出确认计划订单不能满足需求的时间和程度。

要管理好确认计划订单中的时间和数量,就必须根据每次主生产计划的变动对物料和能力的影响来仔细评价这些变动。关键是要确切地了解客户需求与其他主生产计划系统目标之间的平衡状况。

主生产计划员应将实际需求和预测值进行比较分析,并且要对预测和主生产计划提出修改的建议,然后将预测或客户订单转换成主生产计划,主生产计划员除了生成初步的主生产计划外,还要核实和调整系统生成的主生产计划订单,以保证物料需求计划的正常运行。

主生产计划员主要负有对主生产计划记录进行增减或变动的责任,使得主生产计划能和上层的综合生产计划相匹配。当有计划员超过期限需要做出决定时,应通知高级管理人员。作为一个闭环的生产计划控制系统,主生产计划员应该监督主生产计划和综合生产计划的实际操作,并将操作结果整理上报更高层管理人员。主生产计划员还应分析计划变动对主生产计划的影响,这是十分有益于"如果怎样,将会怎样"问题的分析。

主生产计划员也有责任进行最终装配计划的发布。这一计划要尽可能迟些进行,它是为最终产品做最后的"计划"。也就是说,最终装配计划应该建立在具体成品基础之上。主生产计划员的其他责任还包括与订单输入、生产控制一起对随时变化的可行性进行评估。

大多数活动都要求在有限的能力内解决相互之间的冲突。很显然,如果在时间跨度的末期出现了负数,就必须进行一些调整。并不是所有的事情都可以通过一次计划就能完成的。确认计划订单的管理要在生产能力的限制下进行。排列位置指明了做出调整时的优先顺序。供货期的数字越小,订货期的数字越大,需求就越紧急。如果有太多的紧急需求,则必须反馈给营销部门,要求进行方案调整。

主生产计划员必须时刻保持同市场销售、设计、物料、生产、财务等部门的联系与合作,与这些部门紧密配合,可预见未来可能发生的问题,以防患于未然。如需求预测是销售部门的责任,而主生产计划是由物控部门来负责的,根据主生产计划结果可以计算预计可用库存量,以此为销售部门提供决策信息;主生产计划的制订需要考虑仓库现有库存量的大小,所以主生产计划员必须了解物料库存的信息。财务部门负责提供资金、估算库存,以及提供决策所需的成本数据。

为了使主生产计划员可以有效地工作,有一个惟一且统一的数据库是十分关键的。它连接综合生产计划和更上层的生产规划,以及具体的物料计划系统,并且能使各层次间协调统一。

在主生产计划下,许多数据交换都发生在不同的功能区域。例如,有关成品的信息可能来自已完成了的装配(生产)、订单完成后的装运(营销)或提单(财务)。主生产计划系统和文件间的数据连接要有严格的定义和维护,这是非常重要的。

另外,要适当控制物料清单数据库中工程和非工程的变化。主生产计划经常用不可制造的计划清单单位来描述。这需要一个更复杂的物料清单或产品结构数据库。由此有更大的需求产生,要求控制所有的物料清单变化,并从工程师和非工程师的角度来评价这些变化对物料清单的影响。

为了支持主生产计划员,必须有基于"分时段 MPS 记录"的软件系统,以此产生各种建立在时段基础上的记录来维护数据库,提供与其他关键系统的各种连接,提供主生产计划监控及异常信息。并可向所有的 MPS 交换行为提供:MRP 订单输入,确认计划订单处理,MPS 订单数量更改,改变后者的时间和数量,把 MPS 数量转化为 FAS(最终装配计划)数量,启动最终装配,当时间和数量变化时,可监控最终装配计划,结转 FAS 产品为成品库存,并提供所有客户订单的输入约束与承诺活动。

5.4　最终装配计划

最终装配计划表示在某时期内要完成一个确定的最终产品的实际组装计划。它是在收到客户订单后才安排的。制订最终装配计划,必须考虑物料及生产能力的限制。它用来计划和控制最终的装配和测试操作,包括最终装配订单的发放,部件的挑选、分装、喷漆和其他作业。对那些不受主生产计划控制,但又为总装所必需的部件组装或采购要进行规划。简言之,最终装配计划控制着从组装好的部件到可装运的完整产品的部分业务。它以客户订单、最终产品、序列号或特殊装配订单号码来表述。

主生产计划提供了一种期望的制造计划,最终装配计划则是实际的制造计划。主生产计划把生产规划分解到最终产品、选项或产品组。而最终装配计划是最终的分解,成为确切的终端产品。它们之间的区别在于,主生产计划总体上表现为,在准备阶段时对实际客户订单的预测和估计,并由随后的实际订单来证明这些预测。最终装配计划则是对主生产计划的最后一次调整。因此,使这种调整尽可能推迟是十分明智的,因最终装配计划中任何未售出的产品都将成为公司成品库存中的一部分。

最终装配计划明显不同于主生产计划。这种不同在订单装配型企业中可看得更加清楚。在那里,主生产计划主要以超级清单和选项来描述,而最终装配计划则必须以确切的最终产品形式来描述。然而,即使在备货生产型企业里,主生产计划也是以具有紧密连接的产品组来描述的。例如一个桌子的所有型号,它们只是在最终完成时有所不同,或一个电钻的各种型号,他们只是在速度和传动装置上不同。在这种情况下,应尽可能迟地得出关于最终产品的最终决定。

在备货生产型企业中,关注每个最终产品都应有一个单级物料清单,这是非常重要的。这就意味着从最终装配计划到主生产计划的转换,只是用一个最终产品代码来简单地替换另一个最终产品代码。它们都是有用的,并且以相同的方式分解部件。就一些备货生产型企业来说,主生产计划是以那些最常用或最完整的最终产品来描述的。当收到实际销售信息后,其他最终产品就被替换掉。这一过程将持续到所有最终产品替换都完成时为止。

就订货装配和订货生产型企业来说,并没有最终物料清单。如果最终装配计划是以客户订单形式来描述的,这些订单就应转换成一个单级物料清单的等同物。也就是说,处理这些订单时,必须有大量增加的物料清单,以便进行订单发布、选择,等等。如果客户订单是用与计划用物料清单相同的结构来表示的话,这是很容易就可做到的。就耕地机来说,这就意味着客户订单要以品牌名、马力、驱动系统这些选项来描述。

在尽可能晚的时刻实行最终装配计划,就意味着最终装配计划的时间跨度只能和最后装配提前期(包括文件准备和物料发放)一致。有助于延迟最终装配计划的技术,有清单结构、订单输入/销售同步系统、零件装配、库存分装,以及为此目标进行的工艺/产品设计。

例5.2 某产品 A 为订货生产,产品 A 由多个部件组成,其中部件 SA 有两个选项 SA1 和 SA2,则 A 为最终装配计划对象,部件 SA1 和 SA2 为主生产计划对象,这两种部件需要进行预测,而最终产品 A 则根据实际订单进行组装,所以说,最终产品 A 不会多余,而 SA1 和 SA2 则有可能超出实际需求,超出部分需要滚动到下个周期进行计算。假设产品 A 的最终装配提前期为 1 个月,每月需要 6 个部件 SA1 和 SA2,它有三种组合:5 个 SA1 配 5 个 SA2;4 个 SA1 配 6 个 SA2;6 个 SA1 配 4 个 SA2。假设产品 A 在第 1 月的实际订单为 10 个单位,需要 4 个 SA1 和 6 个 SA2 进行配合,则第 1 月一定多余 2 个 SA1,第 1 月的主生产计划主要用于第 2 月的装配计划。多出的 2 个 SA1 在第 2 周考虑,所以第

2 月的主生产计划只要生产 4 个单位的 SA1 和 6 个单位的 SA2 即可,如表 5.9 和表 5.10 所列。

表 5.9　主生产计划

部件	期间(月)		
	1	2	3
SA1	6	4	
SA2	6	6	

表 5.10　最终装配计划

产品	期间(月)		
	1	2	3
A		10	10

习　　题

1. 主生产计划的对象和综合生产计划的对象有何不同?

2. 主生产计划的柔性取决于哪些因素?

3. 预计可用库存及可供销售量的计算分别起什么作用?

4. 可不可以由预测值和客户订单直接展开至物料需求计划? 如果可以,如何展开?

5. 如何理解主生产计划是物料需求计划的最重要的输入?

6. 已知某产品在未来 10 个月的预测量和客户合同量如表 1 所列,需求时界为 3 个月,计划时界为 6 个月,期初库存量为 200 单位,第二周有 100 单位的在途量。试编制该产品的主生产计划,假设提前期为 2 个月,批量为 150 单位。

表 1　主生产计划表

	期间(月)									
	1	2	3	4	5	6	7	8	9	10
预测量	150	120	130	100	90	80	70	90	80	100
合同量	140	130	120	90	100	100	80	70	90	90
在途量		100								
净需求										
预计可用库存量										
计划订单产出量										
计划订单投入量										
可供销售量										

第6章 物料需求计划

在竞争日趋激烈的环境下,产品结构越来越复杂,对快速响应市场的要求也越来越高,特别是计算机的出现,以及20世纪60年代它在库存管理中的应用,使传统的订货点库存管理方法受到了严重的挑战。物料需求计划是一种面向相关需求物料的计划方法,在生产计划与控制体系中位于主生产计划之后,是根据产品主生产计划、产品构成和相关物料的库存记录进行展开得到的相关需求物料详细的需求计划。其管理目标是在正确的时间内,提供正确的零件,以满足主生产计划对产品计划的要求。本章主要包括以下几个部分:①物料需求计划的基本概念;②物料需求计划的数据处理逻辑;③物料需求计划系统批量的确定;④物料需求计划实施方法和步骤。

6.1　基本概念

6.1.1　物料需求计划的定义和目标

1970 年，美国的 Joseph A. Orlicky，George W. Plossl 和 Oliver W. Wight 三人在美国生产与库存控制协会（American Production and Inventory Control Society，APICS）第 13 次国际会议上第一次提出了物料需求计划的概念。1975 年，Dr. Joseph A. Orlicky 出版了物料需求计划的经典著作《Material Requirements Planning》。

物料需求计划的发展经历了开环物料需求计划和闭环物料需求计划两个阶段，开环物料需求计划没有对能力和负荷进行平衡分析，闭环物料需求计划则增加了能力计划，并考虑了系统的反馈作用。无论是开环还是闭环，均只考虑到物料的流动。在闭环物料需求计划基础上，增加财务分析和成本控制，即将物料流动和资金流动相结合，这就进一步发展成制造资源计划。为区别起见，人们通常将物料需求计划称为 MRP 或小 mrp，而将制造资源计划称为 MRP Ⅱ 或大 MRP。这里所谓的物料是一个广义的概念，不仅指原材料，还包含自制品、半成品、外购件、备件等。美国生产与库存控制协会对物料需求计划所作的定义为：物料需求计划就是根据主生产计划、物料清单、库存记录和已订未交的订单等资料，经过计算而得到各种相关需求物料的需求状况，同时补充提出各种新订单的建议，以及修正各种已开出订单的一种实用技术。

物料需求计划相对于主生产计划而言，是一个更详细的物料需求计划，执行物料需求计划可以保证在正确的时间内提供正确数量的所需物料。物料需求计划的输入数据来自主生产计划结果、物料清单、库存状态、物料主文件、工厂日历等。虽然它仅适用于大量生产方式，库存水平比准时化生产要高，但一定程度上它还是具有许多优点的，尤其是和传统的订货点库存管理方法相比。物料需求计划克服了订货点法将所有物料都看成是独立需求物料的缺点，把物料按照需求特性分成独立需求物料和相关需求物料，按照主生产计划和产品的物料结构，采用倒排计划的方法，确定每个物料在每个时间分段上的需求量，以保证在正确的时间内提供数量正确的所需物料。具体讲，实施物料需求计划拟要达到如下目的：①保证库存处于一个适当的水平——保证在正确的时间内订购数量正确的所需物料。正确的时间是根据各个组件和物料的提前期（包括装配提前期和生产提前期等）来推算的。而正确的数量则由产品的物料清单展开得到。②控制物料优先级——要求按正确的完成日期订货并保证完成日期有效。③能力计划——制订一个完整的、精确的能力计划，计划的制订要有充足的时间考虑未来的需求,最终使能力满足需求。如果某个时候因物料短缺而影响整个生产计划时,应该尽快地提供物料,当主生产计划延迟及推迟物料需求时,物料供应也应该被推迟。

6.1.2 物料需求计划在生产计划体系中的地位

生产计划体系框架如图 6.1 所示,在整个生产计划体系或比较流行的企业资源规划系统中,物料需求计划是最关键的模块,对企业生产管理起着决定性作用。与物料需求计划直接相关的有主生产计划、物料清单、库存状态信息、细能力计划、车间作业计划,以及采购计划,如图 6.1 所示。物料需求计划的前端最重要的是主生产计划及基于独立需求的最终产品生产计划,另外还有物料清单。物料清单表示产品的结构,例如,对于一辆汽车来说,要求有 5 个轮子(4 个加上1 个备用的),而对于每个轮子,又包括轮轴、轮胎等零件。另外一个基本输入是库存记录信息,比如在制订汽车的生产计划时,我们要想知道给定生产数量的汽车究竟需要多少个汽车轮子,我们不仅要知道由汽车的物料清单展开后需要多少,更要知道仓库里现有多少个轮子,有多少可以分配,有多少已被订购,这样才可以计算实际需要多少。除了上述三项输入外,另外考虑有两项输入,即顾客订单和市场预测,在图 6.1 中以虚线表示。有的系统则将顾客订单和市场预测纳入主生产计划,即输入只有三项,后两项输入在这里以虚线表示。也有的系统可以直接由顾客订单和市场需求展开为制造单和采购单,这是特例。配件的订单则包括服务性零件的需求、工厂内自用的需求、供应外厂的零配件、专用物料需求。产品的主生产计划的可行性、物料编码的独立性、产品物料清单的正确性和库存记录数据的准确性就构成了物料需求计划的前提条件。物料需求计划就像

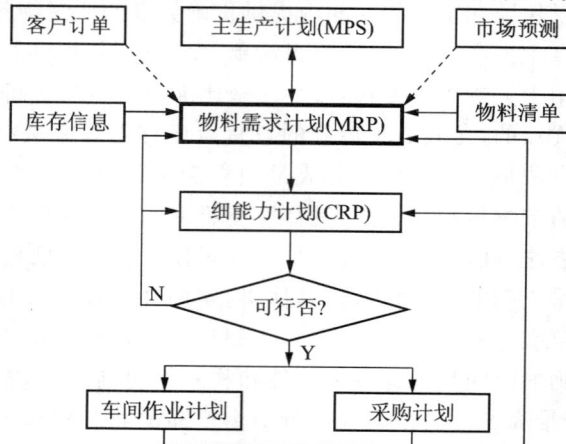

图 6.1　物料需求计划系统的输入及输出

汽车的发动机一样,是整个生产计划和控制系统中最核心的部分。

物料需求计划的后端是具体的执行系统,体现在两个方面:车间的生产作业计划和采购部门的采购计划。生产作业计划下达到生产车间,进入车间作业控制系统,采购计划下达到采购部门,由采购部门执行。从比较细的角度看,执行物料需求计划将会产生两种基本报告,即主报告和辅助报告,主报告是用于库存和生产控制的最普遍和最主要的报告,主要包括:

(1) 将来要下达的计划订单的通知;

(2) 执行计划订单的计划下达通知;

(3) 重新改变订单的交货期的通知;

(4) 取消或暂停主生产计划中某些准备下达的订单的通知;

(5) 库存状态数据的通知。

辅助报告一般分成 3 类,包括:

(1) 用于预测在未来某一时刻的库存和需求的计划报告;

(2) 用于指出呆滞的物料及确定物料的提前期、数量和成本的计划情况和实际情况之间的差别的绩效报告;

(3) 指出严重偏差的例外报告,包括一些错误,超出某种范围、过期的订单,过多的残料或不存在的零件等。

计划在下达车间或采购部门之前,还要对它进行可行性检查。和物料需求计划相对应的能力计划是细能力计划。细能力计划将计算生产线上每个工作中心的可用能力和需求能力(即负荷),然后对每个工作中心进行能力和负荷的比较,以确认每个工作中心都满足负荷的要求,如果发现出现偏离的情况,则应采取相应的措施。

6.1.3　物料需求计划的优缺点

物料需求计划系统比以往的订货点库存管理系统和其他信息管理系统有其显著的优点:

(1) 企业的职能部门,包括决策、市场、销售、计划、生产和财务等通过物料需求计划有机地结合在一起。在一个系统内进行统一协调的计划和监控,从而实现企业系统的整体优化。

(2) 物料需求计划系统集中管理和维护企业数据,各子系统在统一的集成平台和数据环境下工作,最大限度地达到了信息的集成,提高了信息处理的效率和可靠性。

(3) 在各职能部门信息集成的基础上,物料需求计划系统为企业高层管理人员进行决策提供了有效的决策手段和依据。

上述物料需求计划的优点最终将会使库存显著减少,生产成本降低,更快地响应市场,改变计划的能力更快。这些优点使它在世界各国的制造企业中得到了大力推广,成为改革企业管理的有力工具。

在物料需求计划的实施过程中也存在以下缺点:

(1)物料需求计划的处理逻辑建立在固定提前期和无限能力假定的基础上,在系统运行之前,提前期将作为固定的数据储存在系统的数据库中,这与生产实际是不相符的。如果计划情况与实际情况不一致,由此生产计划得到的交货期必然不能反映实际情况,如果销售部门根据计划结果对客户做出承诺,则必定无法实现。当然,如果将提前期作为一个动态变化的值来考虑也是可以实现的,这就需要经常更新系统的数据,操作起来比较麻烦。

(2)没有反映出加工路线中的"瓶颈"资源。对计划物料没有划分为关键物料和非关键物料。在物料需求计划编制过程中,没有考虑不同零部件在产品中的重要程度,使得所有零部件不分主次地竞争有限资源。当能力不足时,不可避免地会出现一些关键件生产不出来,而生产了许多非关键件,无法装配成所需要的产品,也无法通过外购等方法来解决。

(3)按零件组织生产,不利于需求的反查。物料需求计划是按零件组织生产的,在编制物料需求计划时,将零部件的不同需求数量合并。当生产能力不足,在无法按预期的时间和数量生产出所需的全部零部件时,由于不能确定这些零部件在具体产品中的需求数量,则无法具体确定影响哪些客户订单,更无法针对具体情况做出相应的处理。

6.1.4　制造资源计划

图 6.1 中的物料需求计划将主生产计划的结果转变成最终详细的零部件作业计划,主生产计划是为作为独立需求件的最终产品制订的一个计划。物料需求计划是生产计划和控制系统中的一个主要突破点。当重新执行物料需求计划时,车间生产订单和采购订单也要随之改变,市场是动态的。所以说,物料需求计划不能看作是一个简单的集成的计划技术,而应被视为一个动态的优先计划。

当车间作业计划的柔性提高时,这时要将重点转移到物料需求计划的前端,即建立并维护一个可行的主生产计划。当一个较好的主生产计划和物料需求计划集成并考虑到物料需求计划到主生产计划的反馈,还要执行粗能力计划和细的能力需求计划以进行能力和负荷的平衡分析时,此系统就是所谓的闭环物料需求计划系统。图 6.1 中所示的物料需求计划就是一个闭环的物料需求计划。

除了基本物料需求计划系统包含的模块外,如果进一步考虑包含基于详细生产计划和控制过程的财务计划,因它考虑了成本的概念,故结果更加可信。另外,进一步增加了仿真的功能,系统可以很容易回答"如果—怎样"之类的问题,此种计划与控制系统和物料需求计划的概念有着根本的不同。Joe Orlicky,许多权威公认的物料需求计划之父,将这种计划控制系统命名为 MRP Ⅱ。这里 MRP 并不代表物料需求计划,而是制造资源计划,缩写和物料需求计划一样,也是 MRP,为区别这两个概念,而在制造资源计划缩写 MRP 后加 Ⅱ,即 MRP Ⅱ,这些术语为从事生产计划和控制的技术人员所接受。

在物料需求计划的基础上,MRP Ⅱ进一步拓展了财务的管理功能,真正实现了物料、信息流和资金流的统一。MRP Ⅱ的基本框架如图 6.2 所示。

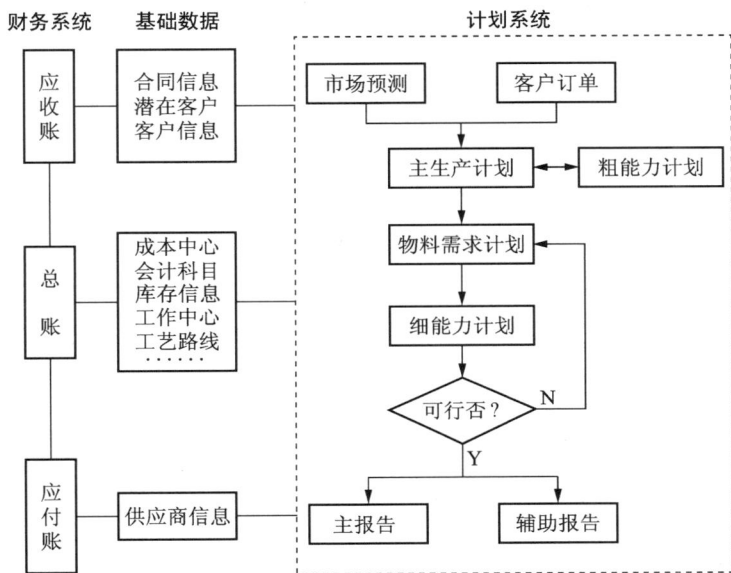

图 6.2　MRP Ⅱ基本框架

6.2　物料需求计划系统的数据处理逻辑

6.2.1　基本原理

1. 一个简单的例子

为说明物料需求计划的基本原理,先举一个简单的例子。

例 6.1　图 6.3 是一个产品 Product 的结构图,该产品由两个部件 Assembly 1 和 Assembly 2 构成,数量分别为 2 和 1,部件 Assembly 1 由两种零件 Part 1 和 Part 2 构成,数量分别为 2 和 1;部件 Assembly 2 由两种零件 Part 2 和 Part 3 构成,数量分别为 2 和 2。若要生产 100 单位产品 Product,需要零部件的数量是多少?又若产品和零部件的提前期分别为:Product 需要 1 周,Assembly 1 需要 1 周,Assembly 2 需要 2 周,Part 2 需要 2 周,Part 1 需要 4 周,Part 3 需要 1 周。现在要知道获得上述物料项的时间,所有物料何时订货,何时到货,才能满足生产产品 Product 的需要。

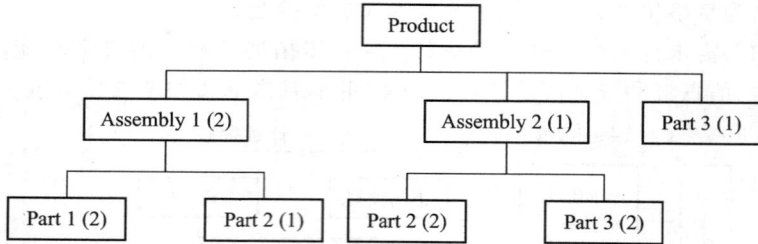

图 6.3　产品 Product 的结构树

首先计算零部件所需要的量,过程如下:

部件 Assembly 1:　　　$2\times$ Product 的数量 $=2\times100=200$

部件 Assembly 2:　　　$1\times$ Product 的数量 $=1\times100=100$

零件 Part 1:　　　　　$2\times$ Assembly 1 的数量 $=2\times200=400$

零件 Part 2:　　　　　$1\times$ Assembly 1 的数量 $+2\times$ Assembly 2 的数量

　　　　　　　　　　 $=1\times200+2\times100=400$

零件 Part 3:　　　　　$1\times$ product 的数量 $+2\times$ Assembly 2 的数量

　　　　　　　　　　 $=1\times100+2\times100=300$

计算需求和订货的时刻,其过程如表 6.1 所列。

表 6.1　在 7 周内完成 100 单位产品 Product 的 MRP 计划

物料	需求和订货时刻	期间(周)						
		1	2	3	4	5	6	7
Product	需求时刻							100
LT=1 周	订货时刻						100	
Assembly 1	需求时刻						200	
LT=1 周	订货时刻					200		
Assembly 2	需求时刻						100	
LT=2 周	订货时刻				100			
Part 1	需求时刻					400		
LT=4 周	订货时刻	400						
Part 2	需求时刻				200	200		
LT=1 周	订货时刻		200	200				
Part 3	需求时刻				200		100	
LT=1 周	订货时刻			100	100			

　　由上述 MRP 的简单例子中可以看出，MRP 实际上是一个由后向前倒排计划的过程，根据这个计算过程，可以计算出最迟的订货和生产时间。由此也可以得出能否按时交货以满足客户需求的结论。当然，对于这样简单的例子尚可以列表进行计算，如果一个产品是由成千上万个物料所构成的，则用手工制订一个物料需求计划其工作量之大是可想而知的。所以，有必要借助计算机工具使用物料需求计划软件系统来制订计划。

2. 错误的计算过程

　　若产品 Product 和组件 Assembly 1，Assembly 2，以及零件 Part 1，Part 2，Part 3 现有库存量均为零，则表 6.1 中实际订货量即为净需求量。若上述产品和组件及零件存在一定的库存量，则在计算净需求时要将此考虑进去，现以计算机为例来说明。

　　例 6.2　计算机的部分层次结构如表 6.2 所列。

表 6.2　计算机的四个层次

层次	物料	现有库存量
0	计算机（产品）	0
1	光驱（分总成）	5
2	激光头（组件）	10
3	光电二极管（零件）	6

　　若接受 100 单位的订单，则首先计算需求量，常常有人按下式计算：

计算机：$100-0=100$；　　　　　　光驱：$100-5=95$；

激光头：$100-10=90$；　　　　　　光电二极管：$100-6=94$。

该计算并没有考虑层次之间的关系，其结果必然是不正确的，正确的计算为：

计算机的需求量	100
光驱的毛需求	100
减去光驱的现有库存量	5
得到光驱的净需求量	95
激光头的毛需求量	95
减去激光头的现有库存量	10
得到激光头的净需求量	85
光电二极管的毛需求量	85
减去光电二极管的现有库存量	6
得到光电二极管的净需求量	79。

所以,光电二极管的实际净需求是 79,而非 94。

3. 物料需求计划解决的问题

由例 6.1 可以看出,物料需求计划是构成产品所需的零部件何时生产及生产多少的详细计划,和主生产计划一样,它主要回答三个问题:①订购什么? ②订购多少? ③何时订购? 由前面已知,执行物料需求计划的计算,需要根据主生产计划及产品的物料清单展开得到,订购的对象系指产品下层的所有物料,这就回答了第一个问题。这里的订购是一个广义的概念,即下达到生产车间的生产作业计划也是一种订购。在计算订购多少时需要考虑现有库存量是多少,以准确地计算净需求。库存记录信息作为物料需求计划的一个输入,用来回答第二个问题。何时订购就取决于构成产品的所有物料的提前期,根据提前期由交货期采用倒排计划的方法,就可以确定什么时候订购。

6.2.2　计算处理逻辑

1. 前提条件和基本假设

物料需求计划系统以其良好的集成效果和高的运作效率受到企业的普遍欢迎。物料需求计划系统是否能达到预期的效果,存在以下前提条件:①应有主生产计划,并且主生产计划的对象,即最终产品可以用物料清单来表示,在产品的物料清单中,主生产计划用来确定最上层物料即最终产品的分时段需求计划,这在上一章已有详细介绍。②所有的库存物料都必须有一个惟一的物料编码。③计划之前,物料清单已准备好。由 6.2.1 可以看出,执行物料需求计划的计算还需要产品的结构,即构成产品所需物料和产品之间的层次关系,物料清单将在6.2.3 中做详细描述。在计算机系统中,物料清单是以数据库的形式来表示的。物料清单也须在执行系统前作为已知数据输入。④需有库存信息。库存状况代表物料的库存信息,该库存信息不仅在执行物料需求计划时需要,还可以为销售、财务、决策等部门提供依据。库存信息的基本数据有现有库存量、订购量、毛需求量、净需求量和可供销售量等。这些信息基本上可以分为库存数据和需求数据,前两项属于库存数据,而后三项则属于需求数据。⑤数据文件,包括物料主文件等完整的数据。

基本假设有:①物料的提前期是作为已知数据输入计算机系统中的;②对每一库存物料进出仓库时进行监控,以保证物料处于受控状态,从而可以准确地知道每一物料的现有库存量;③配件物料的消耗呈现间断性,下达装配指令时,配件应均已配齐。

2. 物料需求计划的工作流程

使用产品订单来生成一个主生产计划,它指出在特定时间区内应生产的物料数量。物料清单文件指出用于制造每一种物料所用的材料及正确的数量。库存记录文件包括诸如现有物料数量和已订购数量等数据。这三个数据来源,即主生产计划、物料清单和库存记录文件,就成为物料需求程序的数据来源,该程序将生产计划扩展成关于整个生产流程详细的订单计划。MRP 的处理流程如图 6.4 所示。

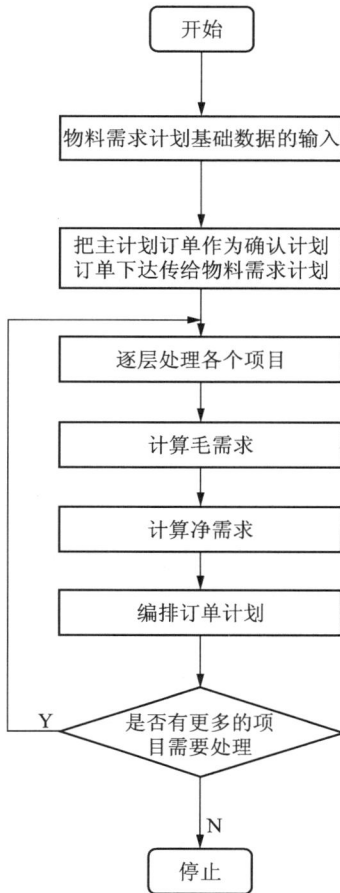

图 6.4　MRP 的工作流程图

3. 物料需求计划计算处理逻辑

物料需求计划的计算处理逻辑由图 6.4 所示。通过它的工作流程可以清楚地看出,其过程实际上和主生产计划一致。第 1 步计算物料的毛需求。这一点二者有所不同,体现在计划对象方面,即主生产计划计算的是最终产品的毛需求,而在物料需求计划中计算的则是属于相关需求件的物料毛需求。第二个不同点是,主生产计划中的毛需求根据需求预测量和实际合同量计算得到,而物料需求计划中物料的毛需求是根据产品物料清单中父项物料对子项物料的一种等价的需求量,其需求时间是产品 A 的计划订单投入时间。举例来说,某产品 A 由 2 个部件 B 和 1 个零件 C 所构成,产品 A 的毛需求是根据对产品 A 的预测和实际订单得到的,这在第 5 章中已有详细论述。假设产品 A 分别在第 2 周和第 5 周需要下达计划订单,下达量分别为 20 单位和 40 单位,则部件 B 的毛需求分别在第 2 周和第 5 周,第 2 周的需求量为 $20 \times 2 = 40$ 单位,第 5 周的需求量为 $40 \times 2 = 80$ 单位。

物料需求计划计算的第 2 步是确定在途量。第 3 步则根据现有库存量、计划订单产出量(包括在途量),以及毛需求计算净需求。第 4 步,在净需求计算完成后,就可以根据物料的批量确定计划订单的产出量,产出量为批量的整数倍。第 5 步是根据物料的生产或采购提前期决定何时下达该订单。第 6 步计算预计可用库存量。编制物料需求计划时不需要计算物料的可供销售量,可供销售量的计算都是针对最终产品的,即可以销售的产品。

4. 需求的展开计算

我们知道,在产品结构相邻两层物料之间,惟一的逻辑联系是,父项物料计划订单的下达与子项物料的毛需求之间有直接联系。因为在父项物料订单下达的时候,父项物料就要开始消耗子项物料,所以对子项物料来说,必须在规定的时间内,以足够的数量满足父项物料的需求。设某产品的物料清单如表 6.3 所列,假设提前期为 1 周,订货批量均为 10 单位,不考虑安全库存,则其需求的展开计算如表 6.4 所列。

表 6.3　产品 A 的物料清单

父项物料	子项物料	所需数量
A	B	2
B	C	1

表 6.4　父项记录与子项记录之间的联系

物料	项目	期初	1	2	3	4	5	6	7	8	9
物料A（父项）	毛需求		10	0	15	10	20	5	0	10	15
	在途量		15								
	预计可用库存量	12	17	17	2	2	2	7	7	7	2
	净需求					8	18	3	0	3	8
	计划订单产出量					10	20	10	0	10	10
	计划订单投入量				10	20	10	0	10	10	
物料B（A的父项，C的子项）	毛需求		0	0	20	40	20	0	20	20	
	在途量										
	预计可用库存量	15	15	15	5	5	5	5	5	5	
	净需求				5	35	15	0	15	15	
	计划订单产出量				10	40	20	0	20	20	
	计划订单投入量			10	40	20	0	20	20		
物料C（B的子项）	毛需求			10	40	20	0	20	20		
	在途量		12								
	预计可用库存量		12	2	2	2	2	2			
	净需求				38	18	0	18	18		
	计划订单产出量				40	20	0	20	20		
	计划订单投入量			40	20	0	20	20			

(表头说明：期初；期间（周）1—9)

　　这种处理的过程就是按照物料清单的层次来进行，只有当同一层的所有物料都处理结束后，才转入下一层去处理。由于物料清单采取低层编码原则，故每个物料只处理一次。这样做的目的是为了计算上的方便，从而可获得最佳的效率。

　　这种一层一层处理（level-by-level processing）的重复计算过程就是 MRP 的计算逻辑的核心之所在，也是 MRP 与传统作业计划的区别所在。它能保证物料在正确的时间内按照正确的数量进行制造或采购，而这种所谓正确的时间和数量正是按照 MRP 的处理逻辑计算出来的。

5．净改变法和重改变法

　　和主生产计划一样，物料需求计划是一种基于时间分段的计划，在每一个计划期结束后，要对计划进行更新和将更新后的结果延伸至未来的某个时段，同样有两种重排的方法，即净改变法和重改变法，并且通常是和主生产计划一起改变的。

净改变法是考虑到执行物料需求计划计算一次需要很长时间,所以在重排计划时,只运算其中变化的部分,而重改变法则是重新运行系统,计算所有的量,包括变化的量和不变化的量。计划的改变主要基于下述情况:①主生产计划下的每一种产品的数据均需要更新;②每个库存项目需要重新计算;③会产生大量的输出的情况。在主生产计划的滚动重排过程中变化的只有计划的产量,而在物料需求计划中,物料清单也存在变动的可能性,所以在物料需求计划的重排中,如果发生物料清单发生变动的情况,则计算的复杂性和计算时间又较主生产计划中的重排有所增加。

6.2.3　基础数据的建立和维护

1. 数据的规范性和准确性

物料需求计划是将主生产计划中的独立需求产品转换为其构成的零件和原材料的需求,主生产计划是物料需求计划的最直接的数据,除此之外,还有物料主文件、物料清单、库存记录、物料编码、工作中心、工厂日历等数据。对于任何一个 MRP 系统或 MRP Ⅱ 系统乃至于 ERP 系统,它的实施要想取得成功,必须要有规范化和准确的数据。规范化是准确性的前提,数据必须有统一的标准,这是实现信息集成的首要条件。数据的及时性、准确性和完整性是实施物料需求计划系统的基本要求。"及时"是指必须在规定的时间内进行和完成数据的采集和处理;"准确"就是必须去伪存真,符合实际;"完整"是指要满足系统对数据项规定的要求。

2. 数据类型

从性质上讲,物料需求计划系统常用的数据有以下 3 种类型:

(1) 静态数据(或称固定信息)——一般指生产活动开始之前要准备的数据,如物料清单、工作中心的能力和成本参数、工艺路线、仓库和货位代码、会计科目的设定等;

(2) 动态数据(或称流动信息)——一般指生产活动中发生的数据,它不断发生、经常变动,如客户合同、库存记录、完工报告等;

(3) 中间数据(或称中间信息)——是根据用户对管理工作的需要,由计算机系统按照一定的逻辑程序,综合上述静态和动态两类数据,经过运算形成的各种报表。

另外,在物料需求计划系统里数据的表示有以下 3 种:

(1) 字母数字型——由任意字母、数字或符号(键盘上的符号)组成,如物料号的代码等；

（2）整数型——无小数的数字，如物料的件数，通常用"I"表示；

（3）实数型——有小数的数字，如金额数，通常用"R"表示。

3. 物料编码

计算机识别和检索物料的首要途径是物料编码，它统称物料号（item number）。最基本的要求是惟一性。字段多为字符型，长度为 15～20 位。物料码可以是无含义的，采用流水码，按顺序数字编号，这样代码简短，存储量少，且保证惟一性。物料码也可以是有含义的，如将总位数分成几段，依次表示成品、部件、零件、版次或其他标识。成组技术采用成组编码。对物料进行编码取决于公司的需求，一个好的编码应使人一看到就知道是什么物料。物料的编码是实施MRP 或 ERP 的最基础的工作，对系统能否实施成功有最直接的影响。在系统实施之前，一定要对物料的编码统筹考虑，不可疏忽大意。

4. 物料主文件

每一种物料有一份文档，称为物料主文件（item master），它用来说明所有物料的各种参数、属性及有关信息，这里的物料包括原材料、中间在制品、半成品和成品等。这些物料的属性能反映物料同各个管理功能之间的联系，也体现信息集成。物料主文件包含的信息主要有：

（1）最基本的信息——包括物料编码、物料名称、物料规格、计量单位、库存分类、设计图号等。注意以下几点：

① 计量单位用在对外采购时，若对方的采购单位与公司内部的计量单位不一致，则必须设定转换参数，例如，某一物料在公司内部计量单位为个，而采购时以打为单位来计量，在公司向其供应商下达的订单和收到供应商的发货单上的单位应为一个统一的单位，所以在软件系统里应设定此转换参数。

② 进行库存分类是为了管理的需要，如在统计查询作业中，可能要定期对各库存分类做统计，也可能在某些作业中要以此为条件。如在汽车行业，通常可以将物料分为铸造件、橡胶件、五金件等。

（2）同计划管理有关的信息——包括物料的来源、是否是虚拟件、是否是MPS 物料、批量的增量倍数、批量法则、最小量、量大定购量、物料表码（BOM code）、提前期、安全时间、安全库存等。注意以下几点：

① 物料的来源通常有自制、采购、外包和调拨。

② 虚拟件从物料的形态结构上讲有相应物料，从管理和计划角度讲则没有，因为它只是中间过程的一个物料，不入仓库，也不需要进行库存的计算。

③ 如果某物料是 MPS 物料，则是 MPS 的计划对象。

④ 批量的倍数是指有时净需求量为多个批量,用此参数决定定购的数量。例如,某物料倍数为3,净需求量为27个单位,批量的大小为10个单位,则用批量乘以倍数得到定购的数量为30个单位。

⑤ 批量法则有按需确定批量法(Lot For Lot, LFL)、固定批量法(Fixed Order Quantity, FOQ)、期间订购法(Periodic Order Quantity, POQ)等。

⑥ 安全时间是用来保证当前置时间发生变动时,仍能使订单按期完成而设立的一个时间值。这里需要说明的是,提前期不变,只是计划订单投入和计划订单接受时间同时提前。提前量即安全时间。

(3) 主要同库存管理有关的信息——包括是否需要库存控制、是否是虚拟件、是否需要批量控制、物料的 ABC 分类、库存的盘点期、存放形式(容器容量、体积、重量)等。注意以下几点:

① 如果物料需要批量控制,则要明确物料的批次和批量,以对物料进行跟踪和记录。

② 物料的 ABC 分类通常依物料订单的年度总使用金额进行排序。

③ 虚拟件不需要库存控制,但并非所有不需要库存控制的物料都是虚拟件。

④ 要设定库存盘点的时间间隔。

(4) 主要同成本管理有关的信息——必须设定非虚拟件的制造成本,包括直接材料、直接人工和制造成本。在 ERP 的会计系统中,上述成本科目又可细分为更细的会计科目,如,直接人工可分为装配人工、设备操作人工和技术性人工等。

(5) 主要同质量管理有关的信息——设定产出率、检验等级、检验水准、抽样标准、可接受的质量水平等。

5. 物料清单

最终产品通常是由一系列的物料所构成的,由哪些物料构成,每种物料的数量是多少,物料与物料之间的关系如何,这些都可以通过产品的结构看出来。为了便于计算机识别,则须将此用图表表示的产品的结构转换成数据格式。这种利用数据格式来描述产品结构的文件称为物料清单(BOM)。物料清单是 MRP Ⅱ运行的主导文件,企业各业务部门都应根据统一的物料清单来工作。如对制造工程师而言,可以根据 BOM 决定哪些零件须制造,哪些零件须购买,会计部门则利用 BOM 来计算成本。BOM 体现了数据共享和信息的集成。

物料清单在狭义上被认为是一种用来确定装配每种产品所需的部件或分装件的工程文件。单级 BOM 仅包括那些立即需要的分装件,不包括部件下的部件。多级 BOM 表是一种部件列表,把最终产品全方位地分解到原材料。

物料清单文件被设计成用来输出期望表格的计算机记录,物料清单结构则与物料清单文件的排列结构或总体设计有关。物料清单结构一定要能提供所有期望的表格或记录。物料清单处理程序是一种计算机软件包,用它来组织和维护由物料清单结构所制订的物料清单文件之间的连接。大多数物料清单处理程序是用单级物料清单,用它来维护单级 BOM 文件间的连接或链接。正是这些用在 MRP 中的物料清单处理程序,能把父件的计划订单转换成它所需部件的总需求。

单级和多级 BOM 是物料清单的两种不同输出格式。不同的输出格式在不同的环境下都是有用的。例如,单级 BOM 可提供关于部件可用数量的检查、分配和选择数据,以支持订单的发出。工业工程师则经常使用全面的多级 BOM 来决定如何将产品组装在一起。财务人员使用它来进行成本累积计算。但基本原则是一个公司应该有且只有一个系列的物料清单或产品结构记录,并且它应像一个实体一样得到维护。该物料清单应该被设计成可用来满足公司的要求。

a. 单层 BOM

单层 BOM 即从产品到下面的零组件只有一层的产品结构,表 6.5 所列显示了某灯具公司生产的灯 LA001 的 BOM。在单层 BOM 中能反映出如下的信息:①构成产品的所有零组件;②零组件的编号;③零组件的相关描述;④构成单位产品所需零组件的数量;⑤零组件的单位。

表 6.5　某公司灯具产品 LA001 的 BOM

零组件编号	简单描述	所需数量
Base 100	灯座	1
Shade 100	灯罩	1
Plug 100	插座	1

该灯具产品的 BOM 可以用图来表示,如图 6.5 所示。

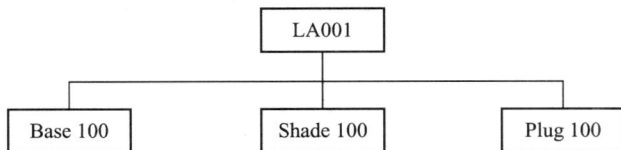

图 6.5　某灯具的单层 BOM 结构

b. 多层 BOM

如果产品在公司里是一次性装配的,则用单层 BOM 就足够了,但是如果组件下面还有次组件或零件,则单层 BOM 就不足以来表达,此时就须用多层 BOM 来描述。如前面所述,灯具是由灯座、灯罩和插座所构成的,可是这些组件都是由其他许多零件构成的,如果制造灯具时是由最低层的这些物料组装成的,则必须用到多层 BOM。图 6.6 是构成灯具的一个完整的 BOM,这里有两层,其中最顶层的最终产品称为 0 层,往下依次称为 1,2……层。

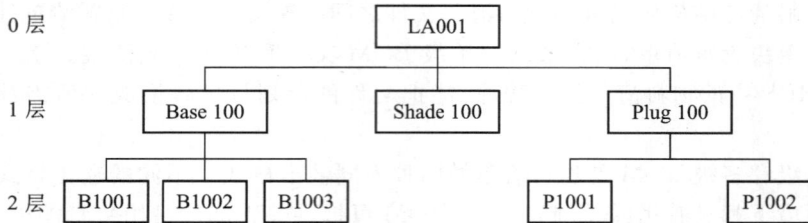

图 6.6　灯具的多层 BOM 结构

同样可以将该 BOM 结构用表格形式表示,如图 6.6 所列。

表 6.6　某公司灯具产品 LA001 的完整物料清单

物料编码	子件号	所需数量
LA001	Base 100	1
LA001	Shade 100	1
LA001	Plug 100	1
Base 100	B1001	1
Base 100	B1002	1
Base 100	B1003	1
Plug 100	P1001	1
Plug 100	P1002	1

物料清单中物料的层次遵循低层代码的原则(Low Level Code,简称 LLC),所谓低层代码规则,是指在产品结构中,最上层物料的层次为 0 层,其下依次为 1,2……层。一个物料在物料清单中可能出现在两个以上的层次中,以该物料在产品结构中出现的最低层次码定为其层次码。举例说,如果有两个产品 X 和 Y,其物料清单如表 6.7 所列,则系统会自动地确定每一物料的最低层次码,如表 6.8 所列。

表 6.7　产品 X 和 Y 的物料清单

父件	子件	所需数量
X	B	2
X	C	1
B	D	1
Y	A	1
Y	C	1
A	B	1
A	E	1

表 6.8 物料最低层次码

物料	最低层次码
X	0
Y	0
A	1
B	2
C	1
D	3
E	2

物料需求计划的顺序由各物料最低层次码数值的大小决定,从最低层次码数值最小的物料开始执行,并依次执行最低层次码数值较大的物料,也就是说,是依据物料最低层次码递增的顺序来执行的。

c. 模块化的物料清单

在上述灯具的例子中,如果灯座有 2 种形式:Base 100 和 Base 200;灯罩有3 种形式:Shade 100,Shade 200 和 Shade 300;插座有 2 种形式:Plug 100 和Plug 200,如图 6.7 所示。这样,灯具就有 2×3×2＝12 种,则全部物料清单有12 种,这种产品由多个模块组成,每个模块又有多种选择时,如果可选件又较多,则建立的全部物料清单工作量显然太大,解决的方法是以选项或模块来建立MPS,即建立模块化的物料清单。模块化的物料清单的 0 层为可选件,在上述例子中,如果采用模块化的物料清单,则全部物料清单将为 2＋3＋2＝7 种,如果可选件较多时,这种优势将更明显。

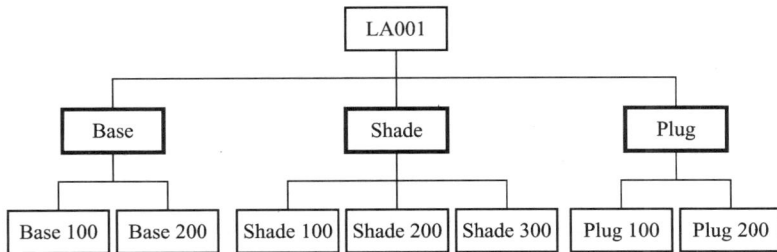

图 6.7 灯具 LA001 的模块化清单示意

在模块化物料清单中,必须设定可选件的预测需求百分比,可选件的需求百分比加起来为 1;若是附件,则附件的需求百分比加起来要小于 1,因为有的客户不一定选择。灯具 LA001 的模块化的清单可以用表 6.9 列出。

表 6.9　灯具 LA001 的模块化物料清单

物料编码	子件号	所需数量
LA001	Base	1
LA001	Shade	1
LA001	Plug	1
Base	Base 100	0.6
Base	Base 200	0.4
Shade	Shade 100	0.1
Shade	Shade 200	0.3
Shade	Shade 300	0.6
Plug	Plug 100	0.1
Plug	Plug 200	0.9

d. 计划用物料清单

如果按照物料的类型来分,可分为计划用物料清单、制造物料清单和成本物料清单等。为了更好地进行主生产计划活动,有时需要重建物料清单,如前面所示的模块化物料清单,建立这种清单将使数据的存储量大大减少,有利于系统的优化。除了模块化物料清单外,还有计划物料清单也是其中的一种,它只适用于计划,与用于制造产品的那些清单是不同的,刚才所述的模块化物料清单就包含了一种计划清单的形式,它可用于制作物料计划和模型,但是有些模型是不可制造的。

应用最广泛的计划用物料清单是超级清单。它描述了组成一个平均最终产品的相关的选项或模块。这种最终产品是不可能制造出来的。单是从物料清单的逻辑来看,它对计划和主生产计划是十分有用的。物料清单处理程序指明了,超级清单应该作为合法的单级物料清单而建立在产品结构文件中,这就意味着超级清单将把各种可能的选项看做部件,并有它们的平均使用率。物料清单的运算逻辑可以采用十进制乘法。物料清单的逻辑在互不相容的选项中强加入了数学连接。举例来说,两个可能的发动机选项之和应等于汽车总和。

超级清单不仅是制造工具,而且也是营销工具。有了它,就不再需要预测和控制个体模型了,而可以用总平均单位数来进行预测,这时就需要重点进行百分比分析,即关注单级物料清单。同时也要注意,当有顾客订单出现时,用建立在工作日基础上的可供销售量计算逻辑来管理库存。

让我们来看一下上述小例子。灯具 LA001 的选项如下:

灯座:Base 100,Base 200;

灯罩:Shade 100,Shade 200,Shade 300;

插座:Plug 100,Plug 200。

总的可制造产品数是 12(2×3×2)。如按最终产品进行管理,则每一种都将不得不进行预测。此时可以仅仅对其中部件进行管理,只建立部件的预测模型(按一定的百分比),而不用建立全部最终产品的预测模型。

e. 制造物料清单

计划物料表用于计划阶段,制造物料表则用于执行阶段。执行阶段始于接受顾客订单。接到订单后,利用产品构造系统来决定产品规格,系统自动地做出制造物料表。后续的领料单作业及指令单作业即以该制造物料清单为依据。

f. 成本物料清单

和最基本的物料清单及缩排式物料清单类似,成本物料清单说明每个物料的材料本身、人工和其他间接费用,从成本构成说明物料的单价价值及其总值,在计划的同时体现了资金流的概念。可以用图 6.8 来说明。

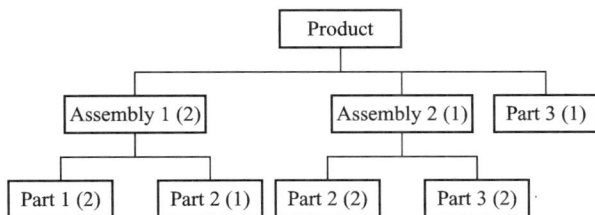

图 6.8　成本物料清单示意图

6. 工作中心

工作中心(Work Center, WC)是各种生产能力单元的统称,也是发生加工成本的实体。它是一个特定的区域,可视为粗能力计划和细的能力需求计划的一个单位,它可以是一台设备,也可以是一组设备。工作中心主要是计划与控制范畴,而不是固定资产或设备管理范畴的概念。

编制工艺路线之前,先要划定工作中心,建立工作中心主文件。在工艺路线中,一般每道工序要对应一个工作中心,也可以几个连续工序对应一个工作中心。工件经过每个工作中心要发生费用,产生加工成本。因此,可以定义一个或几个工作中心为一个成本中心,这是成本范畴的概念。

值得注意的是,不能把工作中心同加工中心(Machining Center, MC)混淆起来。众所周知,加工中心可能只是一台高精度,有多种加工功能,带刀具库的数控机床。工作中心的范围要比加工中心广,加工中心都可以设定为工作中心,但工作中心并非都是加工中心。工作中心的作用如下:

(1)作为平衡负荷与能力的基本单元,是运行能力计划时的计算对象。分析能力计划执行情况也要以工作中心为对象,进行工作量的投入/产出分析。

（2）作为分配车间作业任务和编排详细作业进度的基本单元。派工单是以工作中心为对象的，并说明各加工单的优先级。

（3）作为车间作业计划完成情况的数据采集点。也用反冲的控制点。

（4）作为计算加工成本的基本单元。计算零件的加工成本是以工作中心文件中记录的单位小时费率乘以工艺路线文件中记录的占用该工作中心的小时数得出的。

物料需求计划中的能力需求分析有两个主要层次：主生产计划对其中关键工作中心进行能力和负荷平衡的分析，而物料需求计划则对所有工作中心都进行能力和负荷平衡的分析。必须将关键工作中心或瓶颈工作中心单独划出，以此作为粗能力计划的对象，通常满足下列条件的工作中心可视为关键工作中心：

（1）经常满负荷或加班加点；

（2）需要由熟练技术工人使用，不能任意替代或随时招聘；

（3）工艺独特的专用设备，不能替代或分包外协；

（4）设备昂贵且不可能随时增添；

（5）受成本或生产周期的限制，不允许替代。

任何一个工作中心通常具备以下数据：

（1）基本数据。如工作中心代码、名称和所属车间部门的代码。工作中心代码的字段长一般为 6～8 位。

（2）能力数据。工作中心每日可提供的工时或台时数（或每小时可加工的件数，可生产的吨数），是否为关键工作中心，平均等待时间等。额定能力计算工时如下：

$$工作中心能力 = 每日班次 \times 每班工作时数 \times 工作中心效率$$
$$\times 工作中心利用率(h/日)$$

效率和利用率这两个因素是为了使工作中心的可用能力更符合实际，从而使计划和成本也更加符合实际。效率用来说明实际消耗工时或台时与标准工时或台时的差别，它与工人的技术水平或者机床的使用年限有关，其公式如下：

$$效率 = 完成的标准定额小时数 \div 实际直接工作小时数$$

而利用率同设备的完好率，工人的出勤率，任务的饱满程度，还有自然休息时间有关，是一种统计平均值。其公式如下：

$$利用率 = 实际直接工作小时数 \div 计划工作小时数$$

7. 提前期

提前期是以交货或完工日期为基准，倒推到加工或采购的开始日期的这段时间，也是从工作开始到工作结束的时间。物料需求计划中的提前期通常是指从订单发出至订单接受的这段时间。物料需求计划是一种倒向排序的计划，主

要回答何时生产或需要的问题,何时下达生产或采购计划主要取决于物料的提前期,有以下几种基本的提前期:

(1) 采购提前期,是采购订单下达到订单入库所需的时间;

(2) 生产准备提前期,从计划开始到完成生产准备所需的时间;

(3) 加工提前期,是开始加工到加工完成所需的时间;

(4) 装配提前期,是开始装配到装配结束所需的时间;

(5) 总提前期,是产品的整个生产周期,包括产品设计提前期,生产准备提前期,采购提前期,加工、装配、检测、包装、发运提前期;

(6) 累计提前期,是采购、加工、装配提前期的总和。

提前期在系统中是作为固定不变的参数进行设置的,一般在建立物料主文件时就有此字段,对于采购件设置的提前期为采购提前期,对于自制件而言,设置的提前期乃为加工提前期,对于累计提前期而言,则根据产品的物料清单进行累加而得到。

8. 工艺路线

工艺路线是制造某种产品过程的细化描述,包括要执行的作业顺序、作品名称、有关的工作中心、每个工作中心所需的设备、设备或工作中心的准备时间、运行时间的标准时间、作业所需的零部件、配置的人力,以及每次操作的产出量。所谓作业,是指在一个地点完成的工作,包含工件和地点(机器、工作站或工作中心),作业编号是某个设备要处理某个项目的专用识别编号。在软件系统中,应将工艺路线中所需设备的详细信息,如设备描述、作业顺序、准备时间和加工时间,以及工作中心的配置等,利用说明零部件加工或装配过程的文件来描述。在MRP 系统中,它要根据企业通常用的工艺过程卡来编制,但它不是技术文件,而是计划文件或管理文件。工艺路线通常有以下作用:

(1) 计算加工件的提前期,提供运行 MRP 的计算数据;

(2) 计算占用工作中心的负荷小时,提供运行能力计划的数据;

(3) 计算派工单中每道工序的开始时间和完工时间;

(4) 提供计算加工成本的标准工时数据;

(5) 按工序跟踪在制品。

工艺路线有下述特点:

(1) 在工艺路线文件中,除了说明工序顺序、工序名称、工作中心代码及名称外,MRP 系统的工艺路线还把工艺过程和时间定额汇总到一起显示出来,指定工时定额同编制工艺在同一部门进行,工艺人员掌握时间定额,有助于分析工艺的经济合理性;

(2) 除列出准备和加工时间外,还列出运输时间(含等待时间),并作为编制计划进度的依据；

　　（3）每道工序对应一个工作中心；

　　（4）包括了外协工序、外协单位代码和外协费用；

　　（5）为便于调整计划，必须说明可以替代的工艺路线；

　　（6）从逻辑上讲，可以把设计、运输、分包等作为一道工序来处理。

9. 库存信息

在库存中的每一项物料的记录都作为一个独立的文件，并且对于一项物料的资料的详细程度几乎是无限制的。MRP 程序允许产生一个反查记录文件，作为库存文件记录的一部分或单独存在。反查需求允许我们通过每一层产品结构向上追踪物料需求，确定每一个产生需求的父项。

物料需求计划的计算逻辑是，根据总需求和现有库存量的大小来确定净需求量。对于 MRP 系统来讲，必须在正式使用之前将现有的库存数据输入到系统中，这些资料包括现有库存量、计划接受量、已分配量等信息。其实在使用之前，只要建立起库存的初始值即可，其他阶段的净需求量则可根据具体公式依次进行计算。

另外，在库存信息中要对仓库与货位的作用有所反映，在每条物料的库存记录文件中，仓库和货位必须有相应的编码。

10. 供应商及客户信息

（1）供应商信息。供应商主文件一般包括：供应商代码（说明供货类型、地区）、名称、地址、邮政编码、联系人、电话号码、银行账号、使用货币、报价、优惠条件、付款条件、交货提前期、税则、交货信用记录。在 MRP Ⅱ 系统中，供应商的信息直接与财务管理模块中的应付账模块相对应。

（2）客户信息。客户主文件一般包括：客户代码（说明类型、地区）、名称、地址、邮政编码、联系人、电话号码、银行账号、使用货币、报价记录、优惠条件、付款条件、交货提前期、税则、交货信用记录。而客户信息则直接与财务管理模块中的应收账模块相对应。

11. 工作日历

物料需求计划系统采用划分期间的计划方式，它将连续的时间划分成不连续的区段单位，称为时段，较通用的以周或日为单位，有工厂周历和工厂日历之说。一般 ERP 系统根据工厂日历排定计划，工厂日历也称生产日历，说明企业各部门、车间或工作中心在 1 年时间内可以工作或生产的日期。MPS 和 MRP 展开计划时，要根据工厂日历来安排生产，在非工作日不能安排任务。系统在生成计划时,遇到非工作日会自动跳过。软件应能允许用户自行设置多种工作日历,赋以各自的代码,用于公司、各工厂、不同车间、不同工作中心,甚至发运成品所涉及的运输航班。

6.3　批量的确定

MRP 是根据毛需求和现有库存量来计算净需求的,再考虑批量的大小,从而确定计划订单投入和产出的数量。MRP 的计划订单的投入量应为批量的整数倍,批量可以是固定的,也可以是动态变化的。一般来讲,一次订货的数量应能满足一个或多个时段的物料需求。所谓批量,对于生产零部件而言,就是一次所要生产的数量;对于采购件而言,则是一次向供应商订货的数量。

在确定最佳批量时,用得比较多的方法是寻求总成本最小。总成本主要由保管成本和采购成本所组成。由经济批量订货模型可知,当保管成本和采购成本平衡时,对应的总成本为最低,许多批量的确定就是基于这种考虑的。在MRP 系统中,批量作为一个已知的数据输入到系统中,即 MRP 系统本身并不具备确定批量的功能,批量的确定是建立在对数据分析的基础上,由系统之外的工具和方法来确定的。本书介绍几种常用的确定批量方法。

6.3.1　按需确定批量法

按需确定批量法确定的批量是动态变化的,即根据净需求的计算结果确定批量,订购批量恰好和净需求相匹配,这样,计划订单的产出量正好等于每周的净需求量,而不会产生剩余转移到未来时段。因为按需确定,不会有多余的量转移到下一时段,故保管费用相对最少,准备费用和能力限制可以忽略不计。按需确定批量法的应用如表 6.10 所列。

表 6.10　按需确定批量

	期间(周)								
	1	2	3	4	5	6	7	8	9
净需求量	35	10		40		20	5	10	30
计划订单产出批量	35	10		40		20	5	10	30
期末剩余库存	0	0	0	0	0	0	0	0	0

6.3.2　经济订购批量法

经济订购批量法是平衡保管费用和采购费用,寻求总费用最小的一种方法。在第 3 章中已经介绍过,假定年需求量为 200 单位,单位存货的年成本为 12 元,

一次订货的业务成本为 100 元,则将已知参数代入经济批量的计算公式可得批量

$$Q = \sqrt{\frac{2 \times 200 \times 100}{12}} = 58 \text{ 单位}$$

经济订购批量的应用如表 6.11 所列。

表 6.11　经济订购批量

	期间(周)								
	1	2	3	4	5	6	7	8	9
净需求量	35	10		40		20	5	10	30
计划订单产出量	58			58				58	
期末剩余库存	23	13	13	31	31	11	6	54	24

6.3.3　固定批量法

固定批量法是每次订购的数量固定不变,该数量可以根据某种设施或程序的生产能力,锻模寿命、一定的包装量等确定。假定每次订购量为 60,则其计划如表 6.12 所列。

表 6.12　固定批量

	期间(周)								
	1	2	3	4	5	6	7	8	9
净需求量	35	10		40		20	5	10	30
计划订单产出量	60			60					60
期末剩余库存	25	15	15	35	35	15	10	0	30

6.3.4　定期订购法

定期订购法每次订购批量变化,订购量不是依照预测而是依照一定期间的净需求相加而得。订购期间固定,可能仅凭武断或经验或直觉而定,这和第 3 章中的定期库存系统一样,假设订购期间为 2 期,如后续的两期的需求为 0,则跳过去,如表6.13 所列。

表 6.13　定期订购批量

	期间(周)								
	1	2	3	4	5	6	7	8	9
净需求量	35	10		40		20	5	10	30
计划订单产出量	45			40		25		40	
期末剩余库存	10	0	0	0	0	5	0	30	0

6.3.5　期间订购法

期间订购法是在 EOQ 法的基础上,根据间断需求的特定修正后得到的。如前面经济订购批量为 58 单位,每年共有 12 期,年需求总量为 200 单位,故每年订购次数为 200/58=3.4 次,每次订购间隔为 12/3.4=3.5 个期间。计算结果如表 6.14 所列。

表 6.14　期间订购批量

	期间(周)								
	1	2	3	4	5	6	7	8	9
净需求量	35	10		40		20	5	10	30
计划订单产出量	85					35			30
期末剩余库存	50	40	40	0	0	15	10	0	0

6.3.6　最小总费用法

最小总费用法是一个动态的确定订购批量的方法。其原理是,比较不同订货量所对应的保管费用和准备(或订货)费用,从中选择出使二者尽可能接近的订购批量。最小总费用法实际上是一种试算法,在确定期初的订货批量时,首先试算 9 种情况,即分别满足第 1 周,前 2 周,前 3 周,前 4 周,前 5 周,前 6 周,前 7 周,前 8 周和前 9 周的总需求,如表 6.15 所列。由表可知,当第 1 周订货量满足前 8 周的需求时,保管成本和准备成本最接近,所以第 1 周订货时订货量为 270 单位。8 周后的订货策略按照这种思路类推即可得到。最小总费用法本质上讲是一种用试算寻求保管费用和准备费用间的一个平衡点,是一种简化的经济订购批量法。

表 6.15　最小总费用法确定批量

	期间(周)								
	1	1～2	1～3	1～4	1～5	1～6	1～7	1～8	1～9
净需求量	30	20	35	30	40	50	20	45	30
订货批量	30	50	85	115	155	205	225	270	300
保管成本(元)	0	2.08	5.73	8.86	13.03	18.24	20.32	25.01	28.14
准备成本(元)	25.00	25.00	25.00	25.00	25.00	25.00	25.00	25.00	25.00

6.3.7　最小单位费用法

　　最小单位费用法也是一个动态的确定订购批量的方法。这种方法将每个试验批量的订货费用和库存保管费用相加,再除以该订购批量的单位总量,选择单位费用最小的那个批量作为订购批量。本例如表 6.16 所列可知,第 1 月订货批量需满足前 9 个月的需求。

表 6.16　最小单位费用法确定批量

	期间(周)								
	1	1～2	1～3	1～4	1～5	1～6	1～7	1～8	1～9
净需求量	30	20	35	30	40	50	20	45	30
订货批量	30	50	85	115	155	205	225	270	300
保管成本(元)	0	2.08	5.73	8.86	13.03	18.24	20.32	25.01	28.14
准备成本(元)	25.00	25.00	25.00	25.00	25.00	25.00	25.00	25.00	25.00
总成本(元)	25.00	27.08	30.73	33.86	38.03	43.24	45.32	50.01	53.14
单位成本(元)	0.83	0.54	0.36	0.29	0.25	0.21	0.20	0.19	0.18

6.4　物料需求计划的范例

　　已知产品 A 和产品 B 的结构如图 6.9 所示;对应的 BOM 表如表 6.17 所列;物料主文件如表 6.18 所列;物料库存记录如表 6.19 所列;两种产品的需求信息如表 6.20 所列,要求制订未来 8 周内的物料需求计划。需要说明的是,在该例中,产品 A 和产品 B 是独立需求件,毫无疑问是制订主生产计划的对象,另外,部分部件 D 和零件 F 作为维修件和换型所用,所以对于部件 D 和零件 E 来讲,如果是作为组装产品 A 和产品 B 所用,则它是相关需求件,这是物料需求计划的对象,如果作为维修件或换型用,则应视为独立需求件。本例中,有部分 D 和 F 作为维修件使用。

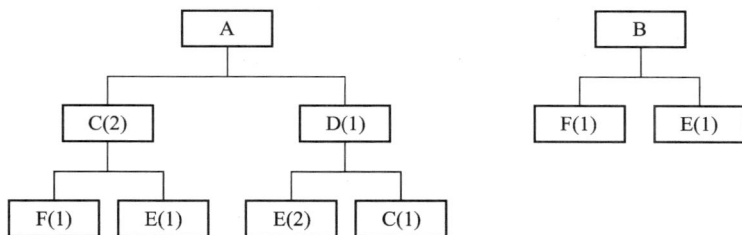

图 6.9 产品 A 和产品 B 的结构

表 6.17 产品 A 和 B 的 BOM

父 件	子 件	所需数量
A	C	2
A	D	1
D	E	2
D	C	1
C	E	1
C	F	1
B	E	1
B	C	1

表 6.18 物料主文件

物料	提前期(周)	安全时间(周)	安全库存	批量规则①
A	1	0	25	LFL
B	1	0	20	LFL
C	1	0	5	FOQ=500
D	1	0	5	FOQ=200
E	2	0	50	POQ=3
F	3	1	100	POQ=2

① LFL——批对批法,即按需确定批量法;FOQ——固定批量法;POQ——期间订购法。

表 6.19 物料库存记录

物料	现有量	已分配量	在途量								
			0	1	2	3	4	5	6	7	8
A	20	0		100	0	0	0	0	0	0	0
B	40	0		50	0	0	0	0	0	0	0
C	60	0		200	0	0	0	0	0	0	0
D	60	20		0	0	0	0	0	0	0	0
E	100	0		1 500	0	0	0	0	0	0	0
F	100	0		1 000	0	0	0	0	0	0	0

表 6.20   产品的订单和预测数据

物料	类型	期间（周）							
		1	2	3	4	5	6	7	8
A	订单	80	50	100	60	80	70	60	60
A	预测	80	50	100	50	100	50	100	50
B	订单	70	100	50	90	60	110	60	50
B	预测	50	100	50	100	50	100	50	100
D	订单	20	12	25	15	20	18	15	15
D	预测	20	12	25	12	25	12	25	12
F	订单	200	300	200	300	350	230	2 600	250
F	预测	200	200	100	250	200	250	200	170

　　根据上述数据可以编制产品 A 的主生产计划，如表 6.21 所列；也可以确定产品 A 的可供销售量，如表 6.22 所列；同理，可以编制产品 B 的主生产计划，如表 6.23 所列；产品 B 的可供销售量计算结果如表 6.24 所列。展开以后可以得到各个物料的需求计划，如表 6.25 至表 6.28 所列。

表 6.21   产品 A 的主生产计划

	期间（周）								
	0	1	2	3	4	5	6	7	8
订单		80	50	100	60	80	70	60	60
预测		80	50	100	50	100	50	100	50
毛需求		80	50	100	60	100	70	100	60
在途量		100							
预计在库量		40	−10	−75	−35	−75	−45	−75	−35
预计可用库存量		40	25	25	25	25	25	25	25
净需求		0	35	100	60	100	70	100	60
计划订单产出量		0	35	100	60	100	70	100	60
计划订单投入量		35	100	60	100	70	100	60	100

　　注：毛需求取订单和预测最大值。

表 6.22   产品 A 的可供销售量的计算

	期间（周）								
	0	1	2	3	4	5	6	7	8
订单		80	50	100	60	80	70	60	60
在途量		100							
计划订单产出量		0	35	100	60	100	70	100	60
主生产计划		100	35	100	60	100	70	100	60
可供销售量		20	0	0	0	20	0	40	0

表 6.23　产品 B 的主生产计划

	0	1	2	3	4	5	6	7	8
					期间（周）				
订单		70	100	50	90	60	110	60	50
预测		50	100	50	100	50	100	50	100
毛需求		70	100	50	100	60	110	60	100
在途量		50	100						
预计在库量		20	20	−30	−70	−40	−90	−40	−80
预计可用库存量		20	20	20	20	20	20	20	20
净需求		0	0	50	90	60	110	60	100
计划订单产出量		0	0	50	90	60	110	60	100
计划订单投入量		0	50	90	60	110	60	100	50

表 6.24　产品 B 的可供销售量计算

	0	1	2	3	4	5	6	7	8
					期间（周）				
订量		70	100	50	90	60	110	60	50
在途量		50	100						
计划订单产出量		0	0	50	90	60	110	60	100
主生产计划		50	100	50	90	60	110	60	100
可供销售量		20	0	0	0	0	0	0	50

表 6.25　物料 C 的物料需求计划

	0	1	2	3	4	5	6	7	8
					期间（周）				
毛需求		270	250	410	260	450	260	220	450
在途量		200	150	0	0	0	0	0	0
预计在库量		−10	390	−20	220	−230	10	−210	−160
预计可用库存量		490	390	480	220	270	10	290	340
净需求		15	0	25	0	235	0	215	165
计划订单产出量		500	0	500	0	500	0	500	500
计划订单投入量	500	0	500	0	500	0	500	500	

表 6.26　物料 D 的物料需求计划

	0	1	2	3	4	5	6	7	8
					期间（周）				
毛需求		55	112	85	115	95	118	85	115
在途量		0	0	0	0	0	0	0	0
预计在库量		−15	73	−12	73	−22	60	−25	60

（续表）

	0	1	2	3	4	5	6	7	8
				期间（周）					
预计可用库存量		185	73	188	73	178	60	175	60
净需求		20	0	17	0	27	0	30	0
计划订单产出量		200	0	200	0	200	0	200	0
计划订单投入量		0	200	0	200	0	200	0	

表 6.27　物料 E 的物料需求计划

	0	1	2	3	4	5	6	7	8
				期间（周）					
毛需求	500	400	550	490	560	510	560	600	450
在途量		1 500	0	0	0	0	0	0	0
预计在库量		700	150	−340	560	50	−510	500	50
预计可用库存量		700	150	1 120	560	50	1 100	500	50
净需求		0	0	390	0	0	560	0	0
计划订单产出量		0	0	1 460	0	0	1 610	0	0
计划订单投入量		1 460	0	0	1 610	0	0	750	0

注：物料 E 的固定期间为 3 周，其订购量的计算应以满足下次产出之前的净需求和合同量之和为准。

表 6.28　物料 F 的物料需求计划

	0	1	2	3	4	5	6	7	8
				期间（周）					
毛需求	500	200	800	200	800	350	750	760	250
在途量		1 000	0	0	0	0	0	0	0
预计在库量		400	−400	−100	−400	−250	−500	−260	−10
预计可用库存量		400	100	400	100	250	500	240	490
净需求		0	500	200	500	350	600	260	110
计划订单产出量		0	500	500	500	500	1 000	500	500
计划订单投入量		500	500	500	500	1 000	500	500	0

　　在展开计算物料的需求计划时，应同时考虑 A 中的相关物料和 B 中的相关物料，可以采取先单独计算，再叠加的方法进行。如物料 C 在产品 A 中作为产品 A 的 BOM 的第一层和第三层同时存在，在产品 B 中则作为第二层存在，计算时不可遗漏任何一个，否则就会造成计算不准。在本例中，产品 A 和产品 B 作为独立需求产品是主生产计划的对象，其他则是物料需求计划的对象，如果其中构成产品 A 和产品 B 的某些物料是作为维修件或其他用途相对地独立使用的，则应把这种物料部分作为主生产计划对象，部分作为物料需求计划对象，在制订计划计算过程中要分开计算。

6.5 物料需求计划实施方法和步骤

1. 实施的方法和步骤

物料需求计划是一个庞大的系统工程,涉及面广,投入大,实施周期长,存在一定的风险。所以企业应建立一套科学的实施办法和程序来保证项目的成功。总结国内外众多企业物料需求计划的实施经验和教训,一般要经过以下步骤:

(1) 总体规划,分段实施。物料需求计划项目所包含的内容很广,如财务、分销、生产等,每一部分中又包含很多模块。所以在建立一个物料需求计划系统的时候,一般要有总体规划,按管理上的急需程度、实施中的难易程度等确定优先次序:根据不同的效益驱动、重点突破的思想指导下,分阶段、分步骤实施。总之,科学的实施方法可以起到事半功倍的作用,确保物料需求计划项目的顺利推行。

(2) 专项机构。为了顺利地实施物料需求计划系统,在企业内部应成立完善的三级组织机构,即领导小组、项目小组和职能小组。物料需求计划系统不仅是一个软件系统,它更多的是先进管理思想的体现,关系到企业内部管理模式的调整、业务流程的变化及相关人员的变动,所以企业的最高决策人要亲自参加到领导小组中,负责制订计划的优先级;资源的合理配置;重大问题的决策及政策的制订等。项目小组负责协调公司领导层和部门之间的关系,其负责人员一般应由公司高层领导担任,要有足够的权威和协调能力,同时要有丰富的项目管理和实施经验。职能小组是实施物料需求计划系统的核心,负责保证物料需求计划系统在本部门的顺利实施,由各部门的关键人物组成。

(3) 教育与培训。物料需求计划作为管理技术和信息技术的有机结合,其在管理上所反应出的思想和理论比实际运作中的要先进,这就要求企业各级管理层不断学习先进的管理理论,如精益生产、准时化生产、全面质量管理等,对物料需求计划项目涉及的人员,分别按不同层次、不同程度掌握软件具体功能进行培训。

(4) 原型测试。通过培训后,了解了物料需求计划能干些什么,再结合自己的需求,即想要解决哪些问题,进行适应性实验,以此来验证系统对目标问题解决的程度,再决定有哪些为用户服务的工作,有多少两次开发的工作量。原型测试的数据可以是模拟的,不必采用企业实际的业务数据。

(5) 数据准备。物料需求计划系统实现了企业数据的全局共享,它只有运行在准确、完整的数据之上,才能发挥实际作用。所以在实施物料需求计划项目时,要花费大量时间去准备基础数据,如基本产品数据信息、客户信息、供应商信息等。

（6）模拟运行。在完成了用户化和两次开发后，就可以用企业实际的业务数据进行模拟运行。这时可以选择一部分比较成熟的业务进行试运行，实现以点带面，由粗到细，保证新系统完成平稳过渡。

（7）切换。经过一段时间的试运行后，如果没有发生什么异常现象，就可以把原来的业务系统抛弃掉。只有这样，整个物料需求计划系统才能尽快地走出磨合期，完整并独立地运行下去。

2. 应注意的问题

在物料需求计划系统实施过程中，也常常存在下列问题：

（1）缺少高层管理人员应承担的义务。物料需求计划项目应当被高层领导所接受，有的人戏称实施物料需求计划项目是一把手工程，必须有最高层领导的推动才行，因为实施物料需求计划系统要涉及多个职能部门的协作，由一把手挂帅则有助于实施过程的协调。同时，必须强调，物料需求计划是一项闭环、集成和战略性的计划。

（2）过分强调物料需求计划的功能。物料需求计划往往被描述成一个运营公司的完全的独一无二的系统，其实施的效果如何，取决于人的作用、取决于基础数据的准确性等。选用物料需求计划时尤其强调软件系统的适用性，要量体裁衣，而不能根据衣服尺寸来调整体型。

（3）基础数据准备不到位。物料需求计划实施成功与否，很大程度上取决于是否有一套准确完整的数据，基础数据的准备应由负责实施的顾问提出建议，企业参加人员按照顾问的建议做充分的准备。应建立一套符合要求的规范且完整的数据，包括物料清单、工艺路线、库存记录、工作中心、物料主文件等。

（4）物料需求计划如何与准时化生产相结合的问题。物料需求计划是一个强调推动的系统，这与先进的准时化生产强调拉动的系统向背，此为物料需求计划的一大缺点。

习　题

1. 何为开环的 MRP？何为闭环的 MRP？何为 MRP Ⅱ？何为 ERP？

2. MRP 实施能否成功受哪些因素的影响？必须具备哪些条件才能使物料需求计划发挥其功能？

3. 如何理解 MRP 是一个推动式的系统？

4. 对经济订货模型中的提前期和 MRP 中的提前期进行比较分析。

5. MRP 适用于制造业的关键是独立需求和相关需求的概念，根据独立需求和相关需求建立物料清单,显示出资源间的关系。依此观点,试问 MRP 可以应用于服务业吗? 如能,举例说明如何建立资源表、如何做计划。

6. 某公司产品的物料清单如表 1 所列,表中的物料清单采用单层式表示。各产品未来 10 周的主生产计划如表 2 所列。物料的提前期、现有库存量、安全库存量和已订未交量(将于第 1 周入库)数据如表 3 所列。试制订未来 10 周内详细的物料需求计划。

表 1　物料清单

父件	子件	所需数量
X	A	1
X	B	2
X	C	3
Y	B	1
Y	D	2
Z	A	2
Z	C	1
Z	D	2
A	B	1
A	C	3
B	C	3
B	D	2

表 2　主生产计划

物料	期间(周)									
	1	2	3	4	5	6	7	8	9	10
A	3	3	3	3	3	3	3	3	3	3
B	0	0	0	0	0	0	0	0	0	0
C	0	0	0	0	0	0	0	0	0	0
D	2	2	2	2	2	2	2	2	2	2
X		20					20		20	
Y				30				10		20
Z			20			30				

表 3   提前期、现有库存量、安全库存量和已订未交量

物料	提前期(周)	现有库存量	安全库存量	已订未交量
A	2	10	50	0
B	1	20	10	0
C	2	15	10	500
D	1	10	5	200
X	2	0	0	0
Y	1	0	0	0
Z	2	0	0	0

7. 某产品 A 有两种类型 A1 和 A2,在第三季度和第四季度的总需求量分别是 2 400 单位和 3 000 单位。其中 A1 需求比为 30%,A2 需求比为 70%。假定在每个季度的每个月的需求呈平均分布。A1 由一个 B 和一个 C 构成;A2 由一个 B 和一个 D 构成。A1 和 A2 的提前期均为 1 个月,B 的提前期为 3 个月,C 和 D 的提前期为 1 个月。MRP 系统按月运行,目前,A1 的库存量是 200,A2 的库存量是 100。同时,B 的库存是 250,C 的库存是 50,D 的库存是 125。批量利用按需确定批量法来确定。试编制详细的物料需求计划。

第7章　能力计划

　　生产计划制订后须进行检验,以确认企业中可提供的生产能力和制造需求间是否平衡,这就是能力需求计划问题。能力计划的管理目标就是把某些工作中心所能提供的能力和生产计划需要的能力进行平衡。若能力和负荷不匹配,则须进行调整。如果企业内外均不能提供足够的能力,为了与可提供的能力一致,在实际计划执行过程中只能选择改变主生产计划或物料需求计划。能力需求是由生产规划、综合生产计划、主生产计划和物料需求计划而确定的。能力计划有多个层次,本章介绍与主生产计划相对应的粗能力计划和与物料需求计划相对应的细能力计划,包括五个部分:①能力计划基本概念;②粗能力计划;③细能力计划;④能力测量和技术的选择。

7.1 基本概念

7.1.1 能力计划的作用和层次结构

1. 能力计划的作用

任何一项计划的制订,必须有其相应的检验过程,即检查企业所具备的实际生产能力是否满足所制订的计划,所以说,能力计划和物料的生产需求计划同样重要。如果不能提供足够的能力或者存在过剩的能力而没有发现,就不能满足顾客的需求,也会造成浪费,也就不可能彻底体现出一个有效运行的生产计划控制系统的价值。一方面,如果能力不足,则可以采取增加库存的方法来克服这种不足,增加库存一定会造成制造成本的增加,也可以采取其他方式来弥补生产能力的不足,但都会使生产成本增加。另一方面,能力过剩会造成设备和人员的利用率下降,增加不必要的支出,所以说,能力不足和能力过剩都应避免。即使那些有先进的物料计划控制系统的企业也会发现:他们为工作中心提供的适当能力不足,这会成为实现最大利益的主要障碍,所以要强调能力计划系统与物料需求计划系统一致发展的重要性。

2. 能力计划的层次结构

图 7.1 把各个层次的能力计划和生产计划控制系统其他模块联系起来。图中显示了能力计划的范围:由总的资源需求计划开始,进而到对主生产计划进行负荷平衡分析的粗能力计划,然后是物料需求计划所对应的细能力计划,最后是

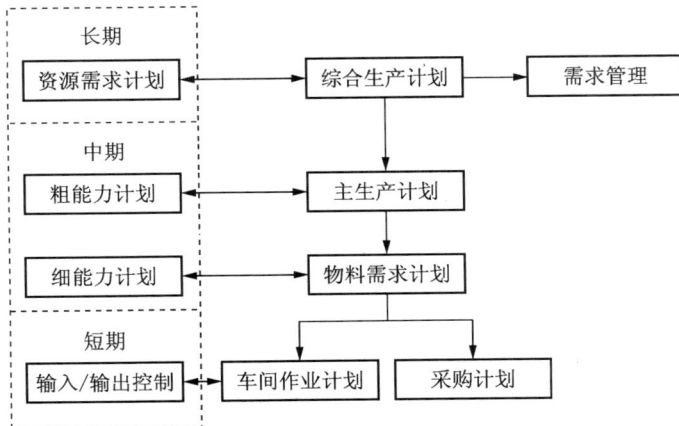

图 7.1 生产计划系统各个层次的能力计划

车间现场的输入/输出控制。

与综合生产计划相对应的能力计划是资源需求计划,输入/输出控制也将在车间作业计划与控制一章中介绍,本章主要介绍粗能力计划和细能力计划。这两个层次的能力计划是所有能力计划的核心。从时间上看,也可以和生产计划相对应,将能力计划按时间进行分类,即分成长期、中期和短期的能力计划,其中,资源需求计划属于长期能力计划,粗能力计划和细能力计划属于中期能力计划,输入/输出控制属于短期能力计划,如图 7.1 所示。这种分类不是绝对的,因企业不同而异。

7.1.2   能力计划与系统其他模块之间的联系

能力计划模块之间有联系,如图 7.1 所示的结构关系。资源需求计划与生产计划模块直接相连,这是高度集成和范围最广的能力计划决策。典型的资源需求计划包括把每月、每季度甚至每年的生产计划信息转化为总的资源,如总的工时等。这一层次的计划包括新资本扩展、工厂的扩建、购置新的设备机器、增建仓库等,这一计划需要有一个时间分段标准,即月或年。

主生产计划是粗能力计划的基本信息来源。一个特定的主生产计划的粗能力需求可通过几种技术来估算,如综合因子法(Capacity Planning using Overall Factors,CPOF)、能力清单法(Bill of Resources)、资源负载法(Resources Profile)。这些技术为调整资源水平和物料计划提供信息,从而保证主生产计划的实施。对于那些使用物料需求计划来准备详细物料计划的企业来说,使用细能力计划可以将能力计划细化。为了提供细节的能力计划,需要先用物料需求计划系统制订出时间分段的物料计划,作为计算分时段能力需求的基础。细能力计划计算所用的数据文件,包括工作进程、工艺路线、计划接收和计划订单。粗能力计划提供的信息用于确定关键工作中心和劳动的能力需求,这主要是几个月到一年的计划,而细能力计划则用于确定所有工作中心的能力需求。

资源需求计划、粗能力计划和细能力计划与综合生产计划、主生产计划及物料需求计划系统分别相关。用双箭头表示相关关系有特定的原因,实施给定的主生产计划和物料需求计划所需的能力与可提供的能力之间必定存在着某种关系,没有这种关系,这一计划就不可能实施或不能充分实施。不是说能力必须要为满足物料需求计划而变化,计划也可以根据实际情况,随着能力的现状做相应的调整。

输入/输出分析提供了一种在实施由分时段物料需求计划系统制订的车间作业过程中监控能力的方法,这与车间作业系统和作业控制的数据库有关。如果当实际的车间作业与系统形成的分时段的计划相背离时,输入/输出分析能指出更新能力计划的需要,也能指出调整能力计划技术中的计划因素的必要性。

　　图 7.1 表示了生产计划控制系统框架中,各个层次的生产计划和能力计划模块之间的关系。除了这种横向的联系外,各个层次的能力计划之间还存在着纵向的联系,与此相对应的物料需求计划模块之间也存在着同样的纵向联系,这些联系会影响对能力计划系统的设计和使用的选择。

　　如果综合生产计划和资源需求计划能很好地完成了,则表明已经提供了合适的资源,能力计划中出现的问题将会减少。例如,综合生产计划设定了一个非常平稳的输出,那么主生产计划要求改变能力的情况就会减少。对于一些生产计划相对稳定的汽车公司,由于他们谨慎地计划好选装件的数量,实际上,生产的不同车型少于其他汽车公司。因为订单的储备和已经完成产品的储备使工厂与实际的顾客订单分离,于是执行系统就非常简单、有效,而且很容易运作,并能达到最小的库存及系统运行时间。同时,计划相对比较稳定,这就意味着这些公司对粗能力计划和细能力计划的需求都很小。

　　由于生产能力的限制对最终产品交货期的影响与产品原材料供应的影响一样重要,因此,应该对生产能力的计划给予足够的重视。企业应建立一套良好的能力利用监控系统,它可以防止销售部门对客户做出过度的承诺,同时也有助于生产计划和控制部门安排好更准确的生产计划。在提供对能力计划的有效控制中,车间系统也是关键。好的车间控制可使计划更容易完成,从而使实际输入/输出和计划输入/输出之间有较好的匹配。

7.2　粗能力计划

　　粗能力计划是对关键工作中心进行能力和负荷平衡的分析,以确定关键工作中心的能力能否满足计划的要求。本节主要介绍 3 种粗能力计划的技术,这 3 种粗能力计划对数据的要求和计算量都不尽相同。第一种技术是使用所有因素的能力计划,这是 3 种技术中最简单的,要求计算数据最少,计算量也最小,计算数据是综合因子法的基础。第二种是能力清单法,它需要使用每一产品在关键资源上标准工时的详细信息,标准工时是以具有平均技术水平的操作工的操作速度来测定的,它是生产单位产品工人工作所花的平均时间,标准工时已考虑了疲劳技术修正系数、性别等个人因素,以及个人生理需求和休息等宽放时间。标准工时若是固定不变的,则能力清单也不须变动。若在一个实施精益生产的公司,因为强调持续改进,不断完善,故标准工时也是一个动态的概念,此时,能力清单也应做适时的调整。第三种是能力资源负载法,它的计算较复杂,除了需要标准工时资料,还需要物料清单、提前期等数据。这 3 个方法是粗略的能力计划的方法,因为只对其中关键工作中心进行能力计划。更细的下一步的计划是细能力计划,它通过分时段的物料需求计划记录和车间作业系统记录来计算所有工作中心的能力,然后利用这些能力来制订未结车间订单(计划接收量)和计划订单。

7.2.1　综合因子法

综合因子法是一种相对简单的能力计划方法,它一般可通过手工完成。数据输入是由主生产计划确定的,而不是细的物料需求计划。综合因子法需要3个主要输入数据:主生产计划、生产某物料所需的总时间,以及每一关键工作中心所需总时间的百分比。这一程序以计划因素为基础,这些因素来源于标准或成品的历史数据。当把这些计划因素用做主生产计划的数据时,劳动或机器工作时间的总的能力需求就能估算出来。把估算出的能力分配给各个关键工作中心,分配额是依据车间工作载荷的历史记录定出的。综合因子法通常是以周或月为时间分段的,并且根据企业主生产计划的变化而修改。下面以一个例子说明综合因子法的计算过程,以及后面两种计算技术。

例 7.1　有两种产品 X 和 Y,未来 10 周的主生产计划如表 7.1 所列;两种产品的物料清单表 BOM 如表 7.2 所列;两种产品的工艺路线和标准工时数据如表 7.3 所列,共有 3 个关键工作中心 100,200 和 300。单位产品 X 和 Y 所需的能力如表 7.4 所列。

表 7.1　产品 X 和 Y 的主生产计划

产品	期间(周)									
	1	2	3	4	5	6	7	8	9	10
X	30	30	30	40	40	40	32	32	32	35
Y	20	20	20	15	15	15	25	25	25	30

表 7.2　产品 X 和 Y 的物料清单

父件	子件	所需数量
X	A	1
X	B	2
Y	B	1
Y	C	2
C	D	2

表 7.3　产品 X 和 Y 的工艺路线和工时数据

物料	所需工步	工作中心	单位准备时间 (h)	单位作业时间 (h)	单位总时间 (h)
X	1	100	0.025	0.025	0.05
Y	1	100	0.050	1.250	1.30
A	1	200	0.025	0.575	0.60
	2	300	0.025	0.175	0.20
B	1	200	0.033	0.067	0.10
C	1	200	0.020	0.080	0.10
D	1	200	0.020	0.042 5	0.062 5

表 7.4　产品 X 和 Y 的能力需求

最终产品	单位能力需求(h)
X	1.05
Y	1.85

　　粗能力计划的第 1 步,是根据表 7.4 所列的单位产品的能力需求和表7.1所列的产品的主生产计划,计算未来 10 周的总的能力需求,如第 1 周总能力需求为 $1.05 \times 30 + 1.85 \times 20 = 68.50$h,计算结果如表 7.5 所列。

表 7.5　总的能力需求

	期间(周)									
	1	2	3	4	5	6	7	8	9	10
总能力需求(h)	68.50	68.50	68.50	69.75	69.75	69.75	79.85	79.85	79.85	92.25

　　粗能力计划的第 2 步,是根据以前的分配比例,把每个时间周期需要的总能力分配给各工作中心。3 个关键工作中心的直接工时的分配比例由前一年的分配比例确定,假设分配到的工时的百分比分别为 60%,30%,10%。则第一周 3 个关键工作中心的能力需求为:

工作中心 100 所需工时　　　　　$68.50 \times 60\% = 41.10$(h)

工作中心 200 所需工时　　　　　$68.50 \times 30\% = 20.55$(h)

工作中心 300 所需工时　　　　　$68.50 \times 10\% = 6.85$(h)

其他 9 周均按该算法可以得到未来 10 周各关键工作中心的能力需求如表 7.6 所列。

表 7.6　　综合因子法所得到的各关键工作中心的能力需求计划　　　　　　　h

工作中心	历史比例	期间（周）									
	（%）	1	2	3	4	5	6	7	8	9	10
100	60	41.10	41.10	41.10	41.85	41.85	41.85	47.91	47.91	47.91	55.35
200	30	20.55	20.55	20.55	20.93	20.93	20.93	23.96	23.96	23.96	27.68
300	10	6.85	6.85	6.85	6.98	6.98	6.98	7.99	7.99	7.99	9.23
	总计	68.50	68.50	68.50	69.75	69.75	69.75	79.85	79.85	79.85	92.25

　　综上所述，这就得到每个周期各关键工作中心所需的工时数。综合因子法计算过程简单，所需的数据少且取得也比较容易，计算相对简单，可以通过手工完成。该方法只对各关键工作中心能力需求进行粗略的计算，适用于那些工作中心间的产品组成或工作分配不变的企业。

7.2.2　能力清单法

　　能力清单有时也称为资源清单或人力清单，Conlon 于 1977 年对能力清单做过如下定义："能力清单是针对物料或零件，根据主要资源和物料所需能力列出的清单，它不是为了计划之用，而只是估计特定物料所需生产能力的方法。可为每一独立需求物料或相关需求物料的群组建立资源清单，并根据排定的数量来延伸，以决定生产能力需求。"能力清单法是为在产品主生产计划和各关键工作中心的能力需求之间，提供更多的相关关系的粗略计算方法，这种程序需要的数据比综合因子法多。必须提供准备时间和机器加工时间，表 7.3 列出了所需的工作时间的数据。

　　和综合因子法相比，能力清单法是根据产品物料清单展开得到的，它是最终产品在各个关键工作中心上细的能力清单，而不是总的能力需求，各个关键工作中心所需总时间的百分比不是根据历史数据得到，而是根据产品的工艺路线及标准工时数据得到的。能力清单的计算过程为：假定有 n 个主生产计划的物料，工作中心 i 的产品 k 的能力清单为 a_{ik}，期间 j 的产品 k 的主生产计划数量为 b_{kj}，则期间 j 在工作中心 i 所需的生产能力为：

$$所需能力 = \sum_{k=1}^{n} a_{ik}b_{kj} \quad 对于所有的 i 和 j \tag{7.1}$$

　　由表 7.2 所列产品 X 和 Y 产品的物料清单，以及表 7.3 所列的时间数据进行展开，可以得到产品 X 和产品 Y 相对 3 个关键工作中心的能力清单，如表 7.7 所列。如产品 X 对关键工作中心 200 的能力需求计算为：产品 X 的最终装配对工作中心 100 有需求，对工作中心 200 没有需求，而产品 X 下属物料 A 和 B 却对工作中心 200 有需求，物料 A 需求 0.60(h)，物料 B 需求 0.10×2＝0.20(h)，

则总的需求就为 $0.60+0.20=0.80(h)$。

表 7.7 产品 X 和产品 Y 的能力清单

工作中心	产品	
	X	Y
100	0.05	1.30
200	0.80	0.55
300	0.20	0.00

根据表 7.1 所列的产品 X 和产品 Y 主生产计划,以及表 7.7 所列的能力清单,可以由式(7.1)计算得到关键工作中心的能力需求,如表 7.8 所列。以第一周为例,3 个关键工作中心的能力计划分别为:

$$0.05 \times 30 + 1.30 \times 20 = 27.50(h);$$
$$0.80 \times 30 + 0.55 \times 20 = 35.00(h);$$
$$0.20 \times 30 + 0.00 \times 20 = 6.00(h)。$$

表 7.8 使用能力清单法得到的工作中心需求计划 h

工作中心	期间(周)									
	1	2	3	4	5	6	7	8	9	10
100	27.50	27.50	27.50	21.50	21.50	21.50	34.10	34.10	34.10	40.75
200	35.00	35.00	35.00	40.25	40.25	40.25	39.35	39.35	39.35	44.50
300	6.00	6.00	6.00	8.00	8.00	8.00	6.40	6.40	6.40	7.00
总计	68.50	68.50	68.50	69.75	69.75	69.75	79.85	79.85	79.85	92.25

7.2.3 资源负载法

不管是综合因子法还是能力清单法,都没有考虑到不同工作中心工作开始的时间安排。资源负载法则考虑了生产的提前期,以便为各生产设备的能力需求提供分时段的计划。因此,资源负载法为粗能力计划提供了更精确的方法,但不如细能力计划更为详细。任何能力计划技术中,能力计划的时间周期是不同的(如周、月、季)。因为资源负载法计算比较复杂,所以通常借助计算机来完成。

应用资源负载法必须使用物料清单、工序流程和标准作业时间。还须把各产品和零件的生产提前期信息加入数据库,就是说,应用资源负载法时还需要生产提前期的数据,下面先说明资源负载法考虑生产提前期的计算逻辑。表7.9为考虑提前期的关键工作中心 1 的资源负载表,表 7.10 为考虑提前期的关键工作中心 2 的资源负载表,表 7.9 和表 7.10 均为两个产品的 3 个月的资源负载。表7.11 为两个产品在 3 个月的主生产计划。两个关键工作中心在 3 个月的能力计划如表 7.12 所列。

表 7.9 关键工作中心 1 的资源负载表

产品	离到期日的时间（月）		
	2	1	0
P1	A_{112}	A_{111}	A_{110}
P2	A_{212}	A_{211}	A_{210}

表 7.10 关键工作中心 2 的资源负载表

产品	离到期日的时间（月）		
	2	1	0
P1	A_{122}	A_{121}	A_{120}
P2	A_{222}	A_{221}	A_{220}

表 7.11 产品的主生产计划

产品	月份		
	1	2	3
P1	B_{11}	B_{12}	B_{13}
P2	B_{21}	B_{22}	B_{23}

表 7.12 粗能力计划表

关键工作中心	月份		
	1	2	3
1	C_{11}	C_{12}	C_{13}
2	C_{21}	C_{22}	C_{23}

表 7.12 中，两个关键工作中心在 3 个月的能力计划计算公式如下：

$$C_{11} = A_{110}B_{11} + A_{111}B_{12} + A_{112}B_{13} + A_{210}B_{21} + A_{211}B_{22} + A_{212}B_{23} \quad (7.2)$$

$$C_{12} = A_{110}B_{12} + A_{111}B_{13} + A_{210}B_{22} + A_{211}B_{23} \quad (7.3)$$

$$C_{13} = A_{110}B_{13} + A_{210}B_{23} \quad (7.4)$$

$$C_{21} = A_{120}B_{11} + A_{121}B_{12} + A_{122}B_{13} + A_{220}B_{21} + A_{221}B_{22} + A_{222}B_{23} \quad (7.5)$$

$$C_{22} = A_{120}B_{12} + A_{121}B_{13} + A_{220}B_{22} + A_{221}B_{23} \quad (7.6)$$

$$C_{23} = A_{120}B_{13} + A_{230}B_{23} \quad (7.7)$$

工作中心 1 产品 1 的资源负载分成三部分：产品 P1 的订单到期的月份中，工作中心 1 所需的时间，产品 P1 到期的前一个月工作中心 1 所需的时间，产品 P1 到期的前两个月工作中心 1 所需的时间。表 7.10 中产品 P1 在工作中心 1 上 1 月份的能力需求为：1 月份 P1 的需求量乘以工作中心 1 在产品到期日的月份所需时间,加 2 月份 P1 的需求量乘以工作中心 1 在产品到期前一月所需的时间,再加上 3 月份 P1 的需求量乘以工作中心 1 在产品到期日的前两月所需时间。同样,产品 P2 在工作中心 1 上 1 月份的能力需求为:1 月份 P2 的需求量乘以工作中心 1 在产品到期日的月份所需时间,加 2 月份 P2 的需求量乘以工作中心 1 在产品到期前一月所需时间,再加上 3 月份 P2 的需求量乘以工作中心 1 在产品到期日的前两月所需时间。表中,其他的参数计算过程也如此。

在综合因子法和资源清单法所用的例 7.1 中,假设提前期偏置时间如表 7.13 所列,两种产品的主生产计划如表 7.1 所列,则可以利用式(7.2)~(7.7)的计算公式,计算得到使用资源负载法的能力计划,如工作中心 1 在第 1 月的细能力需求为 $30 \times 0.05 + 30 \times 0.0 + 30 \times 0.0 + 20 \times 1.3 + 20 \times 0.0 + 20 \times 0.0 = 27.5$(h),计算结果如表 7.14 所列。

表 7.13　考虑提前期偏置的资源负载　　　　　　　　　　　　h

产品	关键工作中心	离到期日的时间		
		2	1	0
X	100	0.00	0.00	0.05
	200	0.60	0.20	0.00
	300	0.00	0.20	0.00
Y	100	0.00	0.00	1.30
	200	0.25	0.30	0.00

表 7.14　使用资源负载表计算得到的能力需求计划　　　　　　h

关键工作中心	期间(周)									
	1	2	3	4	5	6	7	8	9	10
100	27.50	27.50	27.50	21.50	21.50	21.50	34.10	34.10	34.10	40.75
200	35.00	39.80	40.30	40.30	38.00	39.40	39.35	42.45	44.55	44.50
300	6.00	6.00	6.00	8.00	8.00	6.40	6.40	6.40	6.40	7.00
总计	68.50	73.30	75.80	69.80	67.50	67.30	79.85	82.95	85.05	92.25

7.2.4　粗能力计划的决策

制订和执行粗能力计划时,要计算实际可用的生产能力。大部分软件可确定所需生产能力和可用生产能力,当生产能力不满足需求时,可采用 4 种方法来增加生产能力:加班、外包、改变加工路线和增加人员。如果这 4 种方法都不能增加生产能力,则应改变主生产计划。

1. 加班

加班虽然不是最好的方法,但确实是经常使用的方法,因为它的安排最方便,而且员工一般也喜欢多加班,因为可以得到加班费。但加班必须有一定的限度,否则超过这一限制,就达不到预期的效果,此时,如果加班的强度太大,则需要采取其他决策,如雇佣新的员工、外包等。

2. 外包

外包在一定程度上可以解决能力不足的问题,但也会面临一定的风险,即可能面临失去顾客的风险。外包必须提前进行,因为必须耗费一定时间去寻找承包商。在计算外包成本时还要计算外包的边际成本,即外包费用减去零组件本身的费用。虽然外包产生边际成本,但是这应该比加班费用低,一般是在加班实在不能实现的情况下,才将超出的需求外包出去。外包的缺点是增加成本,当然,和自制相比,外包会增加成本(如额外的运输费用),和加班相比,外包费用则相对低一些。外包时另外还需要加大提前期。此外,它可能会带来质量问题,因为外包难以控制质量,同时,外包商的生产水平对产品质量也有一定的影响。

3. 改变加工路线

如果仅有少量的工作中心过载,而大多数工作中心都有闲置,则此时应考虑改变加工路线,将工作重新进行分配。如果两个工作中心,其中一个过量,一个有闲置,则应将过量的工作中心上的一部分作业分配给闲置的工作中心,这种做法比让过量工作中心加班好一些,因为这样做有利于均衡整个生产线的能力。

4. 增加人员

当设备不是生产线的约束时,人员可能成为约束,这时可增加人员来提高生产能力。有 3 种增加能力的方法:增加轮班、聘用新人员、对人员重新进行分配。所以说,这是广义的增加人员。增加轮班次数一般在主生产计划初期形成时采用。雇佣新的人员应该从长远的角度去考虑,因为雇佣人员要产生费用,如果是短期的需求增大,则没有必要雇佣新的人员。因为当需求降低时,会造成人员的闲置,这样再解聘多余的人员时又会产生解聘费用。对人员进行重新分配不失是一个很好的方法,在精益生产中,强调对员工多技能的培训,这将有利于人员的重新分配,因为员工在新的工作岗位上,如果他是多能工的话,则一定能很容易地适应新的岗位。

5. 修改主生产计划

如果加班、外包、改变工艺路线、增加人员均不能提供可用的生产能力,则惟一也是最后可以采取的技术只能是修改主生产计划,闭环的生产计划与控制即源于这种反馈系统。许多公司通常将修改主生产计划看成是在生产能力不足时最后的解决方案,实际上,修改主生产计划应该是公司首先要考虑的。修改主生产计划时,要考虑延缓哪些订单对企业总体计划的冲击最小,使得企业的总耗费成本最少。作为管理人员,必须负责确定粗能力计划的执行,如果负荷超过能力的情况实在无法避免,则管理人员必须负责修改作业到期日,以提供可行的主生产计划。

7.3   细能力计划

美国生产与库存控制协会对细能力计划的定义为:"建立、评估及调整生产能力界线及水准的功能,细能力计划是详细地确定需要多少人工和机器以完成生产工作的过程。物料需求计划系统中已核发的车间制造订单与计划订单被输入到细能力计划中,而后者将这些订单转换成工作中心在一定期间的工作小时。"由定义可以看出,此细能力计划是先对各生产阶段和各个工作中心所需的资源进行计算,得到了各工作中心的负荷,再根据物料需求计划产生的加工单、工作中心数据、工艺路线和工厂日历等数据,计算各工作中心所能提供的资源,即生产能力,接着将负荷和能力进行比较,做平衡分析,最后制订出物料需求计划和形成细能力计划报表,如图 7.2 所示。

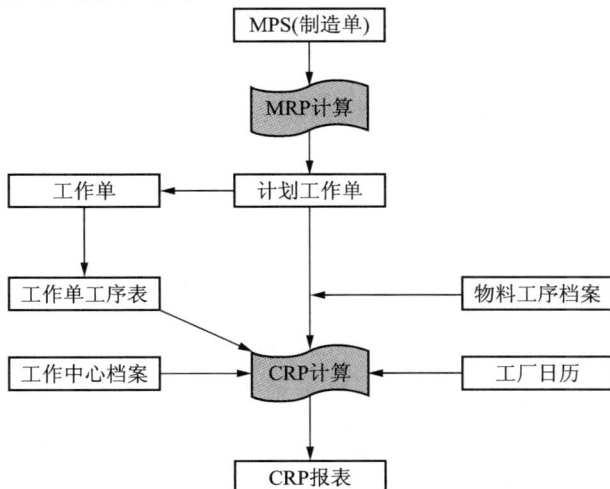

图 7.2   细能力计划的流程

在生产计划控制系统的开环物料需求计划发展的初期,不须制订细能力计划,而在发展到闭环物料需求计划阶段,则要考虑细能力计划。细能力计划主要用来检验物料需求计划是否可行,以及平衡各工序的能力与负荷,并检查在计划期间是否有足够的能力来处理全部订单。

7.3.1 作用和分类

1. 细能力计划的作用

细能力计划和粗能力计划一样,都是对能力和负荷的平衡做分析。在制订细能力计划时,必须知道各个物料经过哪些工作中心加工,即加工路线必须已知,还必须计算各个工作中心的负荷和可用能力,因为物料需求计划是一个分时段的计划,相应的细能力计划也是一个分时段的计划,故必须知道各个时间段的负荷和可用能力。

由上一节可知,粗能力计划是对主生产计划的结果进行检验,而细能力计划则对物料需求计划进行检验。二者的对象也不一样,粗能力计划对关键工作中心进行能力负荷平衡分析,而细能力计划则是对每个工作中心进行能力分析,除此之外,还存在其他差别,如表 7.15 所列。

表 7.15 细能力计划和粗能力计划的区别

对比项	粗能力计划	细能力计划
计划对象	关键工作中心	各个工作中心
所处的计划阶段	主生产计划	物料需求计划
需求对象	独立需求件	相关需求件
计划的订单类型	计划和确认订单	全部订单

细能力计划与粗能力计划程序不同。第一,细能力计划使用了物料需求计划系统给出的分时段物料计划信息。这就考虑了所有实际的订货批量和计划接收量及计划订单。第二,物料需求计划系统的特点就是完成零件和产品需要的能力,它们是以库存方式存储的。第三,车间作业控制系统考虑了车间在制品的状态。所以在计算工作中心的能力需求时,未结车间订单剩余的工作能力才会被计入。第四,细能力计划考虑了服务部门的需求和主生产计划没有计入的需求,物料需求计划规划者为应付突发事件而附加的能力,以及记录错误等。为完成这一工作,细能力计划程序不仅需要资源结构程序必备的信息(物料清单、工艺路线、时间标准和提前期),而且还要各工作中心物料需求计划的计划订单和未结车间订单(计划接收量)的现时状态。

作为一种中期能力计划程序,细能力计划利用物料需求计划的信息,只计算用于完成主生产计划的能力需求。通过在物料需求计划数据库中计算实际的未结订单和计划订单的能力需求,细能力计划考虑了已经完成的和库存的能力。因为主生产计划数据包括这些未结的和计划订单的时间安排,因此它就能发挥在提高能力需求和时间安排精度上的潜力。精度对后继的时间周期很重要。粗能力计划会夸大所需的能力,因为有一部分是以库存形式存储起来的。细能力计划的潜在价值不是没有成本,而是需要一个更大的数据库,以承担更大的计算量。

2. 细能力计划的分类

有两种基本的能力计划方式,即有限能力计划和无限能力计划。有限能力计划认为工作中心的能力是固定的。通常安排物料的优先级进行计划,首先将能力安排给优先级较高的物料,按照这样的顺序排定,如果出现工作中心负荷不能满足要求时,则优先级相对比较低的物料将被推迟加工。这里所谓优先级是用紧迫系数来衡量的,紧迫系数用需求日期减去当日日期再除以剩余的计划提前期来表示,当日日期是不变的,需求日期越近,紧迫系数越小,表示其优先级越高,则应优先安排。

无限能力计划是指当将工作分配给一个工作中心时,只考虑它需要多少时间,而不考虑完成这项工作所需的资源是否有足够的能力,也不考虑在该工作中心中,每个资源完成这项工作时的实际顺序,通常仅仅检查关键资源,大体上看看它是否超出负荷。这里所说的无限能力计划暂时不考虑能力的约束,只是尽量去平衡和调度能力,发挥最大的能力或增加能力,目的是满足市场的需求。

7.3.2　计算流程和步骤

物料需求计划制订物料在各时段的需求计划,将最后形成的加工单和采购单分别下发到生产车间和采购部门,加工单下达到各个加工中心,由物料主文件中物料的加工提前期数据,可以计算得到各个工作中心在每一时段的负荷,把它和各个工作中心的已知能力进行比较,进而形成能力需求计划。

细能力计划的分析步骤如图 7.3 所示。

收集的数据主要有加工单数据、工作中心数据、工艺路线数据和工厂生产日历数据。加工单是执行物料需求计划后产生的、面向工作中心的加工任务书;工作中心数据涉及每天的生产班次、每班小时数、每班人数、设备效率、设备利用率等数据,在物料需求计划系统中建立工作中心档案时这些数据作为已知数据输入到系统中;工艺路线主要有物料加工工序、工作中心和加工时间等数据;工厂日历是企业用于编制生产计划的特殊日历。上述这些数据在第 6 章物料需求计划中已阐述。数据收集完毕后,就要计算各个工作中心的负荷及能力,将能力和

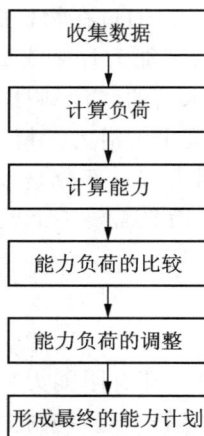

图 7.3   细能力计划的计算步骤

负荷进行比较后,并在出现偏差时对能力或负荷进行调整,或者修改能力,或者修改负荷,最后形成详细的能力需求计划,最终的能力需求计划必须满足能力需求。

7.3.3   计算技术

粗能力计划和细能力计划的计算过程相似,它们最主要的区别是,粗能力计划对其中关键资源进行分析,而细能力计划主要对全部工作中心进行负荷平衡分析。工作中心能力需求的计划更精确。因为计算是基于所有零件和成品的,并且贯穿于物料需求计划记录的所有周期,我们会发现细能力计划的计算量很大。一些企业在实施物料需求计划时,尽量减少收集数据的费用。细能力计划的计算比较烦琐,为说明其计算过程,用一个例子做详细的分析。

例 7.2   图 7.4 为某产品 A 的物料清单,产品 A 是由 2 个组件 B 和 1 个零件 C 所构成,组件 B 又由 4 个零件 D 和 2 个零件 E 构成。产品 A 在未来 8 周的主生产计划如表 7.16 所列。假设现在的日期是 8 月 10 日,本例中所有物料均不考虑安全库存。所有物料的批量、现有库存量、计划接受量等数据如表 7.17 所列。

表 7.16   产品 A 的主生产计划

	期间(周)							
	1	2	3	4	5	6	7	8
计划数量	180	200	220	250	200	150	200	160

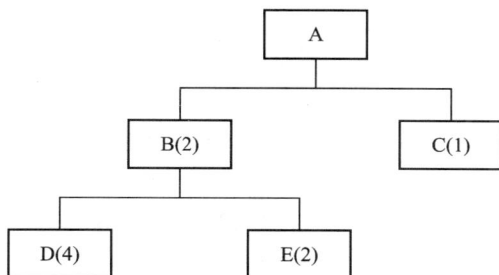

图 7.4 产品 A 的物料清单

表 7.17 产品 A 所有物料的批量等数据

物料	批量	已有库存	在途量	提前期(周)	到期日
A	100	100	100	1	8 月 12 日
B	200	450	200	1	8 月 19 日
C	200	300	200	1	8 月 19 日
D	600	1 600	600	1	8 月 19 日
E	400	1 000	400	1	8 月 19 日

为简化起见,假设已知所有物料要经过 3 个工作中心 1,2 和 3,所有物料的工艺路线及相应的准备时间和操作时间如表 7.18 所列。

表 7.18 生产产品 A 所需的所有物料工艺和时间数据

物料	工作中心	批量	每批准备时间(min)	每件加工时间(min)
A	1	100	25	3.0
B	2	200	20	0.5
	1	200	15	0.9
C	3	200	10	1.0
	2	200	20	0.8
D	3	600	25	0.4
	1	600	20	0.3
	2	600	15	0.5
E	3	400	15	0.4
	2	400	20	0.3
	1	400	10	0.5
	3	400	25	0.6

3 个工作中心的可用能力如表 7.19 所列。工作中心的负荷计算如表 7.20 所列。计算物料占用工作中心的负荷时,每件作业时间即完成该工序时间的计

算公式为：

$$每件作业时间 ＝ 每批准备时间 ／ 批量 ＋ 单件加工时间$$
$$＝ 单件准备时间 ＋ 单件加工时间$$

如计算物料的加工提前期，还应考虑排队时间和转运时间，即加工提前期为：

$$物料的加工提前期 ＝排队时间 ＋ 转运时间 ＋ 准备时间$$
$$＋（加工时间 × 标准批量）$$

表 7.19　3 个工作中心的可用能力

工作中心	可用能力（min）
1	2 600
2	2 000
3	2 400

表 7.20　3 个工作中心的负荷

物料	作业序列	工作中心	批量	每批准备时间（min）	单件准备时间（min）	每件加工时间（min）	每件作业时间（min）	BOM 中数量	总作业时间（min）
A	1	1	100	25	0.250	3.0	3.250	1	3.250
B	1	2	200	20	0.100	0.5	0.600	2	1.200
	2	1	200	15	0.075	0.9	0.975	2	1.950
C	1	3	200	10	0.050	1.0	1.050	1	1.050
	2	2	200	20	0.100	0.8	0.900	1	0.900
D	1	3	600	25	0.040	0.4	0.640	8	5.120
	2	1	600	20	0.033	0.3	0.733	8	5.864
	3	2	600	15	0.025	0.5	0.525	8	4.200
E	1	3	400	15	0.038	0.4	0.438	4	1.752
	2	2	400	20	0.050	0.3	0.350	4	1.400
	3	1	400	10	0.025	0.5	0.535	4	2.140
	4	3	400	25	0.063	0.6	0.663	4	2.652

3 个工作中心的总负荷如表 7.21 所列。

表 7.21　全部工作中心总负荷

工作中心	单件产品 A 的负荷（min）
1	13.204
2	7.7
3	10.574

　　将表 7.21 中结果和表 7.16 中产品 A 的主生产计划相乘,即可以得到未来周每个工作中心的负荷,如表 7.22 所列。

表 7.22　全部工作中心的分时段总负荷　　　　　　　　　　　　min

工作中心	期间(周)							
	1	2	3	4	5	6	7	8
1	2 376.72	2 640.00	2 904.88	3 301.00	2 640.80	1 980.60	2 640.80	2 112.64
2	1 386.00	1 540.00	1 694.00	1 925.00	1 540.00	1 155.00	1 540.00	1 232.00
3	1 903.32	2 114.80	2 326.26	2 643.50	2 114.80	1 586.10	2 114.80	1 691.84

　　全部工作中心的负荷曲线如图 7.5～图 7.7 所示。

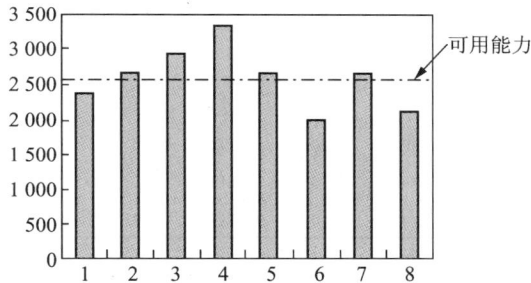

图 7.5　工作中心 1 的负荷曲线

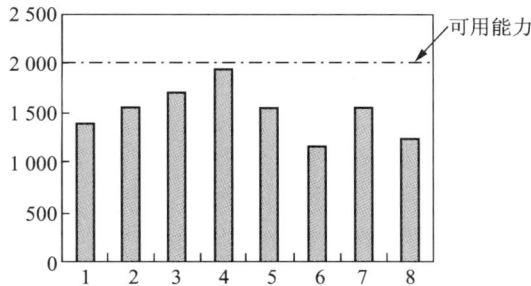

图 7.6　工作中心 2 的负荷曲线

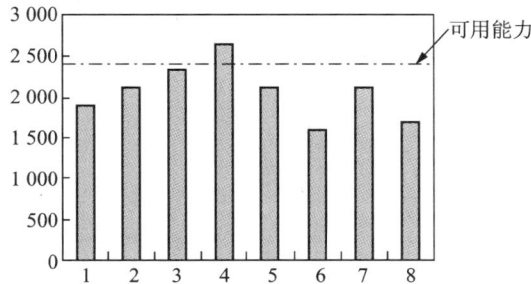

图 7.7　工作中心 3 的负荷曲线

　　粗能力计划是建立在主生产计划的基础上的,它直接根据主生产计划结果对其中关键工作中心进行负荷和能力平衡分析,由图 7.5～图 7.7 可知,当主生产计划对应的粗能力计划在某些时段不能满足负荷要求时,可以进行适当的调整,即将部分超出的负荷调整至低负荷的时段。若要编制全部工作中心的能力需求计划,即细能力计划,则应首先展开得到的物料需求计划。几种物料的需求计划如表 7.23～表 7.27 所列,假定最后一期计划订单下达量为批量的大小。本例中,在确定计划订单投入量时,最后一期的数值均为假定的。

表 7.23　物料 A 主生产计划

| | 期间(周) | | | | | | | |
	1	2	3	4	5	6	7	8
毛需求	180	200	220	250	200	150	200	160
在途量	100							
预计可用库存量	20	20	0	50	50	0	0	40
净需求	0	180	200	250	150	100	200	160
计划订单产出量		200	200	300	200	100	200	200
计划订单投入量	200	200	300	200	100	200	200	100

表 7.24　物料 B 需求计划

| | 期间(周) | | | | | | | |
	1	2	3	4	5	6	7	8
毛需求	400	400	600	400	200	400	400	200
在途量		200						
预计可用库存量	50	250	50	50	50	50	50	250
净需求	0	150	350	350	150	350	350	150
计划订单产出量		400	400	400	200	400	400	400
计划订单投入量	400	400	400	200	400	400	400	200

表 7.25　物料 C 需求计划

| | 期间(周) | | | | | | | |
	1	2	3	4	5	6	7	8
毛需求	200	200	300	200	100	200	200	100
在途量	0	200	0	0	0	0	0	0
预计可用库存量	100	100	0	0	100	100	100	0
净需求	0	0	200	200	100	100	100	0
计划订单产出量		0	200	200	200	200	200	0
计划订单投入量	0	200	200	200	200	200	0	200

表 7.26　物料 D 需求计划

	期间(周)							
	1	2	3	4	5	6	7	8
毛需求	1 600	1 600	2 400	1 600	800	1 600	1 600	800
在途量		600						
预计可用库存量	0	200	200	400	200	400	0	400
净需求	0	1 000	2 200	1 400	400	1 400	1 200	800
计划订单产出量		1 200	2 400	1 800	600	1 800	1 200	1 200
计划订单投入量	1 200	2 400	1 800	600	1 800	1 200	1 200	600

表 7.27　物料 E 需求计划

	期间(周)							
	1	2	3	4	5	6	7	8
毛需求	800	800	1 200	800	400	800	800	400
在途量		400						
预计可用库存量	200	200	200	200	200	200	200	200
净需求	0	200	1 000	600	200	600	600	200
计划订单产出量	0	400	1 200	800	400	800	800	400
计划订单投入量	400	1 200	800	400	800	800	400	400

建立准备时间矩阵和加工时间矩阵,准备时间矩阵如表 7.28 所列,加工时间矩阵如表 7.29 所列。

表 7.28　产品 A 的准备时间　　　　　　　　　　　　　　min

工作中心	物料	期间(周)							
		1	2	3	4	5	6	7	8
1	A	50	50	75	50	25	50	50	25
	B	30	30	30	15	30	30	30	15
	D	40	80	60	20	60	40	40	20
	E	10	30	20	10	20	20	10	10
	合计	130	190	185	95	135	140	130	70
2	B	40	40	40	20	40	40	40	20
	C	0	20	20	20	20	20	0	20
	D	30	60	45	15	45	30	30	15
	E	20	60	40	20	40	40	20	20
	合计	90	180	145	75	145	130	90	75

（续表）

工作中心	物料	期间（周）							
		1	2	3	4	5	6	7	8
3	C	0	10	10	10	10	10	0	10
	D	50	100	75	25	75	50	50	25
	E	40	120	80	40	80	80	40	40
	合计	100	230	165	75	185	140	90	75

表 7.29　产品 A 的加工时间　　　　min

工作中心	物料	期间（周）							
		1	2	3	4	5	6	7	8
1	A	600	600	900	600	300	600	600	300
	B	360	360	360	180	360	360	360	180
	D	360	720	540	180	540	360	360	180
	E	200	600	400	200	400	400	200	200
	合计	1 520	2 280	2 200	1 160	1 600	1 720	1 520	860
2	B	200	200	200	100	200	200	200	100
	C	0	160	160	160	160	160	0	160
	D	600	1 200	900	300	900	600	600	300
	E	120	360	240	120	240	240	120	120
	合计	920	1 920	1 500	680	1 500	1 200	920	680
3	C	0	200	200	200	200	200	0	200
	D	480	960	720	240	720	480	480	240
	E	240	720	480	240	480	480	240	240
	合计	720	1 880	1 400	680	1 400	1 160	720	680

　　综合考虑了表 7.28 和表 7.29，可以得到 3 个工作中心的能力需求，如表 7.30 所列。

表 7.30　3 个工作中心的能力需求　　　　min

工作中心	物料	期间（周）							
		1	2	3	4	5	6	7	8
1	A,B,D,E	1 650	2 470	2 385	1 255	1 735	1 860	1 650	930
2	B,C,D,E	1 010	2 100	1 645	755	1 645	1 330	1 010	755
3	C,D,E	820	2 110	1 565	755	1 585	1 300	810	755

　　考虑已经核发的订单，本例中即为在途量，已经核发订单的作业时间如表

7.31 所列。

表 7.31　已核发订单的作业时间

物料	周次	工作中心	已核发量	每批准备时间（min）	每件加工时间（min）	总加工时间（min）	总作业时间（min）
A	1	1	100	25	3.0	300	325
B	1	2	200	20	0.5	100	120
	2	1	200	15	0.9	180	195
C	1	3	200	10	1.0	200	210
	2	2	200	20	0.8	160	180
D	1	1	600	20	0.3	180	200
	2	2	600	15	0.5	300	315
E	1	3	400	15	0.4	160	175
	2	2	400	20	0.3	120	140

计算得到核发订单所需 3 个工作中心的能力，如表 7.32 所列。

表 7.32　已核发订单的能力需求　　　　　　　　　　　　　　　　min

工作中心	物料	周次	
		1	2
1	A,B	525	195
2	B,C,E	120	635
3	C,E	385	0

综合考虑了表 7.30 和表 7.32，可以得到 3 个工作中心最终的总能力需求，如表 7.33 所列。现可以绘制相应的能力计划图，如图 7.8 所示。

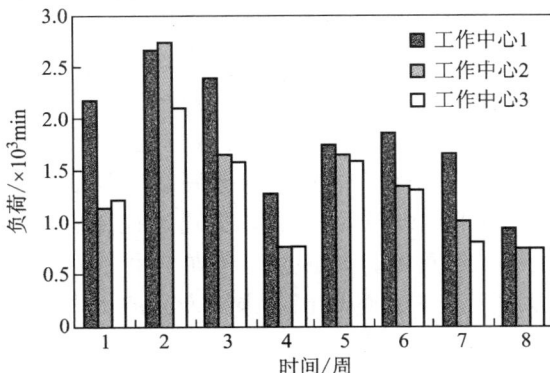

图 7.8　3 个工作中心的能力计划

表 7.33　3 个工作中心的总能力需求　　　　　　　　min

工作中心	期间(周)							
	1	2	3	4	5	6	7	8
1	2 175	2 665	2 385	1 255	1 735	1 860	1 650	930
2	1 130	2 735	1 645	755	1 645	1 330	1 010	755
3	1 205	2 110	1 565	755	1 585	1 300	810	755

7.4　能力测量和技术选择

在设计和使用能力计划系统时,要对能力和负荷进行平衡,必须先知道工作中心的能力,由前面第 6 章中可知,工作中心的能力与工作中心的利用率、效率、每天开动班次等数据有关。

7.4.1　能力测量

能力测量的选择是管理的一个重要主题。测量的对象和单位可以是机器及机器时间,也可以是劳动力时间和物质或货币单位。选择何种对象或单位,取决于资源的限制和公司的需求。许多制造业公司,要求为顾客提供越来越多的一体化的产品和服务,要求在每一种情况下,提供这些产品和服务时,要对资源-能力进行计划。首先必须建立适当的能力测量机制。制造领域当前的几个显著趋势与能力测量的选择有关,其中每一个都对能力测试有重要的影响。一个趋势是,直接劳动力的概念有了相当大的改变,直接劳动力人数的减少是整个制造业人数减少的一部分,直接劳动力和非直接劳动力之间的界限正在缩小,这就降低了通过雇佣和解雇(或通过加班)来调节劳动力资源的能力。

在实施准时化生产的公司中,很重要的一个调节能力的概念是使用多能工,即工人需要在工作中掌握更多的技能,承担更多的任务,这样劳动力的质量和调节能力的柔性就会提高。另一个重要的趋势是倾向于外购或外包,此时,应将内部作业尽量转换为外部作业。这个趋势能够改变能力需求,是一个非常重要的概念。需要注意的是,对供应商公司的能力要制订计划和时间表。

对于那些不采用外购或外包的公司来说,通过提高机器加工技术或性能指标来改变能力就显得非常重要。如通过一台加工中心可以达到自动柔性化生产,从而极大地扩大了生产零件的范围。未来产品的生产将越来越向多种产品的混合生产方向发展,要求设备的柔性越来越高,这在设备能力需求方面产生了显著的效果。此外,随着设备越来越贵,对于关键设备的能力需求计划和控制必须达到一个非常严密的水平。

采用单元制造技术被认为是准时化生产系统的一部分。一般而言,整个单元是作为整体来考虑的,通常有些单元存在劳动力的限制,另外,如果因生产不同产品之需而加入到制造单元中,就有必要单独估计每一个新产品的能力需求。

选择能力测量的首要目标是创造性的识别关键和紧缺的供应资源。能力控制过于复杂,就不能用于所有资源。下一步就是定义度量单位。如果关键资源是人,那么劳动时间作为度量单位是合适的,在其他的场合里,诸如吨位、加仑、铸模数量、炉数量、机器时间和单元时间等也被使用。

在确定测量资源和单位后,接下来关注的是估计可获得的能力。必须注意的是,将理论能力和实际能力做比较。能力测量的选择遵循满足生产计划的原则。能力的测量将直接影响生产计划。

7.4.2　技术选择

在本章讨论中,用于将物料计划转化成需求能力的计划技术,包括 3 种不同的方法,粗能力计划有综合因子法、能力清单法和资源负载法,另外,还有细能力计划方法。方法的选择取决于生产工艺的性质。

3 种粗略的方法是最通用的,即使在准时化生产方法用于车间控制的公司,也应用上述几种方法。粗能力计划在准时化生产运作中是非常有用的。它被用来估计需求改变的影响。需求改变是由主生产计划改变而引起的。例如,在低水平计划条件下,可能会要求生产率从 480 单位/天变为 528 单位/天。一个粗略的程序能够用来检查上述变化对每一个工作中心或生产单元的影响,以及这些单元能否满足这个变化。任何潜在的问题或者瓶颈条件能够在出现缺陷前被识别出来。

能力清单法比综合因子法有一个优点,它可以明确地识别产品混合的改变,这对准时化生产是十分重要的。另一方面,如果混合生产的变化比较容易调节,并且对不同产品,能力需求只有极小的不同,那么,就可以利用简单的综合因子法。在准时化生产中,很少需要将资源汇总目录程序的附加复杂化、一体化。在计划过程中设计提前期并没有任何附加优势。

能力需求计划,仅仅用于那些使用时间段物料需求计划,记录详细的材料计划和车间订单的车间计划系统的公司。细能力计划在准时化运行中是不需要的,这是由于工序间最低的零件库存水平意味着不需要检查特定工序工作的能力需求。所有的订单从原材料开始,事实上没有能力储存在零件存货中。同样的,在准时化生产中,没有通常的车间控制程序。由于没有工作单,因此,也没有工作单的静态数据。

输入/输出控制在准时化生产中并不是一个常见的话题,由于把注意力从计划转移到执行,结果是,实际的输入总是等于实际的输出,若计划输入与实际输入存在着不同,则计划输出与实际输出也有不同。这些变化能够解决问题,而不需要打破实际输入与实际输出之间的平衡——存货为零。对这些部门而言,计划可以与实际不同,它反映了准时化生产单元的柔性。

上述能力计划的方法将会为管理者提供决策信息。如果可获得的能力和需求能力不匹配,则应当改变原料计划或改变能力。如果改变能力,可以选择包括延时、雇佣/解雇、增加/减少机器工具的数量或使用的时间,也可以通过改变制造路线设计、进行外购或外包等方式。

选择适当的能力计划技术和方法将能更有效地利用系统。能力单元并不一定是工作中心,而是定义为用于制造、生产和制造路线设计的目的,他们可以是一组关键的资源(人或资金),许多公司对于关键机器(加工中心)和通道控制是单独制订能力计划的,对于这些关键资源应当详细地计划和控制。

习　　题

1. 粗能力计划和细能力计划的区别是什么? 编制能力计划时是否需要同时编制上述两个层次的计划? 为什么?

2. 综合因子法和能力清单法有什么区别? 如果产品的组合稳定而作业的标准工时不可靠,则使用哪一种方法比较合适?

3. 使用能力清单法和资源负载法有什么区别?

4. 如果出现能力短缺的现象,则有哪些修正措施以弥补能力的不足?

5. 某工厂生产两种零件 P1 和 P2,两种零件的 4 个月的主生产计划如表 1 所列,这两个零件需要利用 3 个关键工作中心,其能力清单如表 2 所列,试制订粗能力计划。

表 1　两种零件的主生产计划

月份	零件 P1	零件 P2
1	1 500	1 700
2	1 200	1 300
3	1 800	1 400
4	1 400	1 500
5	1 450	1 500
6	1 600	1 600

表 2 能力清单 h

工作中心	零件 P1	零件 P2
100	4.0	5.5
200	5.0	4.4
300	6.0	5.0

第8章　车间作业计划与控制

当物料需求计划已执行,并且经能力需求计划核准后确认生产能力满足负荷的要求时,就应根据物料的属性,生成生产作业计划或采购计划,其中生产作业计划以订单的形式下达到生产车间。在整个生产计划和控制系统中,生产作业控制是将物料需求计划的结果转变成可执行的作业活动,包括订单的核准,订单的排序,订单的调度,等候线的管理和车间的控制等。在执行订单的过程中,还必须对执行订单中的状态进行跟踪,包括订单的各种例外报告,以保证订单按期按量完成。本章主要包括以下几个部分:①车间作业计划与控制的基本概念;②车间作业排序;③等候线的管理;④车间作业控制。

8.1　基本概念

第 1 章介绍了生产方式和生产过程的组织,其中生产流程有流线型、零工型和定位型 3 种,流线型又分连续型、专一重复型、批量生产、混线生产 4 种型式。其中零工型制造、专一重复型、批量生产和混线生产都适用于制造装配型。连续型流程生产重视的是长期计划,车间的作业计划和控制功能较弱,定位型生产的计划和控制将在项目进度计划和控制一章中介绍,故本章所介绍的车间计划和控制都是针对制造装配型的生产。

8.1.1　基本架构和目标

1. 基本架构

车间作业控制活动是物料需求计划的执行层次,包括订单的排序,等候线的管理,输入/输出的控制,订单的调度,生产活动的控制及反馈等。其结果要反馈至物料需求计划及细能力计划层次,以保证物料需求计划和细能力计划的可行。车间作业计划与控制的基本架构如图 8.1 所示。

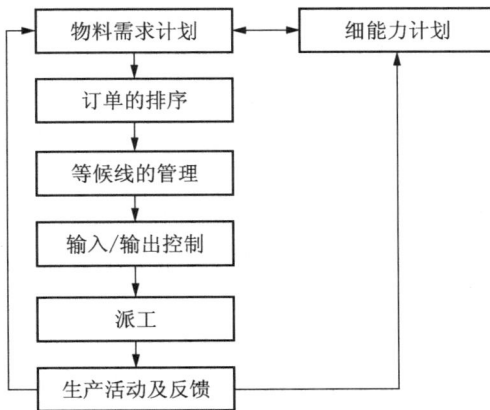

图 8.1　车间作业计划与控制的架构

2. 目标

车间作业计划(Scheduling)是安排零部件(作业、活动)的出产数量、设备,以及人工使用、投入时间及产出时间。生产控制是以生产计划和作业计划为依据,检查、落实计划执行的情况,发现偏差即采取纠正措施,保证实现各项计划目标。通过制订车间作业计划和进行车间作业控制,可以使企业实现如下目标:

（1）满足交货期要求；

（2）使在制品库存最小；

（3）使平均流程时间最短；

（4）提供准确的作业状态信息；

（5）提高机器/人工的利用率；

（6）减少调整准备时间；

（7）使生产和人工成本最低。

8.1.2　典型功能

为保证在规定的交货期内提交满足顾客要求的产品，在生产订单下达到车间时，必须将订单、设备和人员分配到各工作中心或其他规定的地方。典型的生产作业排序和控制的功能包括：①决定订单顺序（Priority），即建立订单优先级，通常称之为排序；②对已排序的作业安排生产，通常称之为调度（Dispatch），调度的结果是将形成的调度单分别下发给各个工作中心；③输入/输出（Input/Output）的车间作业控制。车间的控制功能主要包括：①在作业进行过程中，检查其状态和控制作业的进度；②加速迟缓的和关键的作业。

车间作业计划与控制是由车间作业计划员来完成的。作业计划员的决策取决于以下因素：每个作业的方式和规定的工艺顺序要求，每个工作中心上现有作业的状态，每个工作中心前面作业的排队情况，作业优先级，物料的可得性，当天较晚发布的作业订单，工作中心资源的能力。

8.1.3　影响因素

生产计划制订后，将生产订单以加工单形式下达到车间，加工单最后发到工作中心。对于物料或零组件来讲，有的经过单个工作中心，有的经过两个工作中心，有的甚至可能经过三个或三个以上的工作中心，经过的工作中心复杂程度不一，直接决定了作业计划和控制的难易程度的不同。这种影响因素还有很多，在作业计划和控制过程中，通常要综合考虑下列因素的影响：①作业到达的方式；②车间内机器的数量；③车间拥有的人力资源；④作业移动方式；⑤作业的工艺路线；⑥作业在各个工作中心上的加工时间和准备时间；⑦作业的交货期；⑧批量的大小；⑨不同的调度准则及评价目标。

8.1.4　信息源及基本术语

车间作业计划和控制主要来自于车间计划文件和控制文件。计划文件主要包括：①项目主文件，用来记录全部有关零件的信息；②工艺路线文件，用来记录生产零件的加工顺序；③工作中心文件，用来记录工作中心的数据。其中控制文件主要有：①车间任务主文件，为每个生产中的任务提供一条记录；②车间任务详细文件——记载完成每个车间任务所需的工序；③从工作人员得到的信息。除了了解车间作业计划和控制的信息源外，还要对相关的术语有一个了解，下面对一些常用术语做简单的介绍。

1. 加工单

加工单，有时候也称车间订单。它是一种面向加工作业说明物料需求计划的文件，可以跨车间甚至厂际协作使用。加工单的格式同工艺路线报表相似，加工单要反映出：需要经过哪些加工工序（工艺路线），需要什么工具、材料，能力和提前期如何。加工单的形成，首先必须确定工具、材料、能力和提前期的可用性，其次要解决工具、材料、能力和提前期可能出现的短缺问题。加工单形成后要下达，同时发放工具、材料和任务的有关文件给车间。

2. 派工单

派工单，有时也称调度单，是一种面向工作中心说明加工优先级的文件。它说明工作在一周或一个时期内要完成的生产任务。说明哪些工作已经完成或正在排队，应当什么时间开始加工，什么时间完成，加工单的需用日期是哪天，计划加工时数是多少，完成后又应传给哪道工序。又要说明哪些作业即将到达，什么时间到，从哪里来。有了派工单，车间调度员、工作中心操作员可以对目前和即将到达的任务一目了然。

3. 工作中心的特征和重要性

工作中心是生产车间中的一个单元，在这个单元中，组织生产资源来完成工作。工作中心可以是一台机器、一组机器或完成某一类型工作的一个区域，这些工作中心可以按工艺专业化的一般作业车间组织，或者按产品流程、装配线、成组技术单元结构进行组织。在工艺专业化情况下，作业须按规定路线、在按功能组织的各个工作中心之间移动。作业排序涉及如何决定作业加工顺序，以及分配相应的机器来加工这些作业。一个作业排序系统区别于另一个作业排序系统的特征是：在进行作业排序时是如何考虑生产能力的。

4. 有限负荷方法和无限负荷方法

无限负荷方法指的是当将工作分配给一个工作中心时，只考虑它需要多少时间，而不直接考虑完成这项工作所需的资源是否有足够的能力，也不考虑在该工作中，每个资源完成这项工作时的实际顺序。通常仅检查一下关键资源，大体上看看其是否超负荷。它可以根据各种作业顺序下的调整和加工时间标准所计算出的一段时间内所需的工作量来判定。

有限负荷方法是用每一订单所需的调整时间和运行时间对每一种资源详细地制订计划。提前期是将期望作业时间（调整和运行时间）加上运输材料和等待订单执行而引起的期望排队延期时间，进行估算而得到的。从理论上讲，当运用有限负荷时，所有的计划都是可行的。

5. 前向排序和后向排序

区分作业排序的另一个特征是，基于前向排序还是后向排序。在前向排序和后向排序中，最常用的是前向排序。前向排序指的是系统接受一个订单后，对订单所需作业按从前向后的顺序进行排序，前向排序系统能力告诉我们订单能完成的最早日期。后向排序，是从未来的某个日期（可能是一个约定的交货日期）开始，按从后向前的顺序对所需作业进行排序。后向排序告诉我们，为了按规定日期完成一个作业所必须开工的最晚时间。

8.2　车间作业排序

8.2.1　排序的目标

当执行物料需求计划生成的生产订单下达至生产车间后，须将众多不同的工作，按一定顺序安排到机器设备上，以使生产效率最高。在某机器上或某工作中心决定哪个作业首先开始工作的过程，称为排序或优先调度排序，在进行作业排序时，需要用到优先调度规则。这些规则可能很简单，它仅须根据一种数据信息对作业进行排序。这些数据可以是加工时间，也可以是交货期内货物到达的顺序。

作业排序的目标是使完成所有工作的总时间最少，也可以是每项作业的流程平均延迟时间最少，或平均流程时间最少。除了总时间最少的目标外，还可以用其他的目标来进行排序。车间作业排序通常要达到以下目标：①满足顾客或下一道作业的交货期；②极小化流程时间（作业在工序中所耗费的时间）；③极小化准备时间或成本；④极小化在制品库存；⑤极大化设备或劳动力的利用。最后一个目标是有争议的，因为保持所有设备/或员工一直处于繁忙的状态，可能不是在工序中管理生产中最有效的方法。

8.2.2　排序和计划的关系

编作业计划与排序不是同义语。作业计划是安排零部件（作业、活动）的出产数量、设备及人工使用、投入时间及出产时间，排序只是确定作业在机器上的加工顺序。可以通过一组作业的代号的排列来表示该组作业的加工顺序。而编制作业计划,则不仅包括确定作业的加工顺序,而且还包括确定机器加工每个作业的开始时间和完成时间。因此,只有作业计划才能指导每个工人的生产活动。

　　编制作业计划与排序的概念和目的都是不同的,但是,编制作业计划的主要工作之一就是要确定最佳的作业顺序,而且,在通常情况下都是按最早可能开(完)工的时间来编排作业计划的。因此,当作业的加工顺序确定之后,作业计划也就确定了。人们常常不加区别地使用"排序"与"编作业计划"。

　　确定出最佳的作业顺序看似容易,只要列出所有的顺序,然后再从中挑出最好的就可以了,但要实现这种想法几乎是不可能的。例如,考虑 32 项任务(作业),有 32!种方案,假定计算机每秒钟可以检查 10 亿个顺序,全部检验完毕需要 $8.4×10^{15}$ 个世纪。如果只有 16 个作业,同样按每秒钟可以检查 10 亿个顺序来计算,也需要 2/3 年。以上问题还没有考虑其他的约束条件,如机器、人力资源、厂房场地等,如果加上这些约束条件,所需要的时间就无法想象了。所以,很有必要去寻找一些有效的算法,来解决管理中的实际问题。

8.2.3　排序问题的分类与表示法

　　作业的排序问题可以有多种分类方法,按机器的种类和数量,可以分为单台机器排序问题和多台机器排序问题;按加工路线的特征,可以分为单件车间排序问题和流水车间排序问题;按作业达到车间情况的不同,可以分为静态排序问题和动态排序问题;按目标函数,可以分为平均流程时间最短或误期完工的作业数最少;按参数的性质,可以分为确定型排序问题与随机型排序问题;按实现的目标,可以分为单目标排序和多目标排序。排序问题必须建立合适的模型,Conway 等人提出了排序问题的通用模型,即任何排序问题都可以用此模型描述,该模型是 $n/m/A/B$,其中 n 表示作业数量,n 必须大于 2,否则不存在排序问题;m 表示机器数量,m 等于 1 为单台机器的排序问题,m 大于 1 则为多台机器的排序问题;A 表示车间类型(其中 F 表示流水车间排序,P 表示流水车间排列排序问题,G 表示单件车间);B 为目标函数,目标函数可以是单目标,也可以是多目标。

8.2.4　n 个作业单台工作中心的排序

　　当 n 个作业全部经由一台机器处理时,属于 n 个作业单台工作中心的排序问题,即 $n/1$ 问题,这里的作业可以理解为到达工作中心的工件。模型如图 8.2 所示,图中,J_i 表示作业($i=1,2,\cdots,n$)。

　　n 个作业单台工作中心的排序目标如下:

　　(1) 平均流程时间最短。平均流程时间即 n 个作业经由一台机器的平均流程时间。若已排定顺序,则任何一个作业,假设排在第 k 位,其流程时间

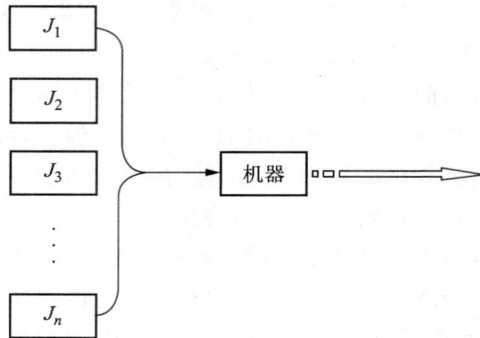

图 8.2 n 个作业单台工作中心的排序模型

$F_k = \sum\limits_{i=1}^{k} p_i$，其中 p_i 表示作业 i 的加工时间；总的流程时间为 $\sum\limits_{k=1}^{n} F_k$，全部作业的平均流程时间为

$$\overline{F} = \frac{\sum\limits_{k=1}^{n} F_k}{n} = \frac{\sum\limits_{k=1}^{n}\sum\limits_{i=1}^{k} p_i}{n} = \frac{\sum\limits_{i=1}^{n}(n-i+1)p_i}{n} \tag{8.1}$$

相应的目标函数为 $\min \overline{F}$，即式(8.1)中的分子最小，故式(8.2)可以写为：

$$\min[np_1 + (n-1)p_2 + (n-2)p_3 + \cdots + 2p_{n-1} + p_n] \tag{8.2}$$

（2）最大延迟时间、总延迟时间（或平均延迟时间）最小。单个工作中心的延期时间为 T_i，如果以最大延迟时间为最小，则其目标函数为

$$\min T_{\max} = \max\{T_i\} \quad (i = 1, 2, \cdots, n)$$

若以总延迟时间为最小，则目标函数为

$$\min \sum\limits_{i=1}^{n} T_i$$

进行作业排序，需要利用优先调度规则，这些规则比较适用于以工艺专业化为导向的场所。优先规则通常以定量的数值来描述，常用的排序规则有以下几种。

1. 先到先服务（First Come First Served，FCFS）

根据按订单到达工作中心的先后顺序来执行加工作业，先来的先进行加工。在服务业，通常利用这种规则以满足顾客的要求，有时这种规则的实施要利用一些排队论的方法来配合。与此类似的还有后到先服务（Last Come First Served，LCFS）规则。

2. 最短作业时间（Shortest Operation Time，SOT）

所需加工时间最短的作业首先进行，然后是加工时间第二最短的，如此等

等,即按照作业时间的反向顺序来安排订单。有的也将 SOT 规则称为最短加工时间(Shortest Processing Time,SPT)规则。

通常在所有的作业排序规则中,最短加工时间规则是经常使用的规则,它可以获得最少的在制品,最小的平均工作完成时间以及最短的工作平均延迟时间。

3. 剩余松弛时间(Slack Time Remained, STR)

剩余松弛时间是将在交货期前所剩余的时间减去剩余的总加工时间所得的差值,剩余松弛时间值越小,越有可能拖期,故 STR 最短的任务应最先进行加工。

4. 每个作业的剩余松弛时间(STR/OP)

STR 是剩余松弛时间,OP 表示作业的数量,则 STR/OP 表示平均每个作业的剩余时间,这种规则不常用,因为该规则计算的每个作业剩余松弛时间只是一个平均的松弛时间,而每个作业的剩余松弛时间应该是不同的。

5. 最早到期日(Earliest Due Date, EDD)

根据订单交期的先后顺序来安排订单,即交货期最早则应最早加工,将交货期最早的作业放在第一个进行。这种方法在作业时间相同时往往效果非常好。

6. 紧迫系数(Critical Ratio, CR)

紧迫系数是用交货期减去当前日期的差值除以剩余的工作日数。即

$$CR = \frac{到期日 - 现在日期}{正常制造所剩余的提前期} \tag{8.3}$$

CR 的值有如下几种情况:

(1) $CR=$ 负值,说明已经脱期;

(2) $CR=1$,说明剩余时间刚好够用;

(3) $CR>1$,说明剩余时间有富裕;

(4) $CR<1$,说明剩余时间不够。

需要说明的是,当一个作业完成后,其余作业的 CR 值会有变化,应随时调整。紧迫系数越小,其优先级越高,故紧迫系数最小的任务先进行加工。

7. 最少作业数(Fewest Operations, FO)

根据剩余作业数来优先安排订单,该规则的逻辑是:较少的作业意味着有较少的等待时间,该规则的平均在制品少,制造提前期和平均延迟时间均较少。

8. 后到先服务

该规则经常作为缺省规则使用。因为后来的工单放在先来的上面,操作人员通常是先加工上面的工单。

上述排序的规则适用于若干作业在一个工作中心上的排序,这类问题被称为"n 个作业——单台工作中心的问题"或"$n/1$ 问题",理论上,排序问题的难度随着工作中心数量的增加而增大,而不是随着作业数量的增加而增大,对 n 的约束是,它必须是确定的有限的数。下面以例 8.1 说明上述的排序规则。

例 8.1　现有 5 个订单需要在一台机器上加工,5 个订单到达的顺序为 A,B,C,D,E,相关的数据如表 8.1 所列。

表 8.1　5 个订单的原始数据

订单	交货期(天)	加工时间(天)	剩余的制造提前期(天)	作业数
A	7	1	5	5
B	5	2.5	6	3
C	6	4.5	6	4
D	8	5	7	2
E	9	2	11	1

分析:分别采用先到先服务规则、最短作业时间规则、最早到期日规则、剩余松弛时间规则、每个作业的剩余松弛时间规则、紧迫系数规则、最少作业数规则进行排序,并对排序的结果进行比较分析。

(1) 先到先服务。订单按照到达的先后顺序决定优序,到达的顺序为 A,B,C,D,E。则总的流程时间为 $1+3.5+8+13+15=40.5$(天),平均流程时间$=40.5/5=8.1$(天),计算结果如表 8.2 所列。

表 8.2　先到先服务的计算结果

订单	交货期(天)	加工时间(天)	作业数	流程时间(天)	延迟时间(天)
A	7	1	5	$0+1=1$	-6
B	5	2.5	3	$1+2.5=3.5$	-1.5
C	6	4.5	4	$3.5+4.5=8$	2
D	8	5	2	$8+5=13$	4
E	9	2	1	$13+2=15$	6

将每个订单的交货日期与其流程时间相比较,发现只有 A 和 B 订单能按时交货。订单 C,D 和 E 将会延期交货,表中延迟时间为负的表示不会延迟,3 个订单的延期时间分别为 2,4 和 6 天。总的延迟时间为 $2+4+6=12$(天),每个

订单平均延迟时间为 12/5＝2.4(天)。

（2）最短作业时间。订单加工顺序为：A,E,B,C,D。总的流程时间为：1＋3＋5.5＋10＋15＝34.5(天)。平均流程时间为 34.5/5＝6.9(天)。A 和 E 将准时完成,订单 B,C 和 D 将延迟,延迟时间分别是 0.5,4 和 7 天。总的延迟时间为 0＋0＋0.5＋4＋7＝11.5(天),每个订单平均延迟时间为 11.5/5＝2.3(天)。计算结果如表 8.3 所列。

表 8.3 最短作业时间的计算结果

订单顺序	交货期(天)	加工时间(天)	作业数	流程时间(天)	延迟时间(天)
A	7	1	5	0＋1＝1	－6
E	9	2	1	1＋2＝3	－6
B	5	2.5	3	3＋2.5＝5.5	0.5
C	6	4.5	4	5.5＋4.5＝10	4
D	8	5	2	10＋5＝15	7

（3）最早到期日。订单加工顺序为：B,C,A,D,E。只有订单 B 按期完成,总的流程时间为：2.5＋7＋8＋13＋15＝45.5(天),平均每个订单流程时间为：45.5/5＝9.1(天)。订单 B 按期完成,订单 C,A,D 和 E 将延迟,延迟时间分别为 1,1,5 和 6 天。总的延迟时间为 0＋1＋1＋5＋6＝13(天),平均延迟时间为 13/5＝2.6(天)。计算结果如表 8.4 所列。

表 8.4 最早到期日的计算结果

订单顺序	交货期(天)	加工时间(天)	作业数	流程时间(天)	延迟时间(天)
B	5	2.5	3	0＋2.5＝2.5	－2.5
C	6	4.5	4	2.5＋4.5＝7	1
A	7	1	5	7＋1＝8	1
D	8	5	2	8＋5＝13	5
E	9	2	1	13＋2＝15	6

（4）剩余松弛时间。订单加工顺序为：C,B,D,A,E。只有订单 C 按期完成,总的流程时间为：4.5＋7＋12＋13＋15＝51.5(天),平均每个订单流程时间为：51.5/5＝10.3(天)。订单 B,D,A 和 E 将延迟,延迟时间分别为 2,4,6 和 6 天。总的延迟时间为 0＋2＋4＋6＋6＝18(天),平均延迟时间为 18/5＝3.6(天)。计算结果如表 8.5 所列。

表 8.5　剩余松弛时间的计算结果

订单顺序	交货期(天)	加工时间(天)	松弛时间(天)	流程时间(天)	延迟时间(天)
C	6	4.5	1.5	4.5+0=4.5	−1.5
B	5	2.5	2.5	4.5+2.5=7	2
D	8	5	3	7+5=12	4
A	7	1	6	12+1=13	6
E	9	2	7	13+2=15	6

（5）每个作业的剩余松弛时间。订单加工顺序为：C,D,A,B,E。只有订单C按期完成,总的流程时间为:4.5+7+8+13+15=47.5(天),平均每个订单流程时间为:47.5/5=9.5(天)。订单B,A,D和E将延迟,延迟时间分别为2,1,5和6天。总的延迟时间为0+2+1+5+6=14(天),平均延迟时间为14/5=2.8(天)。计算结果如表8.6所列。

表 8.6　每个作业剩余松弛时间的计算结果

订单顺序	加工时间(天)	交货期(天)	作业数	松弛时间(天)	每个作业剩余松弛时间(天)	流程时间(天)	延迟时间(天)
C	4.5	6	4	1.5	0.375	4.5+0=4.5	−1.5
B	2.5	5	3	2.5	0.83	4.5+2.5=7	2
A	1	7	5	6	1.2	7+1=8	1
D	5	8	2	3	1.5	8+5=13	5
E	2	9	1	7	7	13+2=15	6

（6）紧迫系数。订单顺序为E,B,C,D,A。总的流程时间为2+4.5+9+14+15=44.5(天),平均每个订单的流程时间为44.5/5=8.9(天)。订单E和B能按期完成,订单C,D和A的延期时间分别为3,6和8天,总的延迟时间为0+0+3+6+8=17(天),平均延迟时间为17/5=3.4(天)。计算结果如表8.7所列。

表 8.7　紧迫系数计算结果

订单顺序	交货期(天)	加工时间(天)	剩余的制造提前期(天)	紧迫系数	流程时间(天)	延迟时间(天)
E	9	2	11	0.82	0+2=2	−7
B	5	2.5	6	0.83	2+2.5=4.5	−0.5
C	6	4.5	6	1.00	4.5+4.5=9	3
D	8	5	7	1.14	9+5=14	6
A	7	1	5	1.40	14+1=15	8

（7）最少作业数。订单加工顺序为：E,D,B,C,A。只有订单 E 和 D 能按期完成,总的流程时间为：2＋7＋9.5＋14＋15＝47.5（天）,平均每个订单流程时间为：47.5/5＝9.5（天）。订单 B,C,A 将延迟,延迟时间分别为 4.5,8,8 天,总的延迟时间为 0＋0＋4.5＋8＋8＝20.5（天）,平均延迟时间为 20.5/5＝4.1（天）。计算结果如表 8.8 所列。

表 8.8　最少作业数计算结果

订单顺序	加工时间（天）	交货期（天）	作业数	流程时间（天）	延迟时间（天）
E	2	9	1	0＋2＝2	−7
D	5	8	2	2＋5＝7	−1
B	2.5	5	3	7＋2.5＝9.5	4.5
C	4.5	6	4	9.5＋4.5＝14	8
A	1	7	5	14＋1＝15	8

上述七大规则的排序结果总结如表 8.9 所列。

表 8.9　几种排序结果的对比

排序规则	订单顺序	平均流程时间（天）	平均延迟时间（天）
LCLS	A,B,C,D,E	8.1	2.4
SOT	A,E,B,C,D	6.9	2.3
EDD	B,C,A,D,E	9.1	2.6
STR	C,B,D,A,E	10.3	3.6
STR/OP	C,D,A,B,E	9.5	2.8
CR	E,B,C,D,A	8.9	3.4
FO	E,D,B,C,A	9.5	4.1

由表 8.9 可知,采用最短作业时间规则进行排序所获得的结果最好,对于"$n/1$"排序问题,无论是采用本范例中的评价指标还是采用如等待时间最小等其他指标,最短作业时间都能获得最佳的方案,所以,该规则被称为"在整个排序学科中最重要的概念"。

当然,最终采取什么样的排序方式,将取决于决策部门的目标是什么,通常的目标有：满足顾客或下一道工序作业的交货期;平均延迟的订单数最少;极小化流程时间（作业在工序中所耗费的时间）;极小化在制品库存;延迟时间极小化;极小化设备和工人的闲置时间。这些目标也不是绝对的,因为有的订单可能强调交货期,而有的订单可能对交货期的要求不高,有的则可能强调设备的利用率,等等。完成这些排序的目标,还必须取决于设备及人员的柔性,而获得这种柔性则与作业方法的改善,设施规划,缩短作业交换期,员工的多能工的训练,制造单元技术,群组技术等相关。

8.2.5 n 个作业两台工作中心排序

1. $n/2$ 排序问题的模型

设有 n 个作业,加工过程经过两个工作中心 A 和 B,并且所有作业的加工顺序都是先经过工作中心 A,再到工作中心 B,这种问题被称为"$n/2$"排序问题,可以用约翰逊(Johnson)规则或方法来进行排序。"$n/2$"排序问题的模型如图 8.3 所示。

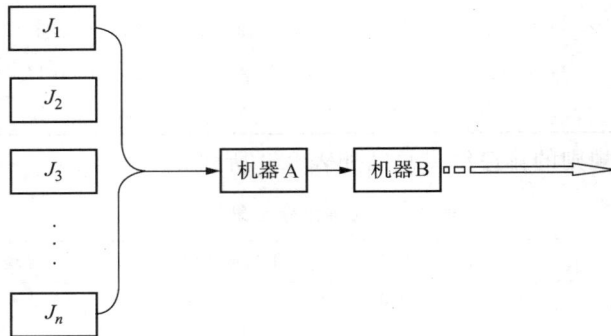

图 8.3 n 个作业两台机器的排序模型

2. $n/2$ 排序问题的描述

约翰逊规则是由 Johnson 于 1954 年提出的,其目的是极小化从第一个作业开始到最后一个作业结束的全部流程时间。Johnson 规则可以描述为:设 $p_{ij}(i=1,2,\cdots,n;j=1,2)$ 表示第 i 个作业在第 j 个机器上的加工时间,在所有的 $p_{ij}(i=1,2,\cdots,n;j=1,2)$ 中,取其最小值,如果 $j=1$,即表示该作业在机器 1 上的加工时间,最短的作业来自第 1 个工作中心,则应首先加工该作业,排序时排在最优;如果 $j=2$,则排序时把该作业放在后面,待该作业删除后,再重复上述步骤,直至所有作业排完为止。如果出现最小值相同的情况,则任意排序,即既可以尽量往前排又可以尽量往后排。

3. $n/2$ 排序问题的目标

n 个作业在两台机器上排序的目标是使最大完成时间(总加工周期)F_{max} 最短。F_{max} 的含义以甘特图的形式如图 8.4 所示。多台机器排序的目标一般也是使最大完成时间(总加工周期)F_{max} 最短。可以将"$n/2$"排序问题用图 8.4 所示的甘特图来描述,在图 8.4 中,可以很清楚地看出 F_{max} 的构成。

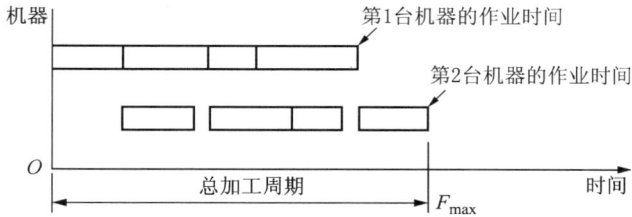

图 8.4　$n/2$ 问题的甘特图

例 8.2　现有 5 个订单,每个订单在两台工作中心上的作业时间如表 8.10 所列。

表 8.10　5 个订单在两台工作中心上的作业时间　　　　　　　　　天

订单	在工作中心 1 上的作业时间	在工作中心 2 上的作业时间
1	4	3
2	1	2
3	5	4
4	2	3
5	5	6

分析:如表所列,$p_{11}=4$,$p_{12}=3$,$p_{21}=1$,$p_{22}=2$,$p_{31}=5$,$p_{32}=4$,$p_{41}=2$,$p_{42}=3$,$p_{51}=5$,$p_{52}=6$。从上述 10 个时间值中找出最小值为 $p_{21}=1$,因为 $i=2$,$j=1$,则作业 2 排在最前面,然后将该作业从表中划掉。在剩下的 4 个作业中,最小值为 $p_{41}=2$,因为 $i=4$,$j=1$,则作业 4 尽量往前排,故排在作业 2 的后面。同样将该作业从表中划掉,此时,从作业 1,3 和 5 中找出最小值,$p_{12}=3$,因为 $i=1$,$j=2$,故作业 1 尽量往后排,应将它排在最后面。依次类推,最后得到的排序结果为 2,4,5,3,1。过程如表 8.11 所列。对应的甘特图如图 8.5 所示。由图 8.5 可知,机器 1 无闲置时间(一定是这样),机器 2 的闲置时间为 2 天。总的完成时间为 21 天。

表 8.11　排序过程和结果

步骤	p_{ij} 最小值	排序结果				
1	$p_{21}=1$	2	___	___	___	___
2	$p_{41}=2$	2	4	___	___	___
3	$p_{12}=3$	2	4	___	___	1
4	$p_{32}=4$	2	4	___	3	1
5	$p_{51}=5$	2	4	5	3	1

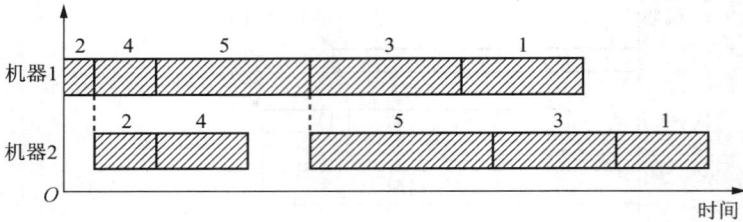

图 8.5　例 8.2 的甘特图

对于 n 个作业在两台机器上的排序,须注意下列问题:

(1) 第 1 台机器为连续安排作业,无须等待时间,故闲置时间为零;

(2) 第 1 台机器的排序和第 2 台机器的排序结果相同,显而易见,如果第 2 台机器排序和第 1 台机器排序不一样,则势必会造成等待时间的增加,从而不能保证总的完成时间最小;

(3) 第 2 台机器的闲置时间是造成总时间增加的惟一因素,应尽量缩短这种闲置浪费时间;

(4) 最小所有作业完成总时间有时不一定是惟一的一种排序结果,如果在排序时出现最小时间值相同的两个作业,则可任意选择其中的一种进行排序,这样就会造成不同的排序结果。

4. 两台机器排序问题算法的扩展

一般情况下,当机器数为 3 台以上时,就很难找到最优解了。但是,对于 n 个作业由 3 台机器流水作业时,即 n 个作业均按相同次序经过机器 1,2 和 3,在满足某些条件后可以采用 Johnson 规则来解决问题。

设有 3 台机器 A,B,C,如果作业在 3 台机器上的加工时间满足以下条件,则可以转化为两台机器的排序问题:

$$\min\{p_{i1}\} \geqslant \max\{p_{i2}\} \tag{8.4}$$

或者

$$\min\{p_{i3}\} \geqslant \max\{p_{i2}\} \tag{8.5}$$

式中 p_{i1},p_{i2},p_{i3} 表示任何第 i 项作业在机器 1,2 及 3 上的加工时间,上两式表示 n 项作业在机器 2 上的最大加工时间比在机器 1 或机器 3 上的最小加工时间还少,或二者相等,只是二者有其一即可。所以可以定义:

$$p'_{i1} = p_{i1} + p_{i2} \tag{8.6}$$

$$p'_{i2} = p_{i2} + p_{i3} \tag{8.7}$$

将 p'_{i1} 和 p'_{i2} 看成是两台机器上第 i 个作业的加工时间,然后再用 Johnson 规则来排序。

例 8.3　有 5 个作业需要在机器 1,2,3 上加工,所有作业均按照 1,2 与 3 的加工次序,加工时间如表 8.12 所列。试确定最短的作业排序。

表 8.12　5 个作业在 3 台机器上的作业时间　　　　　　　　　　天

作业	机器 1	机器 2	机器 3
1	4	5	8
2	9	6	10
3	8	2	6
4	6	4	7
5	8	4	11

解:由表 8.12 可知,$\min\{p_{i1}\}=4$,$\min\{p_{i3}\}=6$,$\max\{p_{i2}\}=6$,满足 $\min\{p_{i3}\}\geqslant \max\{p_{i2}\}$ 的条件,故可进行合并。利用 Johnson 规则进行排序,首先进行合并,合并的结果如表 8.13 所列。

表 8.13　合并后的时间　　　　　　　　　　天

作业	机器 $1'(p'_{i1})$	机器 $2'(p'_{i2})$
1	9	13
2	15	19
3	10	8
4	10	11
5	12	15

利用 Johnson 进行排序,得到的最后排序结果为 1—4—5—2—3,如表 8.14 所列。对应的甘特图如图 8.6 所示,总的完成时间为 51 天,其中机器 1 利用率为 100%,机器 2 的闲置时间为 12 天,机器 3 的闲置时间为 0 天。

表 8.14　排序结果

步骤	p'_{ij}最小值(天)	排序结果				
1	$p'_{32}=8$	___	, ___	, ___	, ___	, 3
2	$p'_{11}=9$	1	, ___	, ___	, ___	, 3
3	$p'_{41}=10$	1	, 4	, ___	, ___	, 3
4	$p'_{51}=12$	1	, 4	, 5	, ___	, 3
5	$p'_{21}=15$	1	, 4	, 5	, 2	, 3

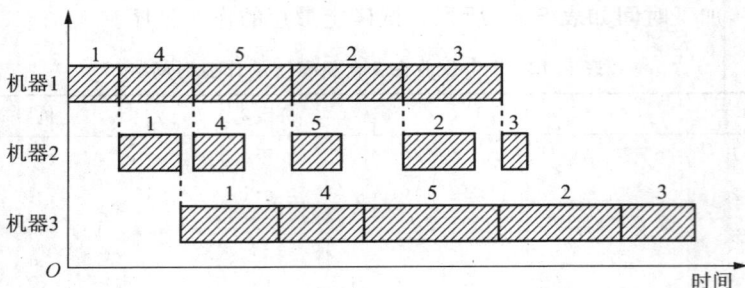

图 8.6　例 8.3 的甘特图

8.2.6　n 个作业 m 台工作中心排序

　　如果 n 个作业需要在 m 台机器上加工,这就是"n/m"排序问题,这种车间作业相对比较复杂,排序的计算量非常大,此时,必须借助于计算机利用一定的数学算法编制程序进行排序,算法有很多,本章拟介绍一种整数规划方法。利用整数规划进行排序首先要建立数学模型,建立数学模型时要考虑几个约束条件,第一个约束条件就是考虑每个作业在机器上的作业次序,例如,对于第 i 个作业,如果需要先在第 j 个机器上加工,然后再到第 k 个机器上,则应满足如下约束条件:

$$t_{ik} \geqslant t_{ij} + p_{ij} \quad (i = 1, 2, \cdots, n) \tag{8.8}$$

式中,t_{ij} 表示第 i 个作业在第 j 个机器上的开始加工时间,p_{ij} 表示加工时间。所有作业都必须满足这个约束条件,该约束条件共有 $n(m-1)$ 个乘法。第二个约束条件是保证某一作业没有完成之前,不要插入其他作业,这里需要引入整数变量 x_{ir},该变量取值如下:

$$x_{ir} = \begin{cases} 0 & \text{表示 } i \text{ 作业应在 } r \text{ 作业后面} \\ 1 & \text{表示 } i \text{ 作业应在 } r \text{ 作业前面} \end{cases} \tag{8.9}$$

若 $x_{ir} = 1$,则第 i 个作业先做,此时必须满足约束条件:

$$x_{rj} - x_{ij} \geqslant p_{ij} \quad (j = 1, 2, \cdots, m) \tag{8.10}$$

即保证第 r 作业开始的时间至少等待第 i 个作业完成后。若 $x_{ir} = 0$,则第 r 个作业先做,此时,应满足以下约束条件:

$$x_{ij} - x_{rj} \geqslant p_{rj} \quad (j = 1, 2, \cdots, m) \tag{8.11}$$

式(8.10)和式(8.11)共有 $n(n-1)m$ 个乘法。最后一个条件是保证所有作业完成总时间必须大于或等于最后一件作业的开始时间与加工时间之和。即

$$F \geqslant x_{ij} + p_{ij} \quad (i = 1, 2, \cdots, n, j = 1, 2, \cdots, m) \tag{8.12}$$

式(8.12)中,F 为完成所有作业的总时间。该式共有乘法 nm 个,目标函数为:

$$\min \quad F \tag{8.13}$$

式(8.10)～式(8.12)共有约束条件 $n(nm+m-1)$ 个,变量 $2nm+1$ 个,还应该考虑变量的非负性限制约束条件。

8.2.7 指派法

前面介绍的几种排序问题都是各个作业按照一定的次序在所有工作中心上完成加工的,各个作业不是同时开始的,有些情况下车间有足够数量的合适的工作中心,这样,使得所有的作业都可以在同一时间开始进行。对于这样的排序问题,问题的关键不是在于哪个作业最先进行,而是将哪个作业指派给哪个工作中心,以使排序最佳。所以,对于 n 个作业来讲,因为是同时进行,其排序问题就是 "n 个作业 n 台工作中心排序"。可以使用指派法对"n/n"排序问题进行排序,指派法是线性规划中运输方法的一个特例。其目的是极小化或极大化某些效率指标。指派法比较适合解决具有如下特征的问题:①有 n 个"事项"要分配到 n 个 "目的地";②每个事项必须被派给一个而且是惟一的目的地;③只能用一个标准(例如,最小成本,最大利润或最少完成时间等)。

指派法用于"n/n"排序问题的具体步骤为:

(1) 将每行中的数减去该行中的最小数(这将会使每行中至少有一个0)。

(2) 将每列中的各个数量减去该列中的最小数(这将会使每列中至少有一个0)。

(3) 判断覆盖所有0的最少线条数是否等于 n。如果相等,就得到了一个最优方案,因为作业只在0位置上指派给工作中心,如果满足上述要求的线条数少于 n 个,转至第(4)步。

(4) 画出尽可能少的线,使这些线穿过所有的0(这些线可能与步骤(3)中的线一样)。将未被这些线覆盖的数减去其中最小的,并将位于线交点位置上的数加上该最小的数,重复步骤(3)。

例 8.4 现有5个作业要在5台工作中心上完成,完成每个作业的成本如表8.15所列的成本分配矩阵。

表 8.15 5 个作业在 5 台工作中心上的成本分配矩阵 元

	A	B	C	D	E
第1个工作中心	5	6	4	8	3
第2个工作中心	6	4	3	8	5
第3个工作中心	4	3	2	5	4
第4个工作中心	7	2	4	5	3
第5个工作中心	3	6	4	5	5

以下是指派法的求解步骤。

步骤 1——行减，即从本行中减去本行最小数，结果如表 8.16 所列。

表 8.16　行减后的成本矩阵 元

订单	A	B	C	D	E
第 1 个工作中心	2	3	1	5	0
第 2 个工作中心	2	0	5	4	1
第 3 个工作中心	2	1	0	3	2
第 4 个工作中心	5	0	2	3	1
第 5 个工作中心	0	3	1	2	2

步骤 2——列减，即每一列减去本列中最小的数，结果如表 8.17 所列。

表 8.17　列减后的成本矩阵 元

订单	A	B	C	D	E
第 1 个工作中心	2	3	1	3	0
第 2 个工作中心	2	0	5	2	1
第 3 个工作中心	2	1	0	1	2
第 4 个工作中心	5	0	2	1	1
第 5 个工作中心	0	3	1	0	2

步骤 3——应用线覆盖表 8.17 中的零元素，因为覆盖全部 0 的线数是 4，如表 8.18 所列，而要求应为 5 才能获得最佳解，所以应转至下一步。

表 8.18　覆盖所有 0 的最少线条数示意 元

订单	A	B	C	D	E
第 1 个工作中心	2	3	1	3	0
第 2 个工作中心	2	0	5	2	1
第 3 个工作中心	2	1	0	1	2
第 4 个工作中心	5	0	2	1	1
第 5 个工作中心	0	3	1	0	2

步骤 4——将未覆盖的数减去前面直线交点最小的数，并将该最小的数加到直线的交点上，如表 8.19 所列。再用第 3 步所得的线来检验画线就得到如表 8.20 所列的结果，这种覆盖全部零元素的画法可能不止一种。

表 8.19 成本矩阵的调整 元

订单	A	B	C	D	E
第 1 个工作中心	1	3	0	2	0
第 2 个工作中心	1	0	4	1	1
第 3 个工作中心	2	2	0	1	3
第 4 个工作中心	4	0	1	0	1
第 5 个工作中心	0	4	1	0	3

表 8.20 最后分配结果 元

订单	A	B	C	D	E
第 1 个工作中心	1	3	0	2	0
第 2 个工作中心	1	0	4	1	1
第 3 个工作中心	2	2	0	1	3
第 4 个工作中心	4	0	1	0	1
第 5 个工作中心	0	4	1	0	3

最优的分配及其成本为：

作业 E 分配至第 1 个工作中心　　　　3 元

作业 B 分配至第 2 个工作中心　　　　4 元

作业 C 分配至第 3 个工作中心　　　　2 元

作业 D 分配至第 4 个工作中心　　　　5 元

作业 A 分配至第 5 个工作中心　　　　3 元

总成本　　　　17 元

这样,排序的第 1 步已经完成,5 个作业同时进行,则在后续的几个作业步骤中,继续用指派法进行排序,直至所有作业完成所有的加工为止。

8.3 作业调度

作业调度是等候线的管理,等候线是指若干个作业到达某个工作中心时处于等待的一种状态,最理想的情况是作业到达工作中心时能够立即加工,从而可以降低在制品的数量和缩短制造提前期。在准时化生产环境下,可以最大程度地降低在制品的库存量和缩短提前期,在第 10 章中将做详细的描述。

对来工作中心之前的若干作业进行管理,它的目的是为了控制提前期和在制品,同时能使瓶颈工作中心被充分利用。按照限制理论,其排序的顺序是首先安排关键工作中心的任务,然后再安排其他工作中心的任务。为了缩短制造的提前期,可以采取的策略有分批作业和作业分割,而并行作业则是将原来的作业分成多个批次，各个批次同时加工。

8.3.1　分批作业

　　分批作业即把原来一张加工单加工的数量分成几批，由几张加工单来完成，以缩短加工周期。每批的数量可以不同。采用加工单分批或分割只有在用几组工作中心能完成同样的工作时才有可能。每组工作中心需要有准备时间，准备时间增加了。此外，还可能需要几套工艺装备，成本也会增加。有时，一道工序由一台工作中心完成，下一道工序分别由两组不同的工作中心加工，然后再由一台工作中心来完成第三道工序。

　　有一个订单，需要在两个工作中心上来完成，如果是一个批次，则总的提前期如图 8.7 所示。设批量为 Q，S_A 为在工作中心 A 上的准备时间；S_B 为在工作中心 B 上的准备时间；T_{AB} 为由工作中心 A 上移至工作中心 B 的转移时间；P_A 为在工作中心 A 上的每单位的加工时间；P_B 为在工作中心 B 上的每单位的加工时间，则总的提前期为

$$L = S_A + S_B + QP_A + QP_B + T_{AB} \tag{8.14}$$

如果作业转移到工作中心 B 之前，工作中心 B 即已准备好，则此时总的提前期为

$$L = S_A + QP_A + QP_B + T_{AB} \tag{8.15}$$

如图 8.8 所示。

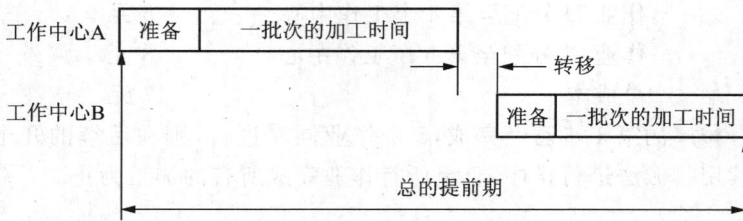

图 8.7　提前期的构成

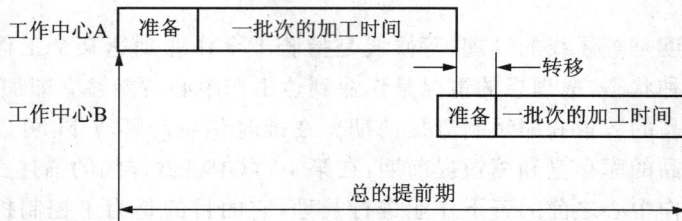

图 8.8　分成一个批次作业

　　现在将订单分成两个或两个以上的批次，且至少把两个批次连接起来作业。

这里我们将该订单分成两个批次,具体步骤如下:

(1) 一批作业分成两个批次。

(2) 在第一个工作中心完成第一批时,直接将它转移到第二个工作中心上。

(3) 当第一个工作中心将执行第二个批次时,第二个工作中心也正好将执行第一批次作业。

(4) 当第一个工作中心完成第二批次时,立即将它转移至第二个工作中心。

分成两个批次的结果如图 8.9 所示。设两个批次分别为 Q_1 和 Q_2,则有

$$Q = Q_1 + Q_2 \tag{8.16}$$

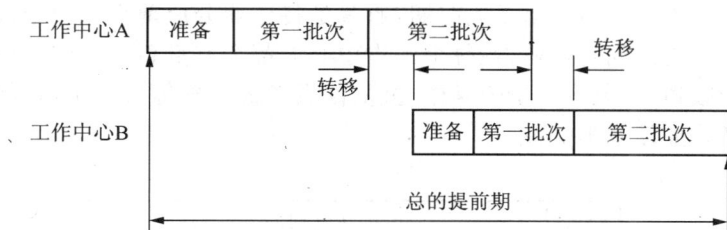

图 8.9　分成两个批次作业

如果在第二个工作中心上加工的时间比较短,则可能会造成第二个工作中心产生等待的时间,为避免这种情况的发生,第一批量应尽可能大一些,为使第二个工作中心闲置时间为零,则应满足下式:

$$Q_1 P_B + T_{AB} + S_B \geqslant Q_2 P_A + T_{AB} \tag{8.17}$$

由式(8.16)可得

$$Q_2 = Q - Q_1 \tag{8.18}$$

代入式(8.17),可得

$$Q_1 \geqslant (Q P_A - S_B)/(P_B + P_A) \tag{8.19}$$

缩短的提前期

$$
\begin{aligned}
LS &= (S_A + S_B + Q P_A + Q P_B + T_{AB}) - (S_A + Q P_A + T_{AB} + Q_2 P_B) \\
&= Q_1 P_B + S_B \tag{8.20}
\end{aligned}
$$

例 8.5　若 Q 为 100 单位,P_A 为 10min/单位,P_B 为 5min/单位,A 的准备时间 S_A 为 50min,B 的准备时间 S_B 为 40min,转移时间 T_{AB} 为 30min,则将上述数据代入式(8.19)可得批量

$$Q_1 \geqslant (100 \times 10 - 40)/(5 + 10) = 64$$

分批前的提前期

$$L = 50 + 40 + 100 \times (10 + 5) + 30 = 1\,620(\text{min})$$

分批后的提前期

$$L = 50 + 30 + 100 \times 10 + 36 \times 5 = 1\,260(\text{min})$$

缩短的提前期

$$LS = 64 \times 5 + 40 = 360(\text{min})$$

当然,将作业分批可以很有效地缩短总的提前期,但是,作业的批次加大,必然会导致作业转换时间的加大,作业转移的次数也增多,这些都会产生成本,由此计划和控制的成本也将增加,因此,在将作业分批考虑时,一定要将成本的因素考虑进来,以追求总的成本最小。

8.3.2 分批分割

将作业分割也是为了缩短提前期,通常是将作业分成两个或两个以上的批次,但是,多个批次同时作业,在每个工作中心上都会有准备的时间。一般在作业准备时间较短、一人多工位的操作、重复性设备的闲置等情况下,可将作业进行分割处理。如图 8.10 所示。

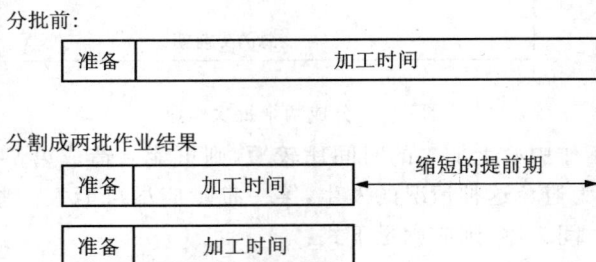

分批前:

| 准备 | 加工时间 |

分割成两批作业结果

| 准备 | 加工时间 |
| 准备 | 加工时间 |

缩短的提前期

图 8.10 原有作业分割成两批处理的结果

上述分割成两批作业进行后,因为是同时作业,每一工位均需要一名员工操作机器,如果两台机器由一名工人操作,即该工人在机器 1 上准备结束后,第 1 台机器开始加工时,即走向第 2 台机器进行作业的准备,则此两台机器的开始加工时间有一个偏差,偏差值为第二个作业的准备时间,结果如图 8.11 所示。虽然作业的总时间多了一个作业准备时间,但需要的操作工人可以减少 1 人。

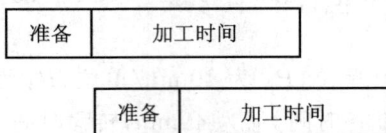

| 准备 | 加工时间 |

| 准备 | 加工时间 |

图 8.11 有偏差的作业分割

与作业分割类似,串行作业可以转换成并行作业,一个人操作 3 个工作中心,若采取串行作业,则如图 8.12 所示。若利用作业分割思想,他可以采取并行作业,则如图 8.13 所示。这样总的提前期可以大大缩短。

图 8.12 和图 8.13 中 Q 为排队时间;S 为准备时间;R 为加工时间;M 为传送时间。

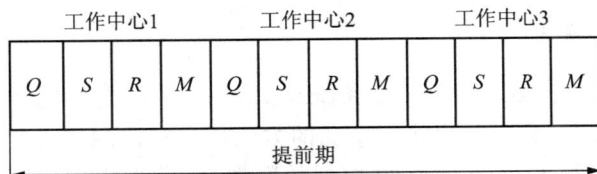

图 8.12　串行作业

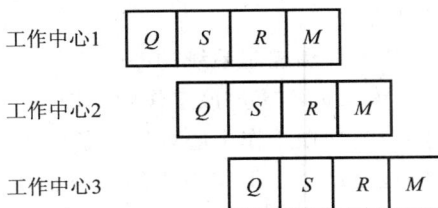

图 8.13　并行作业

8.4　车间作业控制

8.4.1　作业控制的基本概念

美国生产与库存控制协会(APICS)对车间控制系统的定义为:利用来自车间的数据及数据处理文件,来维护和传递有关车间工单和工作中心状态信息的系统。

车间作业控制的功能有以下几种:

(1) 为每一车间工单分配优先级;

(2) 维护在制品数量信息;

(3) 将车间工单状态信息传递到办公室;

(4) 为能力控制提供实际产出数据;

(5) 根据工单和工位要求,为制品库存管理提供数量依据;

(6) 提供效率、利用率、人力和设备生产率等数据。

对生产作业进行控制,可以控制生产作业在执行中不偏离 MPS/MRP 计划,当出现偏离时,采取措施,纠正偏差,若无法纠正,则将它反馈到计划层,并报告生产作业执行的结果。

生产作业控制的内容有:控制加工单的下达;控制加工作业在工作中心加工的工序优先级;控制投入和产出的工作量,保持物流稳定;控制加工成本,结清订单,完成库存事务处理。

8.4.2 输入/输出控制

输入/输出控制(Input/Output Control,简称 I/O)是控制能力计划执行的方法,或者说是一种衡量能力执行情况的方法。它可以用来计划和控制排队的时间和提前期。投入/产出报表要用到的数据是:计划投入、实际投入、计划产出、实际产出、计划排队时间、实际排队时间,以及投入、产出时数的允差。这是一种需要逐日分析的控制方法。

输入/输出控制是生产计划和控制系统的一个主要特征,它的主要规则是输入一个工作中心的工作应该永远不超过该工作中心输出的工作。

当输入超过输出时,一定是在工作中心内发生了积压,这反过来又使得上游作业的提前期估计值增加。另外,当工作中心的作业积压后,就会出现阻塞,作业效率就会降低,而且使流向下游工作中心的工作流变得时断时续。

控制过程能够找出问题的原因,并相应地调整能力和输入。简单的基本方法是:或者是提高瓶颈部位的生产能力,或者是减少瓶颈部位的输入。

车间作业控制根据不同的加工情况而不同,以下按照单一工作中心和复合工作中心来加以说明。

8.4.3 单一工作中心的输入/输出控制

有些制造过程只需要一个工作中心,有些虽然有多个工作中心,但有一个瓶颈工作中心,瓶颈则是应该控制的关键点。输入/输出控制主要在于比较计划订单的输入和输出,以及实际订单的输入和输出,这些数据信息是根据订单到达工作中心的数量、工作中心中订单的完成数量,以及生产的报表等所得到的。

如果用 PI 表示计划投入数量;AI 表示实际投入数量;PO 表示计划产出数量;AO 表示实际产出数量;i 表示计划期间;ICD 表示投入累积差异量;OCD 表示产出累计差异量;$PWIP$ 表示最终计划的在制品数量;$AWIP$ 表示实际的在制品数量,则上述变量之间存在如下关系:

$$ICD_i = ICD_{i-1} - PI_i + AI_i \qquad (8.21)$$

$$OCD_i = OCD_{i-1} - PO_i + AO_i \qquad (8.22)$$

$$PWIP_i = PWIP_{i-1} + PI_i - PO_i \qquad (8.23)$$

$$AWIP_i = AWIP_{i-1} + AI_i - AO_i \qquad (8.24)$$

例 8.6 表 8.21 所列的为一个输入和输出的计算关系的一个例子。

计划投入数量、实际投入数量、计划产出数量和实际产出数量的对比结果如表 8.22 所列。

表 8.21 输入/输出和偏差

输入/输出		期间(日)				
	当期	1	2	3	4	5
投入						
计划投入		16	16	16	16	16
实际投入		15	13	17	16	15
累计偏差		−1	−4	−3	−3	−4
产出						
计划产出		16	16	16	16	16
实际产出		15	15	16	15	16
累计偏差		−1	−2	−3	−3	−3
在制品						
计划排队		36	36	35	35	35
实际排队	36	36	34	36	36	35

表 8.22 输入/输出比较的结果

对比结果	说明问题
$PI > AI$	加工作业推迟到达
$PI = AI$	加工作业按计划到达
$PI < AI$	加工作业提前到达
$AI > AO$	在制品增加
$AI = AO$	在制品维持不变
$AI < AO$	在制品减少
$PO > AO$	工作中心落后于计划
$PO = AO$	工作中心按计划进行
$PO < AO$	工作中心超前计划进行

引起出现超出控制情况的原因通常有:①等候超出了上限。可能引起的原因是,设备因故障而停顿,无效率的作业和过量的投入。避免等候超过上限的措施是,减少投入的数量或增加产出。②产出低于最低的下限。可能引起的原因是,设备停顿,无效率的作业,不适当的投入。设备停顿与无效率的作业是制造工程的问题,不适当、过量或错误的投入是投入/产出的问题,必须用派工来矫正。

对输入/输出进行控制的原则有:①计划产出必须是实际的,且必须以人工及机器设备能力来表示;②若计划或实际投入大于实际产出,将使在制品增加,阻碍生产,增加制造提前期;③由计划投入计划产出指标的问题所显示出的显著偏差,必须被验证及解决。

8.4.4　复合工作中心的输入/输出控制

如果工作流程不是经过单个工作中心,而是如图 8.14 所示的多个工作中心,则对不同的工作中心所采取的策略是不同的。图中 A1 和 A2 两个工作中心是初始工作中心;B1,B2,B3,C1,C2 和 C3 六个工作中心是中间工作中心;D1 和 D2 是最终工作中心。对初始工作中心控制,会影响到所有下游工作中心的投入,通常初始工作中心等候线的长度较长。下游的工作中心的投入与等候控制是借助上游工作中心的派工来控制的,如图 8.9 所示,如果工作中心 C3 加工的工作流程时间短,此时如果工作中心 C2 的等候时间相对大时,在 B2 工作中心的作业优序将依序在工作中心 C3 加工。最终工作中心的产出将影响到出货、订单承诺、交货期等,通常这是生产管理绩效主要衡量标准之一。要达到希望的产出,必须对最后工作中心的投入进行控制,最后的装配必须综合考虑所有的作业、组件和次组件的流动。当某个工作中心的需求超过能力时,则该工作中心就是瓶颈。当出现瓶颈工作中心时,可以应用约束理论的思维流程和解决问题的步骤来消除瓶颈。

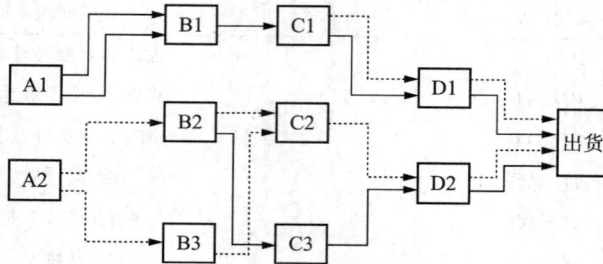

图 8.14　多个工作中心的工作流程

8.4.5　车间控制的基本工具

对车间作业进行控制的基本工具有日常调度单、各种状态和例外报告。日常调度单告诉主管将进行哪个作业,它们的优先级如何,以及每项作业用多长时间,表 8.23 为调度单的一个例子。

表 8.23　调度单例子

开始日期	作业号	零件名称	运行时间(h)
10/9	12345	轴	7.0
11/9	12346	螺钉	7.4
12/9	12347	插销	14.5

（续表）

开始日期	作业号	零件名称	运行时间(h)
14/9	12348	轴	8.1
15/9	12349	螺栓	6.5
16/9	12350	垫片	4.6

各种状态和例外报告主要有以下几种：

（1）预期延期报告——由车间计划员每周制作一次，并由车间计划负责人进行审核，看是否会严重影响主计划的延期，如表 8.24 所列。

表 8.24　例外报告之一——预期延期报告

订单号	计划日期	新日期	脱期原因	采取措施
12400	20/9	22/9	刀具损坏	购买/更换刀具
12401	25/9	27/9	焊接工罢工	工程部重新安排

（2）废品报告，如表 8.25 所列。

表 8.25　例外报告之二——废品报告

订单号	作业号	数量	返工原因
12402	12360	20	作业员的错误
12403	12361	10	机器设备行程调整误差

（3）返工报告，如表 8.26 所列。

表 8.26　例外报告之三——返工报告

订单号	作业号	数量	返工原因
12404	12370	30	工程变更
12406	12371	40	工程变更
12407	12375	20	工程变更

（4）作业总结报告——报告完成订单的数量和百分比，未完成的情况等，如表 8.27 所列。

表 8.27　例外报告之四——作业总结报告

订单号	作业号	计划数量	已完成数量	未完成原因
12450	12380	20	15	部分零件的缺陷
12451	12381	20	15	机器设备故障
12452	12382	30	25	操作工操作误差

当然,报告还有其他许多类型,这里只列出其中几种典型的报表。对于每种例外的报告,必须将引起例外的原因找出来,找原因可以和提合理化建议的制度结合起来,这样可以充分发挥工人的主观能动性,以彻底改进工作,消除产品的缺陷率。在车间计划和控制系统中除了上述例外报告外,通常还有以下的报表:①物料和能力报表——根据加工单上物料的数量和时间,系统自动显示所需的物料及能力,若出现能力不足,则也会自动提示;②加工单状态报表——分别形成已下达、已发料、短缺或例外情况、部分完成、完成未结算、完成已结算等报表;③工序状态报表——说明需求量、完成量、报废量、传送量,同时说明材料和工时消耗,以及发生的成本等。

习　　题

1. 作业排序的目的是什么?

2. 排序适用于按工艺专业化组织的车间还是适用于按产品为对象组织的车间?

3. 如何理解 SOT 规则在众多排序规则中是最优的方案?

4. 约翰逊法则和指派法各适用于什么样的情况?

5. 物料需求计划系统可不可以对车间作业进行控制?为什么?

6. 将作业进行分批,批量的大小如何确定?

7. 现有 5 个作业需要经过两个工作中心 WC1 和 WC2,作业的顺序是先 WC1 后 WC2,作业的时间如表 1 所列。请问如何安排这 5 个作业的顺序能保证尽早完成作业,完成的时间是多少?该工人的闲置时间是多少?

表 1　两个工作中心的作业时间

作业	WC1 作业时间(min)	WC2 作业时间(min)
1	12	6
2	0	8
3	10	4
4	16	12
5	4	2

第9章 项目进度计划与控制

对于一些大型的复杂产品来说,通常为单件生产,如船舶、大型发电机组、桥梁等,这种生产方式一般采用定位布置组织生产。相应的计划主要是进度的计划,即满足规定的交货期,数量的计划是次要的。控制则是对进度、成本和质量等要素的控制。企业进行生产计划和控制通常都必须借助于计算机软件系统(如 MRP 或 ERP 系统)来实现。同样,项目进度计划与控制也有相应的软件,利用软件可以管理、规划制订的计划并在计划执行过程中进行跟踪,使企业可以适时地掌握项目进度、实际成本差异、资源使用情况等信息,从而控制整个项目的过程。本章主要包括以下内容:①项目的基本概念;②项目的计划方法;③网络计划的优化和修改;④项目控制。

9.1　基本概念

9.1.1　项目管理产生的背景及发展过程

从人类有组织的作业开始,就一直进行着各种规模的项目,中国的长城、埃及的金字塔等都是人类历史上大型复杂项目的典范。早期的项目,由于其规模和复杂性相对比较简单,且对成本、质量和进度等的要求不是很高,往往只凭个人的经验即可,或用简单的进度计划表(如 Gantt 图)就可以进行分析和控制,当时没有出现项目管理的概念。但随着社会和科学技术的进一步发展,出现了许多技术复杂,投资规模和系统庞大,工作量繁重的大型项目,并且市场越来越呈现动态的特性,这个时候,由于传统的项目管理方法,已经不能适应对高质量、低成本和较短交货期日益增长的要求,所以发展出相应的比较先进的项目管理方法用来对项目进行计划和控制。项目管理的概念,从无到有经历了近 80 年的历史发展过程,其发展过程可以分为三个阶段:

第一个阶段(始于 20 世纪 30 年代)。这个阶段主要提出项目管理的概念。项目管理之所以被认为是第二次世界大战的产物,这与美国研制原子弹的曼哈顿计划有直接的关系。由于该项目规模大,系统复杂,所以开始应用项目管理的模式进行管理。这个时候,主要的工具为 Gantt 图和阶段进度标志图。

第二个阶段(20 世纪 50 年代至 20 世纪 70 年代)。这个阶段发展出来的主要方法有关键路线方法(Critical Path Method,CPM)和项目计划和评审技术(Program Evaluation and Review Technique,PERT)。关键路线技术是由 Remington-Rand 公司的 J. E. Kelly 和 Dupont 公司的 M. R. Walker 在 1957 年提出的,当时是为了帮助一个化工厂制订停机期间的维护计划而采用的。而项目计划和评估技术则是由美国海军特别计划委员会在 1958 年制订北极星导弹研制计划时,作为一种计划与管理技术而最先使用并由此发展出来的一种方法。这个阶段的项目主要组织形式为矩阵型项目组织,应用领域主要为航空航天、军事工业和大型建筑工程项目。

第三个阶段(20 世纪 70 年代至今)。这个阶段许多项目用纯项目型组织进行,最大的特点是,计算机信息技术的发展对项目计划方法的促进,同时,项目的计划和控制也体现了多学科的综合和整合,如交叉了工程科学、行为科学、经济学、运筹学等学科,应用领域也逐渐由军事部门向非军事部门发展,如广泛应用于建筑工程项目、农业、工业、教育、卫生、科技等领域。尤其是进入 20 世纪 90 年代以后,随着知识经济时代的来临和高新技术产业的飞速发展,项目的特点发生了巨大变化,管理人员们发现传统的管理原则已不能适应迅猛发展的知识经济时代,同时,项目管理的运作方式最大限度地利用了内外资源,从根本上提高了管理人员的工作效率,于是纷纷采用这一管理模式,这成为企业重要的管理手段,得到了广泛的应用。例如,80年代末,IBM在小型计算机市场危机四伏、摇摇欲坠,为改变这一局面,该公司应用项目管理的思想,在5 000余人的参与下,仅用了短短的28个月时间,就成功地开发出令人难以想象的由一千万个零部件组成的AS/400计算机,捍卫了在小型计算机市场上"蓝色巨人"的地位,由此可见项目管理的重要性。

目前,项目管理研究中心仍然在欧美国家,项目管理在理论上属于多科学之间的整合,以及利用计算机工具进行项目的管理。许多行业不仅是制造业,而且在服务业及其他各个行业都广泛应用项目管理的方法对项目进行计划和控制。不管如何,项目管理包含的基本内容没有变化,通常都包括项目的计划、项目的控制及项目的组织,这些作业要求以统一指挥、相互协调,以及相应的激励措施作为前提条件。

9.1.2 项目和项目管理的概念及特点

1. 项目的概念及特点

所谓项目,是指那些要求在规定的时间内,限定的预算内并且符合规定质量的一次性系列的相关工作,项目是各相关工作的组合,这些工作在完成整个项目中必须按特定的次序进行。这里的一次性是指,项目所包括的系列相关工作在一个项目过程中是不能重复的;但是,在另外一个项目中却是可重复的,例如,对于工程建设项目,一座建筑物在建造过程中的作业,如招投标,它在另外一个工程建筑项目中是可以重复的。任何项目,虽然投资规模和复杂程度各不相同,但都有其共性的一面,主要体现在:

(1)一次性是项目区别于其他重复式流程生产、批量生产等生产方式最根本的特征。

(2)项目具有明确的目标。项目要达到的目标在招标并签订合同时必须做明确的说明,常用的目标有工程质量标准、投资预算范围、项目的工期。如果项目的目标不明确,则在项目进行过程中就不能有效地进行控制。

2. 项目管理的概念及特点

项目管理的定义就是指运用系统工程的观点、理论和方法,计划、组织和控制相关资源(人员、设备和材料),在有限的时间和资金前提下去完成一个预定的目标。它是一种实际的工作方法,能动态地控制项目计划的进度,同时又考虑了项目中人力、物力和财力等资源的合理分配。任何项目管理都是基于对目标的管理,所以说,项目管理是为贯彻目标管理的原则,对企业管理的各个方面,如财务管理、质量管理等,进行全面直观的控制,及时了解项目的耗用情况、任务进展。对一个企业内部来说,还要考虑到项目间的关联、内外部环境的变化,及时解决存在的或潜在的问题,使单个项目或整个企业达到预定的目标。

项目管理主要有项目的组织、项目的计划、项目的优化和项目的控制。项目的组织通常有项目型组织、职能型组织和矩阵型组织 3 种组织形式,比较常用的是矩阵型的组织。项目计划主要包括以下主要内容:①项目的描述;②项目的规划;③项目的分解;④项目的任务及责任分派;⑤项目预算和成本估算;⑥项目的进度和网络计划;⑦项目的报告和检查制度。通常所说的狭义的项目计划则是指项目的进度和网络计划。项目的描述是指说明项目的内容,规定项目要达到的目标;项目的规划包括对项目进行组织建设;项目的分解和项目的任务及责任分派,目的是将复杂问题分拆为若干个简单问题以便于解决。项目的优化主要是对时间-成本及资源的优化。项目控制包括对成本、进度、质量等进行控制。

3. 项目管理的目标

在所有企业的生产与运作过程中,质量、成本和交货期是最基本的工作,也是企业追求的根本目标。目标不明确,企业的运作不可能成功,同样,若项目的目标不明确,则项目最终就难以取得令人满意的效果,无法得到顾客的认同。和产品一样,项目通常也是以顾客的满意度作为评价的,质量、成本和交货期就是具体的评价指标。

项目的质量是指项目完成后必须达到预先确定的各项技术指标或服务水平的要求。管理人员必须找出并重点控制项目进程中的各个质量控制点。

项目成本是指实施所有直接成本和间接成本的总和,管理者的任务是要合理地组织和控制成本,尽可能为企业节省资金。

项目的完工日期一旦确定下来,项目管理的任务就以此为目标,通过控制各项作业的进度,确保整个项目按期完成。但是,项目进度有时和成本及质量是矛盾的。

上述的项目目标能否实现,一方面取决于制订的计划是否切实可行,项目实施成本是否能让顾客接受,另一方面,项目包含的作业必须相互联系且要利用一定的资源,必须对有限的资源进行优化组合,以做到对资源的合理利用。例如,若要想缩短完工期,则势必要赶工,赶工会造成额外的赶工成本,从而导致总成本增加,同时,可能还会影响项目的质量水准。可以说,质量、成本和完工期这三者是矛盾的对立面,也是矛盾的统一体。另外,在项目的实施过程中存在着许多不确定的因素,这就要求必须适时地掌握项目的进度,并进行控制。

4. 项目管理在我国的发展

从我国的情况看,自 20 世纪 80 年代起,项目管理开始在我国部分重点建设项目中运用,云南鲁布革水电站是我国第一个聘请外国专家,采用国际标准,运用项目管理进行建设的水利工程项目,并取得了巨大的成功。随后,在二滩水电站、三峡水利枢纽建设和其他大型工程建设中,都相应地采用了项目管理这一有效手段,并取得了良好的效果。但是,和国际先进水平相比较,中国的项目管理应用面窄,发展缓慢,没有形成自己的理论体系,更缺乏具有国际水平的项目管理专业人才。需要加大推广项目管理的力度,建立起完备的项目管理培训体系,实现项目管理专业化。

中国已成功地加入 WTO,成为世贸组织成员之一。中国的改革开放将进入新的发展阶段。许多国外大公司将会纷纷抢占中国市场,致使我国企业面临严峻的挑战。我国企业必须从自己的实际情况出发,调整经营战略,转换经营机制,必须进行有效的观念更新、机制创新、管理创新、技术创新,迅速提高核心竞争能力,在竞争中求生存,在竞争中求发展。另外,在我国西部开发战略的实施过程中,加强基础设施建设是一个重要方面,每年都有大量资金投向基础设施建设,修路、架桥、西气东送等。因此迫切需要提高我国项目的运营能力,避免"豆腐渣"工程。由于项目管理注重成效,注重团队精神,注重柔性,以及注重跨部门间的配合,可大大提高内外资源的有效配置,降低成本,保证质量,增加企业的竞争力,因此,在我国开展现代化项目管理的推广和应用,培养一批现代项目管理的高级人才,这对于提高我国企业的竞争能力,参与国外竞争将具有重要意义。

9.1.3 项目的生命周期

项目的整个过程可以分为以下几个阶段:①概念阶段;②可行性研究阶段;③计划与组织阶段;④项目实施阶段;⑤项目验收结束阶段。概念阶段主要明确需求,拟订目标。可行性研究阶段主要对需求进行分析,包括经济分析及其评价和要达到的预期效果,从技术角度分析项目是否可行,这是项目是否能够成功的第一步。在计划与组织阶段主要要求进行项目的组织建设,选择合理的科学的组织结构,进行项目的招标和投标,签订项目合同和责任书,并且要对项目进行计划。在项目的实施阶段,主要进行项目的施工,对项目过程进行控制,并且对项目的完成时间、成本和资源进行优化。最后是项目的验收,检验项目是否达到合同中所规定的要求,是否让顾客满意。项目的这几个阶段之间的关系可以用图 9.1 表示。

项目生命周期的各个阶段用图 9.1 所示的链形结构可以形象地表示出来,可以看到项目的各个阶段是环环相扣,相互影响的。比如,如果在概念阶段没有

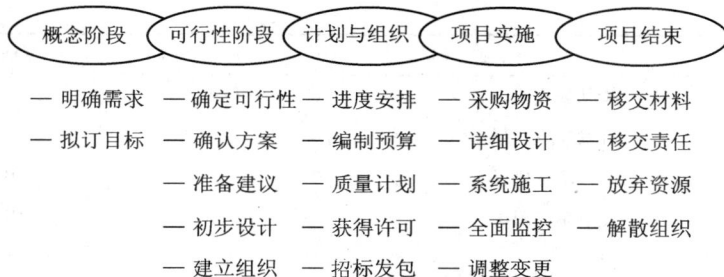

图 9.1　项目生命周期各个阶段

明确需求,且目标模糊,则就不能合理进行组织,也不能制订可行的计划,最终将导致项目以失败告终。同样,如果对项目的计划没有周全考虑,严密论证,则在项目实施过程中,就不能对成本进行有效的控制,将影响项目的预算,以致项目的资金出现短缺,最终导致项目不能按期完成。

9.2　项目计划的甘特图方法

在出现关键路线方法和项目计划评估技术以前,用甘特(Gantt)图和阶段标志系统(Mile Stone System)对项目制订计划和进行进度控制。甘特图是在第一次世界大战期间,由美国的 Frank Ford 兵工厂顾问 H. L. Gantt 发明的,最早它称为作业进度计划图,是组成项目的各项作业和日历表的对照图,后因甘特图为 Gantt 所发明,故后来经常称它为 Gantt 图。Gantt 图具有简单明了,易读易懂的优点,因而深受基层管理人员的广泛欢迎。但由于它不能全面而准确地反映出各工作之间相互制约、相互依赖、相互影响的关系,不能反映出整个项目中关键工作和非关键工作,因此对大型复杂的项目,Gantt 图显得不太适用,它还难以测定某项作业能推迟多久,才对整个项目无不利影响。此外,如果作业多,或当工程项目实际进度与原计划有偏差时,采用 Gantt 图也难以进行调整和重新安排。所以说,Gantt 图比较适用于小型项目而不适用于大中型项目。

表 9.1 是一个对现有计算机系统进行改进的项目,由 12 个作业所组成,表中表明各项作业的先后顺序关系。

表 9.1　改进计算机系统项目的作业构成及其完成时间

作业代号	作业名称	作业时间(周)	紧前作业
A	需求分析	1	—
B	重新设计现有系统架构	6	A
C	设计新增部分	3	A
D	接口设计	1	C

作业代号	作业名称	作业时间(周)	紧前作业
E	增补新代码	6	C
F	开发整体计划	2	C
G	修改现有代码	5	B,D
H	完成单元测试	1	E,G
I	更新文档	2	E,G
J	整体测试准备	1	F
K	执行整体测试	1	H,I,J
L	完成验收测试	1	K

根据表 9.1 所列的该项目的构成及其作业先后顺序,可以绘制成如图 9.2 所示该项目的 Gantt 图。

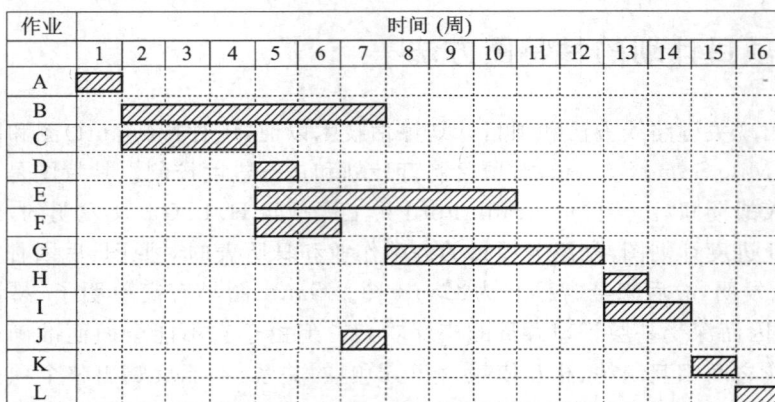

图 9.2　改进计算机系统项目的 Gantt 图

Gantt 图规定了构成项目的所有作业的开始时间和结束时间,采用 Gantt 图实施项目的进度计划和控制在早期项目中常常被采用,这适用于比较简单的项目,缺点是无法找出其中的关键路线,无法对关键路线进行重点控制,也就无法进行时间-成本的优化和时间-资源的优化,不能非常合理地利用现有的资源。

9.3　项目计划的网络图计划方法

网络计划分析方法习惯上也称为关键路线方法,这是一套用于计划和控制项目实施的图形技术,要考虑的因素是工期、成本和资源可利用性。此方法源于美国,产生于 20 世纪 50 年代后期。1957 年,美国杜邦化学公司在停机期间进行设备维修作业时,采用了一种新的计划管理方法,即关键路线方法,在第一年就为公司节约了 100 多万美元,相当于用于研究 CPM 所花成本的 5 倍以上。1958 年,美国海军武器局特别规划室在研制北极星导弹潜艇时,应用了称为项目计划和评审的计划方法,使北极星导弹的制造比预期提前两年完成。据统计,在不增加人力、物力和财力的条件下,采用 PERT 就可以使进度提前 15%～20%,节约成本 10%～15%。

CPM 和 PERT 分别是独立发展起来的计划方法,在具体方法方面虽有不同,如 CPM 是假定每一作业的时间是确定的,而 PERT 则基于概率估计,其作业时间是不确定的;CPM 不仅考虑作业时间,也考虑作业成本及成本和时间的均衡问题,而 PERT 则较少考虑成本问题。但二者所依据的基本原理和表现形式基本相同,都是通过网络形式来表达某项计划中各项具体作业的逻辑关系(前后顺序及相互关系),人们就将其合称为网络计划技术。

9.3.1　作业和时间的表示

网络图主要由两种符号组成,即箭头和以圆圈表示的结点。通常用箭头表示作业,每一作业需要消耗一定的资源,箭头的方向表示作业的先后次序,箭头上方标明作业的名称,箭头下方则标明完成作业所需的时间,如图 9.3 所示。

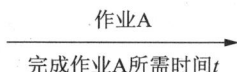

图 9.3　作业的箭头表示方法　　　　图 9.4　事件的结点表示方法

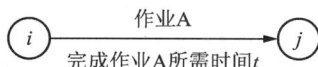

构建网络图时,用结点代表事件,它以圆圈符号表示。每一箭头始端和末端各有一个结点,表示前一个作业的结束和后一个作业的结束,即两个事件。圆圈内的结点编号无任何意义,只是在计算机系统中处理作业时用结点的编号来表示作业,如图 9.4 所示,以 (i,j) 表示作业 A,编号为 i 的结点表示作业 A 的开始,编号为 j 的结点表示作业 A 的结束。为计算处理的方便,结点编号通常遵循以下规则:①任一项目的开始结点编号均小于对应的终结点的编号;②初始结点号为大于等于零的任何一个自然数;③结点编号可采用任何无规则的自然数,但必须满足规则①;④结点编号必须是惟一的。一般而言,用箭头表示作业,而用结点表示事件,也有的用箭头表示事件,用结点表示作业。

网络图中的结点通常有 3 种情况,如图 9.5 所示,图中(a)表示前一作业完成后,再开始后续作业;(b)表示前两个作业全部完成后再开始后续作业;(c)表示前一作业完成后,可同时开始两个作业。

绘制网络图时,有时会出现作业的先后顺序难以表达的情况,这时可借助于虚结点来描述,所谓的虚结点,即在项目进行过程中假设存在的作业,它既不耗用任何资源,也不占用时间,只是表示一个作业与其他作业的先后顺序,此时,该

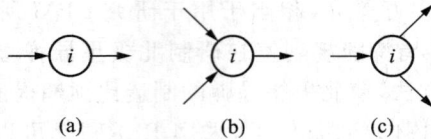

图9.5　结点的3种情况

虚作业用虚线箭头表示,如图9.6所示。

图9.6　虚作业的表示方法

此外,绘制网络图时,常会出现下列错误情况:

(1)循环网络图,如图9.7所示。图中2→3→4就是一个循环,这实际上是不可能发生的。

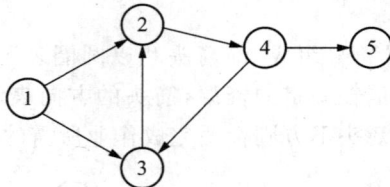

图9.7　循环网络图

(2)并行作业,如图9.8所示。由图可以看出,作业A和作业B是两个并行的作业,在计算机系统中,作业A和作业B均用(1,2)表示,如此,就无法区别这两个作业,此时,可以借助于虚作业来表示,如图9.9所示,图中,虚作业C是不消耗资源的,这样,就可以用(1,2)表示作业A,用(1,3)表示作业B。

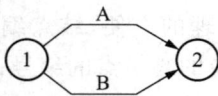

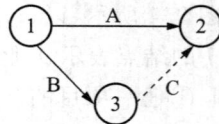

图9.8　并行作业　　　　　　图9.9　借助于虚作业表示的并行作业

(3)重复结点编号,如图9.10所示。结点2在网络图中重复出现,这实际上形成了2→3→4的循环,也是不允许的。

图9.10　结点编号重复的情况

例9.1　说明网络图的画法,假设一个项目由7个作业所组成,每个作业的作业时间如表9.2所列。

表 9.2　各个作业的完成时间

作业	A	B	C	D	E	F	G	H	I
时间(天)	10	15	12	20	18	8	16	10	20

作业的先后顺序为：

① A,B,C 三个作业同时开始。

② A 作业结束后,D 和 E 作业开始。

③ D 作业结束后,H 作业开始。

④ B 作业结束后,F 作业开始。

⑤ C 作业结束后,G 作业开始。

⑥ E 和 F 作业均结束后,I 作业开始。

⑦ H,I 和 G 作业结束后,项目结束。

根据作业的先后顺序,可以构建网络图如图 9.11 所示,共有 9 个箭头(作业)和 7 个结点(事件)。

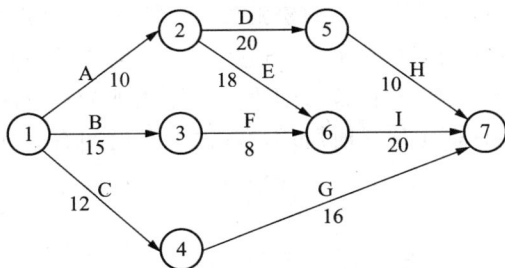

图 9.11　项目的网络图

9.3.2　关键路线计划方法

在项目管理方法发展的第二个阶段,即 CPM 和 PERT 的发展初期。两个方法的区别之一是:PERT 用箭头表示作业,用结点表示事件;而 CPM 用结点表示作业,用箭头表示事件,这种表示方法会造成虚作业太多,目前已不用。另外,由于这种网络图的绘制比较困难,所以目前均采用 PERT 的网络图的表示方法,即用箭头表示作业,用结点表示事件。其他方面的区别是:CPM 只使用最可能时间,通常认为作业的完成时间是确定的,而 PERT 则认为作业完成时间是不确定的,符合一定概率分布,常用 3 个时间来表示,即最可能时间、乐观时间和悲观时间。正是因为这一差别,所以通常将 PERT 方法用于研究和开发项目,因为这类项目存在一定的不确定性,而 CPM 则用于例行性和已有先例的项目。用关键路线法进行计划时,构建的网络图要计算 4 种时间,即每个作业的最早开始时间、最早结束时间、最迟开始时间和最迟结束时间,有时将它们在图上标出。在确定关键路线计算 4 种时间时,先计算最早开始和最早结束时间,这是正向路线,然后再计算最迟开始和最迟结束时间,如图 9.12 所示。

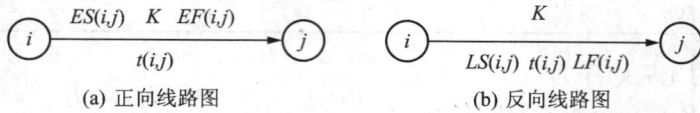

(a) 正向线路图　　　　　　　　　　(b) 反向线路图

图 9.12　网络图的时间表示

图中:

　　K——作业名称,通常用 $K(i,j)$ 表示;

　　$t(i,j)$——作业 $K(i,j)$ 的过程时间;

　　$ES(i,j)$——作业 $K(i,j)$ 的最早开始时间;

　　$EF(i,j)$——作业 $K(i,j)$ 的最早结束时间;

　　$LS(i,j)$——作业 $K(i,j)$ 的最迟开始时间;

　　$LF(i,j)$——作业 $K(i,j)$ 的最迟结束时间。

　　另外,设 $TF(i,j)$ 为各个作业的松弛时间,$TL(i,j)$ 为各个作业的自由松弛时间,S_r 为第 r 条线路的总松弛时间,S_r 必有一个最小的总松弛时间为 0,也会存在一个最大的松弛时间,总松弛时间为 0 的路线即为关键路线,而最大的松弛时间则被在进行时间-资源优化时所用。上述 4 个时间有这样一个关系:

$$EF(i,j) = ES(i,j) + t(i,j) \tag{9.1}$$

和

$$LS(i,j) = LF(i,j) - t(i,j) \tag{9.2}$$

　　在计算分析时,首先要从前向后计算,即先完成图 9.12(a)所示的正向线路图,然后再由后向前计算,即图 9.12(b)所示的反向线路图。具体讲,网络图计划方法的步骤为:

　　(1) 画出网络图。

　　(2) 在图上标出正向线路所需的时间,即每项作业的最早开始时间和最早结束时间。

　　(3) 在图上标出反向线路所需的时间,即每项作业的最迟结束时间和最迟开始时间。

　　(4) 计算每个作业的松弛时间。

　　(5) 计算每条路线的总时差。

　　(6) 确定关键路线。

　　下面对照例 9.1 说明上述步骤,计算 4 种时间并找出关键路线。

　　第 1 步,画出网络图,如图 9.11 所示,在图上须标出各个作业的时间。

　　第 2 步,计算各个作业的最早开始时间 ES 和最早结束时间 EF,并在图上标出。

(1) 计算各个作业的最早开始时间 $ES(i,j)$：

① 从始点开始的工作的最早开始时间为 0，假设开始的结点编号为 1，结束处结点编号为 n，则可得

$$ES(1,j) = 0 \qquad (9.3)$$

如果起始点不止一个，则可在起点前再画一个起始结点，以虚作业表示。

② 网络中任一项作业的最早开始时间，等于它的紧前作业的最早开始时间，加上紧前作业的作业时间之和，若紧前作业有多个，取时间之和中最大的一个，即

$$ES(i,j) = \max\{ES(h,i) + t(h,i)\} \qquad (9.4)$$

式中

$(i,j) = 2,3,\cdots,n$；

h——紧前作业的前结点编号，$h = 1,2,\cdots,n-1$；

$ES(h,i)$——紧前作业的最早开始时间；

$t(h,i)$——紧前各个作业的作业时间。

如例 9.1 中作业 $F(3,6)$ 和作业 $I(6,7)$ 的开始时间分别计算如下：

$$ES(3,6) = ES(1,3) + t(1,3)$$
$$= 0 + 15$$
$$= 15（天）$$
$$ES(6,7) = \max\{ES(2,6) + t(2,6), ES(3,6) + t(3,6)\}$$
$$= \max\{10 + 18, 15 + 8\}$$
$$= \max\{28, 23\}$$
$$= 28（天）$$

(2) 计算各个作业的最早结束时间 $EF(i,j)$：

任意一项的作业的最早结束时间就是它的最早开始时间加上该作业的作业时间，即

$$EF(i,j) = ES(i,j) + t(i,j) \qquad (9.5)$$

式中，$(i,j) = 1,2,\cdots,n$。如作业 $I(6,7)$ 的最早结束时间为

$$EF(6,7) = ES(6,7) + t(6,7)$$
$$= 28 + 20$$
$$= 48（天）$$

各个作业的最早开始时间 $ES(i,j)$ 和最早结束时间 $EF(i,j)$ 计算结束后，此时即可以画出正向线路图，如图 9.13 所示。

第 3 步，计算各个作业的最迟结束时间 $LF(i,j)$ 和最迟开始时间 $LS(i,j)$，并在图上标出，以构建反向线路图。计算时和前面过程正好相反，即由项目结束

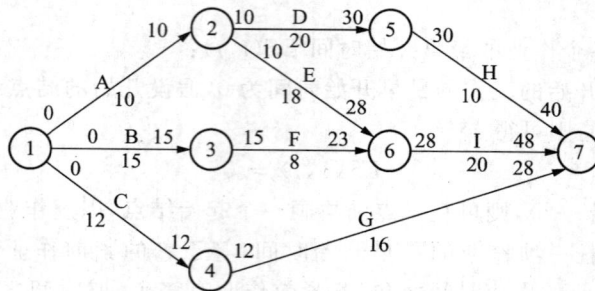

图 9.13　正向线路图

处首先计算每个作业的最迟结束时间,然后从后向前依次计算每个作业的最迟开始和最迟结束时间。

（1）计算各个作业的最迟结束时间 $LF(i,j)$：

① 与终点相连的作业的最迟结束时间等于这些作业的最早结束时间中取最大的一个,即

$$LF(i,n) = \max\{EF(i_1,n), EF(i_2,n), \cdots, EF(i_m,n)\} \qquad (9.6)$$

式中,假设与终点相连的作业共有 $(i_1,n), (i_2,n), \cdots, (i_m,n)$,即 m 个作业。例如,作业 H(5,7) 的最早结束时间为 40 天；作业 I(6,7) 的最早结束时间为 48 天；作业 G(4,7) 的最早结束时间为 28 天,则项目的最早结束时间为 48 天。

② 网络中任一项工作的最迟结束时间,等于它的紧后工作的最迟结束时间减去该紧后工作的作业时间之差,若后续作业仅为一个,则该作业的最迟结束时间等于后续作业最迟开始时间。若紧后工作有多个,则取时间之差中最小的一个,即

$$LF(i,j) = \min\{LF(j,k) - t(j,k)\} \qquad (9.7)$$

式中

$(i,j)=1,2,\cdots,n-1$；

k——紧后作业的后编号,$k=2,3,\cdots,n$；

$LF(j,k)$——紧后作业的最迟结束时间；

$t(j,k)$——紧后作业的作业时间。

如计算作业 B(1,3) 和作业 A(1,2) 的最早结束时间,分别计算如下：

$$LF(1,3) = LF(3,6) - t(3,6)$$
$$= 28 - 8$$
$$= 20(天)$$
$$LF(1,2) = \min\{LF(2,5) - t(2,5), LF(2,6) - t(2,6)\}$$
$$= \min\{38 - 20, 28 - 18\}$$
$$= 10(天)$$

(2) 计算各个作业的最迟开始时间 $LS(i,j)$：

为了不影响其紧后作业能按时开始,每项作业应有一个最迟开始时间,用 $LS(i,j)$ 表示,它可以通过将作业的最迟结束时间减去该作业的作业时间求得,即

$$LS(i,j) = LF(i,j) - t(i,j) \tag{9.8}$$

式中,$(i,j)=1,2,\cdots,n$。如作业 B(1,3) 的最迟开始时间为

$$LS(1,3) = LF(1,3) - t(1,3)$$
$$= 20 - 15$$
$$= 5(天)$$

所有作业的最迟结束时间 $LF(i,j)$ 和最迟开始时间 $LS(i,j)$ 计算结束后,即可画出反向线路图,如图 9.14 所示。

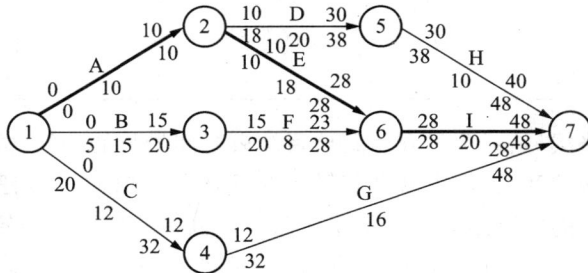

图 9.14　反向线路图

第 4 步,计算每个作业的松弛时间 $TF(i,j)$ 和自由松弛时间 $TL(i,j)$。

作业松弛时间即在不影响整个计划完工期限的条件下,该项工作可以推迟开始或推迟结束的最大机动时间。计算公式为：

$$TF(i,j) = LF(i,j) - ES(i,j) - t(i,j) \tag{9.9}$$

或者

$$TF(i,j) = LF(i,j) - EF(i,j) \tag{9.10}$$

或者

$$TF(i,j) = LS(i,j) - ES(i,j) \tag{9.11}$$

各个作业的自由松弛时间可以用其后续作业的最早开始时间减去本作业的最早结束时间,即

$$TL(i,j) = ES(j,k) - EF(i,j) \tag{9.12}$$

式中,$ES(j,k)$ 表示作业 (i,j) 的后续作业的最早开始时间,当作业有多个前续作业时,其中某些前续作业会有自由松弛时间,如本例中,作业 F(3,6) 的自由松弛时间为 $28-23=5$(天),而作业 E(2,6) 的自由松弛时间为 $28-28=0$(天)。

根据前面计算的最迟结束时间和最早开始时间及作业本身的作业时间,即

可计算每个作业的总时差,计算结果如表 9.3 所列。

表 9.3 各个作业的时间参数

作业名称	时间参数(天)					
	t	ES	EF	LS	LF	TF
A	10	0	10	0	10	0
B	15	0	15	5	20	5
C	12	0	12	20	32	20
D	20	10	30	18	38	8
E	18	10	28	10	28	0
F	8	15	23	20	28	5
G	16	12	28	32	48	20
H	10	30	40	38	48	8
I	20	28	48	28	48	0

所谓关键路线,是从项目开始到项目结束时间最长的路线,关键路线上所有作业的松弛时间的和为零,也就是其开始时间或结束时间没有任何机动余地的工作。某个项目的关键路线可能不止一条。该例中从项目的开始到项目的结束可能的路线共有 4 条,每条路线及总的松弛时间如表 9.4 所列,由此可知,该例中关键路线为:A→E→I,图 9.14 中结点编号为①→②→⑥→⑦的路线,以粗线条表示。

表 9.4 各个路线及其总松弛时间

路线	总松弛时间(天)
A→D→H	16
A→E→I	0
B→F→I	10
C→G	40

对于特别复杂的项目,计算关键路线是利用线性规划来求解的,可以建立如下的线性规划数学模型:

$$\max f(x) = \sum_i \sum_j t_{ij} X_{ij} \tag{9.13}$$

满足如下的约束条件:

$$\sum X_{1j} = 1 \tag{9.14}$$

$$\sum X_{in} = 1 \tag{9.15}$$

$$\sum X_{kj} - \sum X_{ik} = 0, \quad k \neq 1, k \neq n \tag{9.16}$$

$$\sum X_{ij} \geqslant 0 \tag{9.17}$$

式(9.13)中,变量 X_{ij} 为 1 或 0。目标函数意为找出总时间最长的路线,即关键路线,X_{ij} 均为 1 所构成的路线即为关键路线。式(9.14)中表示在网络图中结点①为起始结点,同理,式(9.15)表示在网络图中结点 n 为最终结点,式(9.16)表示在网络图中由 k 结点流出和流入值相等。根据建立的这样一个线性规划模型,用相应的数学方法去解,就可以得到关键路线。更为简单的计算,便是计算构成项目的所有路线的完成时间,时间最长的路线即为关键路线。

9.3.3 项目计划及评审方法

关键路线方法(CPM)认为作业的完成时间是确定的,这是一种理想状态,实际上有可能变化。考虑完成时间服从一定的概率分布就是 PERT 方法的基本出发点。在 PERT 分析模型中,假定构成项目的每项作业的完成时间均服从 β 分布,其概率分布密度函数表达式为:

$$f(x) = \frac{\Gamma(p+q)}{\Gamma(p)\Gamma(q)} \frac{(x-t_o)^{p-1}(t_p-x)^{q-1}}{(t_p-t_o)^{p+q-2}} \tag{9.18}$$

式中

$$\Gamma(\eta) = \int_0^\infty x^{\eta-1} e^{-x} dx;$$

$f(x)$——β 分布的概率密度函数;

p, q—— 两种形状参数;

t_o, t_p—— 概率分布的下限和上限控制点。

则可得期望值和方差的计算公式为:

$$\mu = t_o + (t_p - t_o)\frac{p}{p+q} \tag{9.19}$$

$$S = (t_p - t_o)^2 \frac{pq}{(p+q)^2(p+q+1)} \tag{9.20}$$

由于 β 分布的期望值和方差的计算都比较复杂,故在实际工程应用中必须进行简化处理来近似计算。为此,对每项作业完成时间的期望值和方差用 3 个不同可能性的时间进行描述:乐观时间 t_o、悲观时间 t_p 和最可能时间 t_m。乐观时间和悲观时间发生的概率相对比较小。

若用上述公式建立的 PERT 模型,计算每一项作业的期望完成时间和方差均太复杂,每项作业由于环境的不同造成概率分布的不同,若对每项作业都根据样本数据来计算相应的 β 分布期望值和方差几乎不可能,因此,在实际工程应用中,必须进行简化处理。从 PERT 方法的提出到现在,一直不断有学者提出 β

分布的近似计算公式,大部分学者采用 3 点估计法,也有部分学者采用 2 点估计法和 5 点估计法,2 点估计法计算结果与实际相差太大,在实际中很少采用,而 5 点估计法要求对工作执行期的 5 个样本点进行估计,这无疑大大增加了计算的工作量。AbouRizk S. M. 和 Haopin D. W. 提出的 3 点估计简化算法是目前采用得最多的计算公式,即将每项作业的期望完成时间和方差用 3 个不同可能性的时间进行描述,这 3 个时间分别是乐观时间、悲观时间和最可能时间,由此可得作业完成期望值

$$t_e = \frac{t_o + 4t_m + t_p}{6} \tag{9.21}$$

方差

$$\sigma^2 = \left(\frac{t_p - t_o}{6}\right)^2 \tag{9.22}$$

式中

　　t_o——乐观时间,即作业顺利进行所需的完成时间;

　　t_p——悲观时间,即作业于不良状态下所需的完成时间;

　　t_m——最可能时间,即正常性情况下,完成作业所需的时间。

　　在 PERT 方法中计算关键路线的过程和 CPM 方法一致,惟一的区别是 CPM 方法中认为作业完成时间是确定的固定的值,而在 PERT 方法中,作业完成时间服从一定的概率分布。利用 PERT 方法除了可以确定项目的关键路线外,还可以根据作业的期望值、作业的方差和项目规定的完工时间来计算项目按规定完成时间完成的概率。其计算步骤如下:

　　(1) 计算每一作业的期望时间和方差,计算公式如式(9.21)和式(9.22)。

　　(2) 根据每项作业的期望完成时间和作业的先后顺序,计算最早开始时间、最早结束时间、最迟开始时间和最迟结束时间。

　　(3) 计算各作业的时差。

　　(4) 求关键路线,所有作业时差均为零的路线即为所求的关键路线。

　　(5) 求出关键路线上总的期望完工时间和总的方差,计算公式为:

$$T_e = \sum_{i=1}^{k} t_{ei} \tag{9.23}$$

和

$$\sigma_T^2 = \sum_{i=1}^{k} \sigma_{ti}^2 \tag{9.24}$$

式中

　　i——关键路线上第 i 个作业;

　　k——关键路线上的作业数;

　　t_{ei}——第 i 个作业的期望完成时间;

T_e——关键路线总的期望完成时间；

σ_{ti}^2——第 i 个作业的完成时间方差；

σ_T^2——关键路线上全部作业的方差之和。

(6) 将关键路线上总的期望完成时间、总的方差和规定的完工日期代入如下公式就可以计算按期完工的概率。

$$Z = \frac{T_D - T_e}{\sigma_T} \tag{9.25}$$

式中

T_D——项目的规定完工日期；

Z——分位数，表示 T_D 与 T_e 的偏离程度。

由中心极限定理可知，不管随机变量服从何种分布，随机变量的总和将服从正态分布。在 PERT 模型中，虽然作业完成时间服从 β 分布，关键路线的作业总和仍服从正态分布，所以，根据式(9.25)所计算出来的分位数，查正态分布表就可以得到项目按期完工的概率。

例 9.2 假设例 9.1 中作用的完成时间采用 3 点时间估计，如表 9.5 所列。试说明用 PERT 方法确定关键路线及确定项目按期完工概率的计算步骤。

表 9.5 各作业的 3 点时间估计值

作业描述	3 点时间估计（天）			期望时间（天）	作业方差
	t_o	t_m	t_p		
A	6	9	18	10	4.00
B	12	14	22	15	2.78
C	8	11	20	12	4.00
D	15	19	29	20	5.44
E	13	18	23	18	2.78
F	6	8	10	8	0.44
G	10	15	26	16	7.11
H	7	10	13	10	1.00
I	16	19	28	20	4.00

确定关键路线的方法和上一节所述的关键路线方法(CPM)一致，这里不加以详细求解，本例 A→E→I 为该项目的关键路线，这条路线的作业总方差为 10.78 天，如果要计算项目在 45 天内的完工概率，则 T_D 为 45 天，项目期望完工时间也就是关键路线的总的期望完工时间，经计算为 48 天。将上述值代入式(9.25)得

$$Z = \frac{T_{\mathrm{D}} - T_e}{\sqrt{\sigma_{\mathrm{T}}^2}} = \frac{45 - 48}{\sqrt{10.78}} = -0.91$$

经查表得到分位数 Z 对应的概率值为 0.1814，也就意味着项目在 45 天内按期完成的概率为 18.14%。

9.4   网络计划的优化分析

在项目制订好计划后，在实施过程中并不是一成不变的，而是要根据作业完成的实际情况，不断进行修正及控制，所以定期或定时修订计划就显得非常重要。修正时要根据实际作业完成情况进行，若某项作业滞后，则相应的松弛时间就要适当的调整。另外，当关键路线中部分作业在项目执行过程中发生变更时也要进行修正。修正时一般可按如下方法进行：①在起始结点前增设虚作业，并令作业时间为项目计划开始时间到修正期间的时间；②对于已经完成的作业，令其作业时间为零；③对于部分完成的作业，重新估计其剩余部分所需完成的时间，令它为作业时间；④如有需要，修正还没有开始的作业时间；⑤根据上述计算，重新确定关键路线，并对新的关键路线进行重点控制。

除了对网络计划进行不定期修正外，有时还要对项目的网络计划进行优化，就是在满足既定的条件下，按一定的衡量指标寻求最优的网络计划过程。理想的衡量指标应综合工程周期、资源、成本等因素，但目前尚没有一个这样的能反映所有因素的综合模型。对于具体问题，只能确定优先规则，按某一衡量指标优化。从管理的角度看，网络计划的优化可以分为两个主要内容：

(1) 寻求总成本最低的最佳工期，即时间-成本优化；

(2) 工期基本不变，但资源利用最合理，即时间-资源优化。

9.4.1   时间-成本优化分析

在项目实施过程中，如果项目的完工期要求发生变更，这时可以通过增加人力设备等资源，降低作业完成时间，从而达到赶工的目的。赶工必然会增加成本，进行时间-成本优化分析的目标是基于建立最小成本计划，寻求缩短项目完工期的成本增加最少的方案，以控制总成本。

在建立优化模型时要考虑的总成本包括两个成本，即直接成本和间接成本，其中与单个作业有关的称为作业的直接成本，直接成本可能与人工有关，如加班费、雇用更多的工人的支出等，也可能与资源有关，如购买或租赁设备等。与维持项目正常进行有关的成本称为项目的间接成本，包括日常的管理成本、设施维护成本、资源的机会成本等。这两种成本与工期的关系是不同的，一般而言，直接成本随工期缩短而增加，间接成本则相反。

　　本节介绍的时间-成本优化分析针对的是直接成本,制订计划的关键是在时间和直接成本之间寻找平衡点,通常假设作业完成时间和直接成本之间存在一定的关系。作业时间和直接成本的关系曲线如图 9.15 所示。在图中,存在如下 4 个变量:①正常成本(Normal Cost,NC),正常成本是作业的最低期望成本;②正常时间(Normal Time,NT),是正常成本对应的完工时间;③赶工时间(Crash Time,CT),是作业完成的最小可能时间;④赶工成本(Crash Cost,CC),是赶工时间所对应的成本。实际的成本曲线应为一条下凹的曲线(图中点划线所示),是一条非线性曲线。为简化起见,通常将图中两点以直线相连,作为近似的成本曲线,即做近似线性处理。在近似直线图中,其斜率即为赶工成本率。

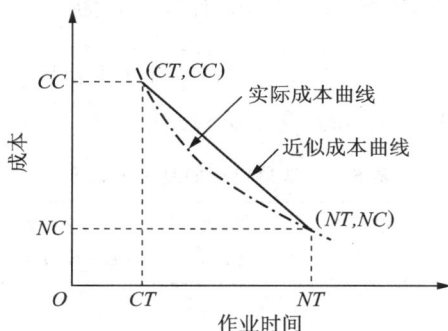

图 9.15　作业时间与直接成本的关系

　　如果项目较简单,组成项目的作业较少,则可用手算法,否则,应利用线性规划数学模型或借助于电子计算机求解,这里,先以例 9.1 说明手算的基本方法,再说明线性规划数学模型的建立,手算法的基本步骤为:

　　(1)绘制项目按照正常作业完成的网络图,如图 9.11 所示,并找出关键路线,本例关键路线为 A→E→I。

　　(2)列出项目中每个作业的正常完成时间、赶工时间、正常成本和赶工成本,如表 9.6 所列。

表 9.6　各个作业的正常时间、赶工时间及其对应的成本

作业编号	正常时间 NT (天)	赶工时间 CT (天)	正常成本 NC (元)	赶工成本 CC (元)
A	10	8	30	38
B	15	12	40	55
C	12	10	35	47
D	20	16	54	74
E	18	14	48	64

作业编号	正常时间 NT（天）	赶工时间 CT（天）	正常成本 NC（元）	赶工成本 CC（元）
F	8	6	28	32
G	16	13	40	52
H	10	9	21	25
I	20	16	50	62

（3）计算每项作业的赶工成本率 CCT。所谓赶工成本率，是指作业缩短单位时间所需的赶工成本，如图 9.15 所示，计算公式为：

$$CCT = \frac{CC - NC}{NT - CT} \qquad (9.26)$$

（4）绘制赶工成本率表，如表 9.7 所列。

表 9.7　项目作业的赶工成本率

作业	$CC-NC$（元）	$NT-CT$（天）	赶工成本率 $(CC-NC)/(NT-CT)$	可能缩短的天数（天）
A	38−30=8	10−8=2	4	2
B	55−40=15	15−12=3	5	3
C	47−35=12	12−10=2	6	2
D	74−54=20	20−16=4	5	4
E	64−48=16	18−14=4	4	4
F	32−28=4	8−6=2	2	2
G	52−40=12	16−13=3	4	3
H	25−21=4	10−9=1	4	1
I	62−50=12	20−16=4	3	4

（5）计算关键路线，这里关键路线的确定过程和方法与前面的计算过程相同，因为此时还没有缩短，故关键路线和前面的例子中一致，为 A→E→I，在缩短某个作业时间后必须重新确定关键路线。

（6）最后一步是优化的过程，基本思想是在成本增加最小的前提下，缩短关键路线的完工时间。最简单的办法是从初始计划入手，找到关键路线，将关键路线上赶工成本率最低的作业完工时间减少一天，然后重新计算并寻找新的关键路线，在新的关键路线上同样逐日减少完工时间。重复这一步骤，直到获得满意的完工时间或完工时间不能进一步缩短为止。由表 9.7 可知，关键路线为 A→E→I：赶工成本率最低的作业是 I，则首先将作业 I 缩短 1 天，即 I 的完工时间由原来的 20 天缩短为 19 天,当 I 缩短为 19 天后,新的时间和成本矩阵如表 9.8 所列,此时 I 作业为 19 天,赶工时间不变为 16 天,赶工成本也不变为 62 元,正常成本须将缩短 1 天的赶工成本考虑进来,因为赶工费用率为 3 天,所以缩短 1 天后正常成本变为 53 元。此时,新网络图的先后作业顺序保持不变,用同样的方法可以求出缩短后的新网络图的关键路线,I 缩短 1 天后的关键路线不变,还是 A→E→I。这是一个反复循环的过程,直至得到可行的最优解。本章给出试算 11 次后的时间和成本结果,如表 9.9 所列,前 10 次关键路线均为 A→E→I,到第 11 步时,关键路线为 A→E→I 和 B→F→I,此时,比较两条关键路线所包含的所有作业的赶工成本率,由表 9.7 可知,F 赶工成本率为 2,故应将作业 F 从 8 天缩短至 7 天,而不是将 E 从 15 天缩短为 14 天。

表 9.8　作业 I 缩短 1 天后的时间和成本

作业编号	正常时间 NT（天）	赶工时间 CT（天）	正常成本 NC（元）	赶工成本 CC（元）
A	10	8	30	38
B	15	12	40	55
C	12	10	35	47
D	20	16	54	74
E	18	14	48	64
F	8	6	28	32
G	16	13	40	52
H	10	9	21	25
I	19	16	53	62

表 9.9　试算 11 次的结果

序号	关键路线	赶工费用率最低的作业	完成时间（天）	赶工时间（天）	项目总时间（天）	项目总成本（元）
1	A→E→I	I	20	16	48	346
2	A→E→I	I	19	16	47	349
3	A→E→I	I	18	16	46	352
4	A→E→I	I	17	16	45	355
5	A→E→I	I	16	16	44	358
6	A→E→I	A	9	8	43	362
7	A→E→I	A	8	8	42	366
8	A→E→I	E	17	14	41	370
9	A→E→I	E	16	14	40	374
10	A→E→I	E	15	14	39	378
11	A→E→I B→F→I	F	7	6	39	380

　　现可以绘制赶工对应的项目总时间和总成本曲线,从而可以确定在给定赶工总成本条件下所对应的赶工时间,以确认是否满足变更项目的要求。一般而言,在项目有赶工要求时,通常都是应急的情况,很少考虑成本的影响,只要考虑现有的资源是否满足赶工的要求即可。

　　整个项目计划的最低直接成本可利用线性规划方法,通过建立线性规划模型,借助计算机求解。建立线性规划数学模型时,须参照图 9.15。设作业 (i,j) 的正常完成时间是 NT_{ij},正常成本是 NC_{ij},赶工时间是 CT_{ij},赶工成本是 CC_{ij},赶工成本率是 CCT_{ij},缩短后的作业时间为 t_{ij},则作业 (i,j) 的直接成本为 $A_{ij}-CCT_{ij}CT_{ij}$,其中

$$A_{ij} = \frac{CC_{ij} \cdot NT_{ij} - NC_{ij} \cdot CT_{ij}}{NT_{ij} - CT_{ij}} \qquad (1 \leqslant i \leqslant j \leqslant n) \qquad (9.27)$$

由此可知,全部作业的总成本,也即项目的总成本

$$f(t) = \sum_i \sum_j (A_{ij} - CCT_{ij} \cdot t_{ij}) \qquad (9.28)$$

因目标是在规定工期下的总成本最小,故目标函数可写为:

$$\min \quad f(t) = \sum_i \sum_j (A_{ij} - CCT_{ij} \cdot t_{ij}) \qquad (9.29)$$

因 A_{ij} 为常数,故目标函数可写为:

$$\max \quad f(t) = \sum_i \sum_j CCT_{ij} \cdot t_{ij} \qquad (9.30)$$

满足如下约束条件:

$$CT_{ij} \leqslant t_{ij} \leqslant NT_{ij} \qquad (9.31)$$

$$E_i + t_{ij} - E_j \leqslant 0 \qquad (9.32)$$

$$t_{ij} \geqslant 0 \qquad (9.33)$$

式中

　　E_i——第 i 个结点的最早开始时间;

　　E_j——第 j 个结点的最早开始时间。

　　设 θ 为整个项目完成时间的上限,则又有约束条件:

$$-E_1 + E_n \leqslant \theta \qquad (9.34)$$

θ 值本身的上限是正常的项目完工时间,下限则是按赶工的总项目时间,故 θ 值存在一个范围,即给定不同的项目完工期,可以得到不同的最优解,这样的线性规划问题又称为参数线性规划(Parametric Linear Programming),它可以利用对偶线性规划的方法来求解。将不同的 θ 值对应的直接成本求出并绘图,其形状为分段直线,如图 9.16 所示。如果再考虑间接成本,则可将直接成本、间接成本及总成本绘制如图 9.17 所示的曲线,这样可得最小的总成本对应的 θ 值。理论上讲,当间接成本和直接成本相等时,其对应的总成本最小,因对直接成本做

了线性化处理,故最后求出的 θ 值和理论值有所偏离。

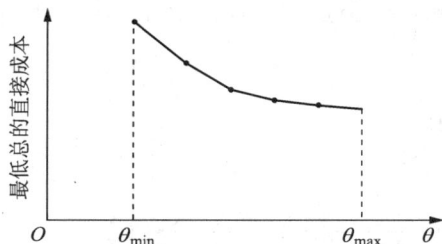

图 9.16　最低直接成本图

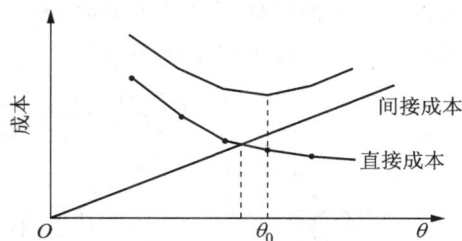

图 9.17　总成本图

9.4.2　时间-资源优化分析

项目中的每项工作在实施中都需要消耗资源。所谓资源,就是完成工作所需要的各种人力、材料和设备,以及资金等。有些资源是会消耗掉的,如各种材料,称为消耗性资源,同样,也有些资源是不会消耗掉的,称为非消耗性资源,如人力、设备等。因为资源是形成生产力的要素,所以也称为生产要素,在众多资源中,人力因素往往是最重要的决定因素。对资源必须进行合理的安排,以保证实现资源的平准。

项目管理的一个重要特征,是在限定的资源条件下,尽可能保证项目按期完工。这和物料需求计划中对能力和负荷进行平衡分析的粗能力计划和细能力计划类似。通常把项目在一个单位时间段上的资源需要量称为负荷。而能力通常是可知的。网络计划资源优化的根本目的是使整个计划在工期固定不变的前提下,资源的利用最为均衡、合理,并取得最佳的经济效果。

虽然采用 CPM 方法或 PERT 方法可以得到关键路线等数据,但是,如何将它与资源进行匹配,使得在整个计划期内,各阶段所需的资源较为平准,要进行资源的优化分析,还必须考虑项目中时间的概念。进行资源优化的思路是:根据各工序存在的总时差,来不断调整各工序的开始时间,使所有工序所占用的资源在整个工期内处于均衡状态。到目前为止,已发展出许多算法对资源进行优化分析,比较简单直观的是手动试算法,典型的是 Burgess 资源平准算法,较复杂的有各种启发式求解算法(Heuristic Method),以及应用电子计算机程序协助求解的方法,本章将详细说明 Burgess 资源平准算法的步骤。

考虑工期和负荷平衡的一般原则是:①优先保证关键工作对资源的需求,因为关键路线无松弛时间,故无法调整关键路线的资源;②充分利用时差,错开各工作的开始时间;③尽量使项目实施各阶段的负荷均衡。

例 9.3　用 Burgess 方法来说明资源优化的分析步骤,本例资源以所能提供的劳动力数量来描述。网络图如图 9.18 所示。各个作业的作业时间及所需的人力资源在图 9.18 中示出,可按以下步骤对资源进行优化,以使资源平准,保证项目按期完成。调整的目标是使每单位时间的资源平方和最小化,因为若每单位时间资源的使用比较平准时,其平方和一定为最小。利用 Burgess 方法实现资源平准应遵循以下步骤。

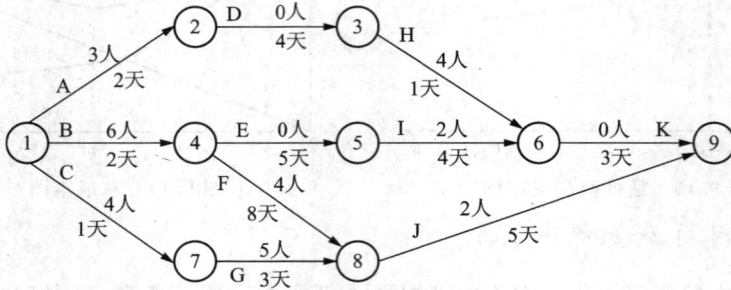

图 9.18　项目的网络计划图

（1）计算每个作业的时间参数。计算每个作业的几个时间参数:最早开始时间、最早结束时间、最迟开始时间和最迟结束时间,如表 9.10 所列。在绘制该表格时,作业的编号和所有作业的后续作业都在下面而不会出现在该作业的上方。

表 9.10　作业的时间参数计算结果

结点编号	作业名称	时间参数（天）						
		T	ES	EF	LS	LF	TF	TL
1,2	A	2	0	2	5	7	5	0
2,3	D	4	2	6	7	11	5	0
1,4	B	2	0	2	0	2	0	0
4,5	E	5	2	7	3	8	1	0
3,6	H	1	5	11	11	12	5	4
5,6	I	4	7	11	8	12	1	0
1,7	C	1	0	1	7	8	7	0
4,8	F	8	2	10	8	16	0	0
7,8	G	3	1	4	9	12	6	6
6,9	K	3	11	14	4	7	1	1
8,9	J	5	10	15	5	10	0	0

由表可知,关键路线为 1→4→8→9。由此可以绘制该项目的资源图,如图 9.19 所示。该资源图中,每格代表 1 天,黑体方格表示作业所经历的时间,黑体方格的左边表示该作业的最早开始时间,方格右边表示该作业的最早结束时间,紧随其后的空白方格是该作业的松弛时间。如果有自由松弛时间,则在图中标出,以 FS 表示。空白方格表示在资源优化时可以调整的资源。如果项目中某

项作业因为某种原因不能调整,必须说明。

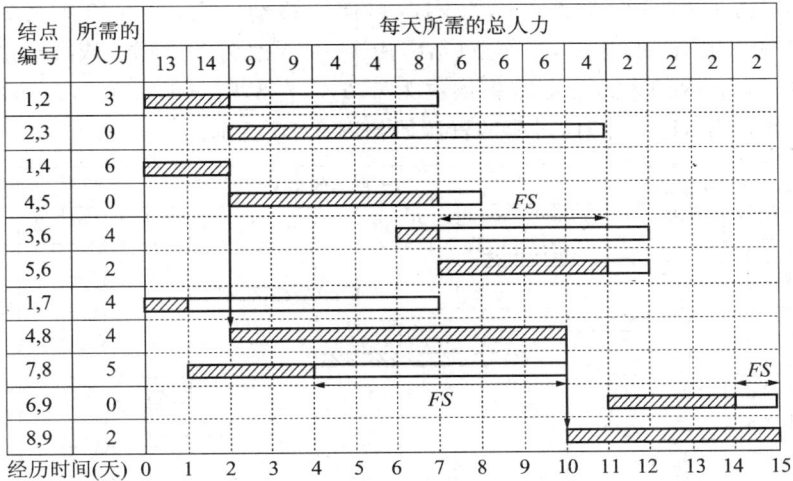

结点编号	所需的人力	每天所需的总人力													
		13	14	9	9	4	4	8	6	6	6	4	2	2	2	2
1,2	3															
2,3	0															
1,4	6															
4,5	0								FS							
3,6	4															
5,6	2															
1,7	4															
4,8	4															
7,8	5							FS							FS	
6,9	0															
8,9	2															

经历时间(天)　0　1　2　3　4　5　6　7　8　9　10　11　12　13　14　15

图 9.19　项目的资源分配

(2) 由最下面位置的作业开始调整,以单位时间为准,检验平方总和的变化,调整时遵循的原则是每单位时间资源平方和最小,因为如果每单位时间资源的使用比较平准时,其平方和一定较小,例如,假设现有人力为 6 人,供 2 天使用,则有下列几种分配方案:(6,0),(5,1),(4,2),(3,3),其平方和分别为 $6^2+0=36$,$5^2+1^2=26$,$4^2+2^2=20$,$3^2+3^2=18$,很明显,(3,3)的分配方案平方和最小,对应的资源也最均匀。如果单位时间平方和变小,在松弛时间范围内,再向右移动一单位时间,直至平方总和变得较大为止,尽量向右移动,使上方位置的作业,有较多的调整机会。

(3) 将调整好的作业固定,重复步骤(2),依次向上做下一个作业的调整。在调整时,可观察在其下方位置有关作业的限制,在本例中,若作业(6,9)已向右移动 1 天,则在调整作业(5,6)时,也仅能往后移动 1 天而已。

(4) 重复步骤(3),直至抵达最上方作业为止,即完成第一循环的调整。

(5) 第一循环调整后,再设法将所有作业向右移动,进行第二循环的调整,检查一下是否可以减少平方和的数值。

(6) 如认为某作业特别重要,则重新排列作业的顺序,即将作业编号与前面的号码相互调换位置。在本例中,可将作业(3,6)与(5,6)对换位置,再依上述步骤求出结果。

(7) 比较步骤(5)和(6)所得的结果,选择最佳方案。

将上述步骤用于本例,得出初始的资源分配总平方和为 763,因为作业(8,9)为关键路线中的作业,所以无法调整。其次,检查作业(6,9),将它向右移动 1

天,因为不须消耗人力,所以总的平方和并没有增加,往上再检查作业(7,8),将它向右移动 1 天,此时平方和降为 712,再向右移动 1 天,平方和并无变化,此时,再右移反而增加,所以,将作业(7,8)由 1～4 天改为 3～6 天,依次类推,逐步调整,则 15 天内的人力分配结果依次为 6,6,7,7,8,9,9,6,6,4,8,2,2,2,对应的总平方和为 641。此时,对应的资源图如图 9.20 所示。

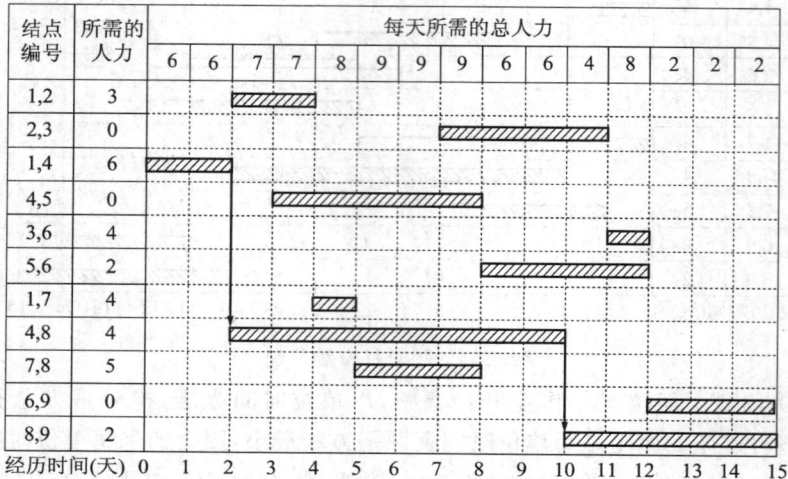

结点编号	所需的人力	每天所需的总人力													
		6	6	7	7	8	9	9	6	6	4	8	2	2	2
1,2	3														
2,3	0														
1,4	6														
4,5	0														
3,6	4														
5,6	2														
1,7	4														
4,8	4														
7,8	5														
6,9	0														
8,9	2														

经历时间(天) 0　1　2　3　4　5　6　7　8　9　10　11　12　13　14　15

图 9.20　优化后的资源

资源安排和优化的根本意义在于合理调配资源,即适时、适量、比例适当地配备或投入资源,既满足项目实施的要求,又满足资源使用效率。另外,在项目实施过程中,计算机的应用,使非常复杂的资源安排优化工作可以自动地进行,即使对于包含上千个工作的项目,其优化处理也仅仅需要几秒钟的时间即可以完成,而且,目前的项目管理软件还能进行多种资源的同步安排及优化,并输出相应的资源需要量动态图,对资源进行动态管理,以满足项目实施过程中不断变化的需要。

9.5　项目控制

项目控制作为项目管理的重要组成部分,在项目计划制订之后的项目实施阶段,对完成项目的成败起着关键性作用。为了使项目实施的结果不偏离计划,或者一旦偏离能及时得到纠正,必须对项目实施的过程进行连续动态的控制。项目的控制应遵循以下三个基本步骤:控制目标的设置、检查成效和纠正偏差。项目控制目标的设置应随着项目的不断深入而分阶段设置,控制目标除了具有先进性,还要有实现的可能性。通常认为项目控制的理想目标是工期最短、投资最省和质量最好。这三个目标组成了一个相互制约、相互影响的统一体,其中一个目标的变化,必然导致另外两个目标的变化,并受另外两个目标的制约和影响。控制目标设定以后,必须在实施过程中,将实际状态和目标点适时地进行比较,一旦发现偏差,就要采取措施进行纠正。将控制论的一般原理用在项目管理上,可以简单直观地描述为:计划+监督+纠正措施=控制。必须指出的是,对于任何一个项目来说,其质量、成本和进度的控制是动态的、循环的,直至项目完成,实现项目目标为止。控制论的基本原理只是为我们提供了一个基本的理论性基础,要搞好项目控制,还必须研究、分析三个被控对象的不同特点和影响因素,有针对性地把握不同的原则,采用不同的方法、手段,才有可能达到预期的目标。图 9.21 为项目控制的一般流程。

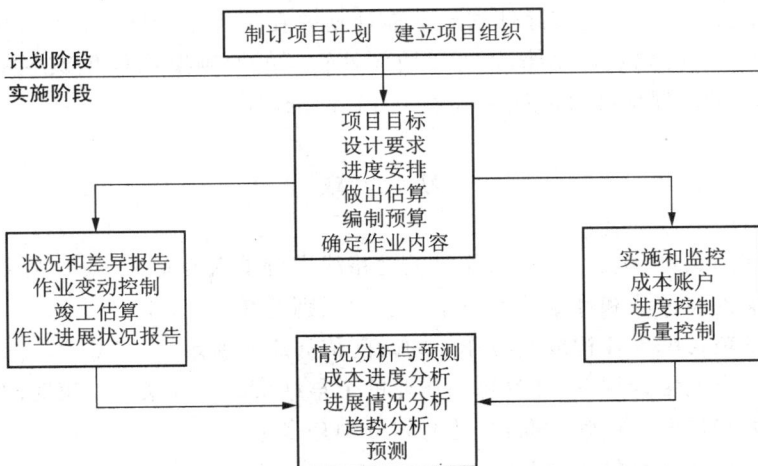

图 9.21　项目控制的程序

在项目实施阶段,如果严格按照项目所做的计划进行,则不会出现拖延工期的情况。实际上并非如此,常常会出现某些作业不能按时完成的情况,所以有必要对项目计划的实施情况实行进度的控制,最终保证项目在规定的工期内完成。任何一个项目,如果是比较简单的项目,则可用 Gantt 图直观地表示,即使是用网络计划方法进行计划,则也可以用 Gantt 图的方式直观地显示。Gantt 图明确且非常直观地规定了每项作业的开始时间和结束时间,所以根据 Gantt 图可以对项目进度计划实行简单、方便的控制。

任何一个项目都要耗费一定的资源,只要消耗了资源,必然相应地产生成本。项目的成本分为直接成本和间接成本两种。所谓直接成本,是指项目进行过程中直接消耗的成本,如人工费、材料费、设备费和其他直接成本;其他直接成本是指项目进行过程中所发生的直接成本以外的其他成本,如材料经过两次搬运的成本等。间接成本是由项目组织、管理的等所发生的间接成本全部的支出,项目的成本通常不包括劳动者为社会创造的价值,如税金和利润等。

项目的成本控制是指在项目形成过程中,对生产经营所消耗的人力、物力资源和成本开支,进行指导、监督、调节和限制,及时纠正已经发生和将要发生的偏差,把各项成本控制在计划成本的范围之内,以保证项目成本目标的实现。

项目控制通常可以用直观的手法表现出来,这和精益生产中的目视管理的理念类似,主要用来将项目实施过程中的有关状态直观地显示出来,常用的控制样本图有:总计划成本分解图,单一作业直方图,部门成本和工时分解图,成本及工作追踪计划等。

项目实施过程中要对项目的各项指标进行跟踪,项目过程的跟踪要等到项目作业步入正轨后才能进行。项目的实际进展可能与初期计划的情况有所不同,利用跟踪甘特图,将实际计划与基准计划并在一起绘于图上,这样可以容易地注意到二者的偏差。此外,还可以用例外管理的原则发现预算成本和实际成本的差异,最终保证项目的各项指标在可控的范围内。

习　题

1. 何为关键路线? 为什么要对关键路线进行重点控制?
2. 关键路线法和计划评审技术方法的区别是什么?
3. 某项目的作业构成及各作业的时间值如表 1 所示。
① 画出网络计划图,计算每项作业的最早结束时间和最迟结束时间;
② 哪些作业有松弛时间,松弛时间分别是多少?
③ 求出该项目的关键路线。

表 1　作业已知参数

作业编号	作业时间(min)	前续作业
A	5	—
B	3	—
C	3	B
D	6	B
E	8	A,C
F	4	A,C
G	1	F
H	5	F
I	7	D,G
J	12	D,G
K	10	E,H,I

4. 某项目由 15 个作业所组成,每个作业的正常时间、乐观时间和悲观时间,以及作业间的顺序关系如表 2 所列,试用计划评审技术(PERT)进行项目的计划:

① 画出网络计划图;

② 求出该项目的关键路线;

③ 计划完成时间具有 80％的概率是多少?

表 2　作业的 3 点时间估计值

作业编号	乐观时间(min)	正常时间(min)	悲观时间(min)	前续作业
A	1	2	3	—
B	4	5	7	—
C	1	3	5	A
D	6	8	10	B
E	8	10	12	B
F	3	4	6	A,D
G	7	9	10	C,F
H	4	6	7	C,F
I	6	7	8	D
J	1	2	3	D,E
K	10	14	16	G
L	7	8	10	H
M	4	6	7	I,J
N	9	11	12	G,H
O	13	15	18	L,M

5. 某项目由 7 个作业构成,先后顺序、完成作业正常时间、正常费用、赶工时间和相关费用如表 3 所列。

① 画出网络计划图,确定关键路线和计算项目的工期是多少?

② 如果要求完工时间减少 6 周,并假设成本增加与时间缩短之间是线性关系,试说明怎样才能实现上述目标?

表 3　作业的正常和赶工两种情况下的时间及费用参数

作业编号	正常时间(周)	正常费用(元)	赶工时间(周)	赶工费用(元)	前续作业
A	10	3 200	6	6 000	—
B	20	5 000	14	9 000	A
C	16	2 400	14	3 400	B
D	12	1 800	10	2 400	B
E	14	1 400	12	2 800	C
F	8	2 800	6	3 200	C
G	8	3 200	6	4 500	D,E,F

第 10 章　准时化生产

　　物料需求计划较适用于大批量生产,项目进度计划与控制较适用于单件生产,本章要介绍的准时化生产则适用于中小批量生产。与物料需求计划这种推动式生产计划不同,准时化生产被称之为拉动式的生产过程,即只有当市场需要的时候才生产,如果没有市场需求,就不要生产。相对而言,准时化生产的计划过程比较简单。理论上讲,采取准时化生产的企业,其库存能降到零。准时化生产以"零库存"为追求目标,以消除企业内存在的一切浪费为宗旨;作为物料计划与控制的两个基本方法之一,准时化生产对生产计划中物料需求计划的实施和执行的控制有很大的作用。本章主要包括以下几个部分:①准时化生产的基本概念;②准时化生产的实施方法——看板管理;③准时化生产和物料需求计划结合的生产管理方法;④准时化采购。

10.1　基本概念

10.1.1　准时化生产的由来

自 1913 年福特发明汽车流水装配线以来,汽车业高速增长,其生产方式一直沿用福特大量生产方式,此时汽车的品种比较单一,生产量非常大。到了 20世纪 70 年代末,出现了严重影响世界经济的能源危机,汽车业进入了低增长的阶段。在此冲击下,以消除制造过程中的一切浪费为宗旨的准时化生产,首先由日本丰田汽车制造公司创立并发展起来,故又称为丰田生产方式,比较流行的叫法是丰田生产系统(Toyota Production System,TPS)。20 世纪 80 年代初,日本有许多行业全面超过了美国,其中尤以汽车和电子行业为代表。在这种背景下,美国许多行业尤其是汽车业感到了前所未有的压力,于是麻省理工学院(MIT)组织了一项国际汽车研究项目计划(International Motor Vehicle Program,IMVP),历时 5 年之久,耗费几千万美元之多,对日本的企业进行了深入的调查研究,最后将日本丰田式的生产方式总结为精益生产方式,精益生产方式是 21 世纪生产方式的发展趋势。

准时化生产和精益生产紧密相连。精益生产是以必要的劳动,确保在必要的时间内,按必要的数量生产必要的产品,以期达到消除无效劳动,降低成本,提高质量,实现零库存、零缺陷、零故障和零浪费的最佳生产过程,以及用最少的投入实现最大的产出的目的。准时化生产则是精益生产中最核心的部分。

众所周知,丰田生产系统有两大支柱:一是自动化,此自动化非原来的自动化,二者的核心区别是现在的自动化更强调人的主观能动性。二是准时化生产,如图 10.1 所示。大多数企业,尤其是汽车企业在学习日本精益生产方式时,重点学习其中的准时化生产。因为它是精益生产的精髓,所以工厂只有认真地推行准时化生产,才能贯彻精益生产的哲理,当然这必须以现场管理的基础工作为

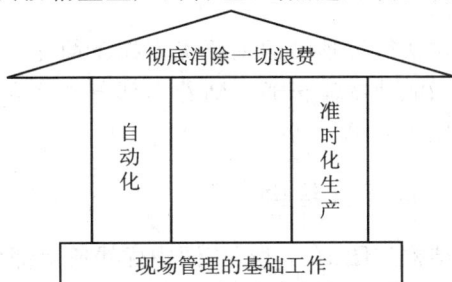

图 10.1　丰田生产系统的两大支柱

前提条件。

10.1.2 准时化生产在生产计划与控制中的应用

物料需求计划强调计划,而准时化生产强调车间生产现场的控制,物料需求计划和准时化生产从理念上讲是矛盾的对立面,但并非不可统一,二者的结合点在于现场。图 10.2 表明了准时化生产程序同物料需求计划这个框架之间的关系。阴影区域表示因准时化生产的实施而可能受到影响的生产计划与控制部分。它将会影响整个框架,但受到最主要影响的却是后端低层的执行部分。准时化生产超出了传统的生产计划与控制的范畴。

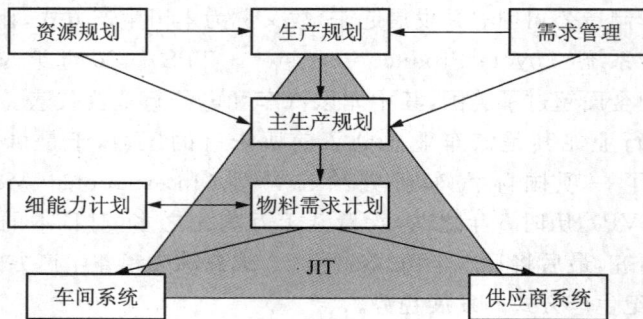

图 10.2 生产计划和控制系统与准时化生产

准时化生产程序的实施基于订单快速通过工厂的概念,看板管理是准时化生产的重要手段,这样,无须用复杂的车间控制系统对生产过程进行跟踪,这种方式不仅适用于工厂内部自制物料,同样也适用于外购物料。如果某些物料在接到入库单的数小时内就要用到,则就没有必要将这些物料入库。准时化生产不是仅在企业内部实施,还有一层意思,即要求供应商也能及时供货。正因为有此要求,实施准时化生产的企业可迅速且方便地从供应商那里得到准时采购的物料,以便及时送至生产现场,这样可以使在制品数量降低,从而达到消除在制品库存,降低成本的目的。

准时化生产方法在执行过程中的主要优点在于简化,其目的是为了设计制造单元、产品和系统,以能使物流畅通。随着大部分质量和分配问题的解决,实施准时化生产就变得比较简单。

10.1.3 准时化生产的体系结构

精益生产的体系结构如图 10.3 所示,图中虚线所示部分为准时化生产体系结构。该图贯穿 3 条主线,即精益生产要达到的 3 个零目标:零库存、零缺陷和设备零故障,前两个目标都是针对产品的。以追求零库存为目标的准时化生产作为精益生产的核心,通常必须借助于看板才能得以实现,从某种意义上说,准时化生产是一种哲理,是一种解决问题的思想。

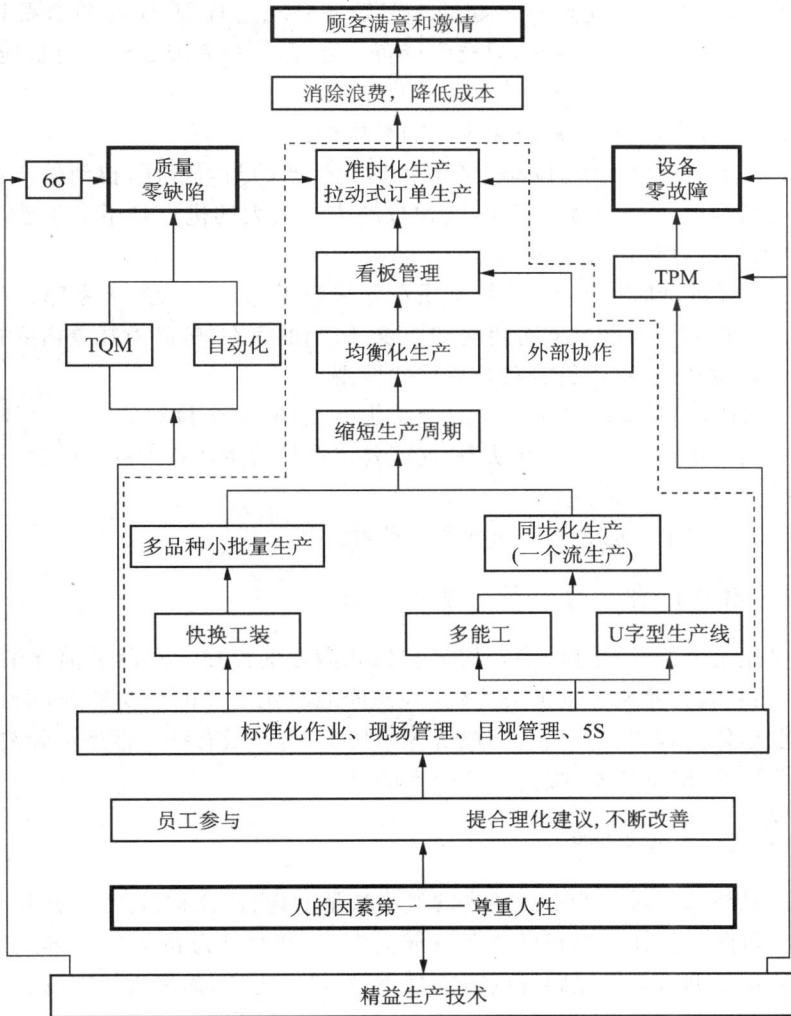

図 10.3　精益生产的体系结构

图 10.3 的下面部分为精益生产的基础工作,其中最重要的基础工作是人的因素,在影响生产效率的诸要素中,人的因素是最重要的因素。必须充分发挥员工的主观能动性,尊重人性是实现准时化生产最基本和最关键的保证,因此必须建立工作小组,制订提合理化建议的制度,发挥团队精神,在班组建设过程中,要由员工自愿形成质量小组,定期交流讨论。必须对工人进行授权,在生产一线的工人发现问题时,授权工人可将生产线停下来。必须对员工进行教育和培训,对

员工进行多种技能的训练。要想取得准时化实施的成功,企业必须做好以 5S 为基础的现场管理工作,包括工作的标准化、目视管理等,这是实施准时化生产的前提条件。除此以外,还要有良好的工艺顺序和工艺规程,工序质量要得到控制,设备及工装运行效率良好,现场生产布置合理,原材料或配件及时供应,质量稳定。

由图 10.3 可以看出,准时化生产的实质是:

(1)拉动式订单生产,拉动生产是准时化生产的基本特征,拉动生产也即意味着仅在需要时生产所需的产品,这种拉动生产最大的优点是不会生产多余的产品,从而使库存可以大幅度降低。

(2)要保证准时化生产,必须有质量零缺陷做保障。以追求零库存为目标的准时化生产对产品的缺陷有更高的要求,缺陷的存在,势必意味着需要在适当的时候中止生产线,这不符合精益思维的原则。

(3)同样,要保证准时化生产的产品优质、及时地交付顾客手中,同时要求设备维持良好的运行状态和开动率,这就要求在精益生产技术的基础上,建立一套可行的全员生产维护体系。

(4)准时化生产适合于多品种和小批量生产。

10.1.4　浪费的种类及消除浪费的方法

准时化生产的宗旨是消除一切显在的和潜在的浪费。既然要消除浪费,降低库存,实现真正意义上的准时化生产,保证准时化生产的成功实施,则必须首先将企业运作过程中存在的一切浪费源泉找出来,然后有针对性地消除浪费,以达到消除浪费、降低成本、提高生产效率的目标。

1. 浪费的定义和种类

浪费是指除了对生产不可缺少的最小数量的设备、原材料、零部件和工人以外的任何东西的消耗。浪费必然会造成损失,导致企业总的运作成本上升。这里最小数量指的就是满足顾客的需求量,不要过度生产,而是根据市场的实际需求来生产。

浪费既有显在的浪费又有潜在的浪费,浪费会造成成本增加,降低企业的竞争力,浪费好比冰山,露在水面的可以视为显在浪费,它只是冰山的一角,而潜在的浪费(即水面以下的冰山)则非常惊人。日本丰田生产方式对浪费的种类进行了分类,主要有以下 7 种浪费:

(1)过量生产的浪费——不是根据市场的实际需求生产,必然会产生多余的成品库存;同样,如果不是根据后道工序的实际需求生产,将会产生在制品库存或半成品库存。过量生产会造成场地面积、运输、资金和利息支出的浪费,可以采用看板手段进行控制。

（2）等待时间的浪费——如果是一个流的生产,则不会存在等待时间的浪费,实际上,在许多情况下,从成本和技术角度考虑都是按一定批量进行生产的,批量生产本身必然会造成不得已的等待现象。加工过程中也会存在等待时间和人的浪费,如机器加工时人员的闲置,或劳动组织不合理产生的等待时间,可以通过对劳动分工进行调整,严密组织生产而达到减少等待时间的目的。

（3）运输的浪费——由于设备布置的不合理而造成物料运输不畅通,额外的运输不会产生附加值,相应的措施是调整平面布置,合理组织物流。

（4）库存的浪费——任何库存品都必附带产生在制品的管理和维护费用,只有大幅度减少成品、半成品、在制品,以及原料的库存量,才可以大幅度减少浪费。采取的措施是严格根据订单拉动生产。

（5）过程（工序）的浪费——由于操作标准不正确,或者没有采用适当的加工技术,导致工时、工具和设备等的浪费。采取的措施是对工序进行改进。

（6）工作方法的浪费——没有采用标准的工作方法而造成的浪费。采取的措施是对工位进行合理布置,操作的分析和动作的分析与改进。

（7）产品缺陷的浪费——由于缺乏适当的预防措施,或没有及时调整操作标准,甚至没有按照标准化要求进行作业,致使连续产生含有缺陷的产品和次品流入市场,造成用户退货、索赔等损失,从而使直接或间接成本增加。采取的措施是增加防错装置,并且要求企业贯彻全面质量管理的思想。

2. 消除浪费的常用方法

浪费可以分为几个层次:第一层次的浪费是过剩的生产能力的浪费,包括过多的人员、过剩的设备和过剩的库存。第一层次的浪费不消除,则势必导致制造过剩的浪费,这是所有的浪费中最大的浪费,也即第二层次的浪费。制造过剩必然会产生第三层次的浪费,即过剩库存的浪费,过剩的库存要求多余的仓库、多余的搬运工、多余的搬运设备、多余的库存管理人员和使用多余的计算机进行信息管理,这是第四层次的浪费,第三层次的浪费和第四层次的浪费会造成利息支出的增加和设备折旧费,以及间接劳动费等的增加,最终造成产品成本的增加。消除浪费有以下几种手段:

a. 源头质量的控制

质量是制造出来的,不是检验出来的,贯彻这种思想,就可以减少由于检验不准确出现不合格品造成的浪费。这不仅要求员工有"质量是制造出来的"这种意识,更要从源头上加以控制,控制源头质量意味着在工作之初就要做得十分正确。在生产过程中出现错误时,就立即中止该工序或装配线,这要求公司有充分的授权,在美国许多传统企业中,工人中止工序或装配线简直是不可想象的,而在精益生产方式中,必须要求这么做,才能从源头上进行控制。有的汽车企业提出生产过程中贯彻"三不",即不产生缺陷、不传递缺陷和不制造缺陷,当然要做到这一点,不能教条地去理解,而应当具体情况具体分析。例如,在对汽车喷漆时,如果发现有上道工序即车身车间带来的缺陷,此时若按照"三不"思想做,应将此有缺陷车架返回车身车间进行修理,再返回喷漆车间,这种返工会导致出现许多不增值的活动,可以采取比较灵活的措施:车身车间派专人到喷漆车间,一旦发现问题当场予以消除。

质量包括自动化或称为自动检测,也可称为带人字旁的自动化。在精益生产里通常将它称为 Poka-yoke(防误装置)。利用这种防误装置可以减少一些人为造成的质量问题。

b. 均衡生产车间负荷

传统的平衡方法是平衡生产能力,但市场是动态的,波动随时存在,平衡生产能力势必要求生产能力随着市场需求的变化不断地做调整,显然这难以收到很好的效果。从基于最优化生产技术(Optimized Production Technology,OPT)的生产计划和控制方面讲,该平衡的不是生产能力,而是物流,也可以理解为平衡生产中的负荷。平衡生产流可以减少由于计划不均衡所带来的反应,这称为均衡车间生产负荷。当总装线上发生变化时,这种变化就在整条生产线上和供应链上被放大了。消除该问题的惟一办法是制订固定的月生产计划,使生产率固定下来,尽可能减少变化和不做调整。

日本人发现,可以通过每天建立相同的产品组合,进行小规模生产的方式,解决车间生产负荷不均衡的问题。因此,日本企业总是建立一个综合产品组合来适应不同的需求变化。

在均衡过程中,有必要将月产量分解成日产量,从而计算出生产周期时间。该周期时间用于调整资源,以生产出所需的精确数量的产品。JIT 强调按计划成本和质量进行生产。

c. 看板生产控制系统

日本丰田汽车公司为致力于减少浪费,认为应从制造过多而产生多余的呆滞品与半成品库存,以及加工方法与技术的改进着手,提出看板生产控制系统以实现达到零库存的目标。看板控制系统是使用看板管理,准时化生产下的物流将保证在需要的时候生产需要数量的产品。在日本,看板意味着"口令"或"指令卡",看板可以使用卡片表示,也可以使用容器代替卡片,卡片或容器组成了看板拉动系统。上游的生产或供应部件的权利来自下游操作的需求拉动。

d. 最小化换模时间

因为准时化生产以小批量生产为准则,故机器的换模工作必须迅速完成,以实现在生产线上进行多品种小批量的混合生产。日本在快速换模方面遥遥领先,如丰田汽车公司的夹具小组,为实现小汽车车篷和挡板的混合生产,能够在 10min 内完成 800t 压力机的换模;而同期的美国企业平均要花 6h,德国平均要花 4h。在汽车公司,快速换模的重要性在冲压车间里尤为明显。以笔者于 2002 年 5 月所做的调研来看,国内上海通用汽车有限公司冲压车间的最短换模时间在 10~15min 左右,上海大众汽车有限公司最短的也在 15~20min 左右(600t 压机),平均要花 30min 左右。

在准时化生产系统中将换模工作划分为内部换模和外部换模。内部换模只能在停机后才能进行,而外部换模则可在机器的运行期间进行。为实现换模时间的减少,应尽可能地将内部换模转化为外部换模。日本和欧美国家在实现快速换模方面所采取的措施不尽相同,日本换模小组注重实际模拟练习,以期提升熟练水平达到快速换模的目的。在美国,则通过设计一些高效率的装备来实现这个愿望。

10.1.5　准时化生产的收益

实施准时化生产可以最大限度地降低库存,消除浪费,从而使产品的生产成本尽可能地降低。表 10.1 所列的定量数据反映出实施 JIT 后企业的收益情况,这是美国对一些实施精益生产方式后的企业所取得的效果做的统计分析[2]。

表 10.1　实施准时化生产的收益

改进量	改进值(%)	
	合计百分比(3~5 年)	年百分比
制造周期时间减少	80~90	30~40
原材料库存减少	35~70	10~30
在制品库存减少	70~90	30~50
成品库存减少	60~90	25~60
直接劳动力成本减少	10~50	3~20
间接劳动力成本减少	20~60	3~20
空间需要减少	40~80	25~50
质量成本减少	20~60	10~30
材料成本减少	5~25	2~10

10.2　准时化生产的计划方法——看板管理

准时化生产是一种全新的生产管理思想,看板(Kanban)是实施准时化生产的重要手段,看板管理是准时化生产成功的重要保证。在实施精益生产方式时,有的人常会产生这样一种误解，即认为 JIT＝Kanban。日本筑波大学的精益生产管理大师门田弘安教授曾指出："丰田生产方式是一个完整的生产技术综合体；而看板管理仅仅是实现准时化生产的工具之一。"

10.2.1　拉动系统

1. 拉动系统的层次

拉动系统中的拉动有 3 个层次：①生产系统之外，市场需求拉动企业生产，即跟单生产；②生产系统之内，后工序拉动前工序的运作方式（生产线内部拉动）；③主机厂的需求拉动配套厂、协作厂及原材料的生产供应（也称外部拉动）。物流控制的"拉动"系统发生在一个工作中心被授权生产的时候，而此时表明其下游工作中心已经存在零组件相关物料的需求。一般说来，不允许任何工作在未得到授权（或拉动）时就将物料推至下游工作中心。

下游工作中心传递信息的方式差别很大，用得最多的是一种称为看板的卡片。也有的采取单箱系统或双箱系统。在丰田汽车公司发展 TPS 早期，曾有利用彩色高尔夫球传递信息的记录，甚至车间现场的存储区域也可以传递生产信息。当区域为空时，授权生产部门生产物料来填充它，在需要时，使用部门将物料从此区域取走，仅在此区域为空时才会发生授权生产。

以看板为手段的拉动系统起源于丰田汽车公司，而它却是从美国超级市场受到启发的。在超市，顾客购买许多商品，在收款处将货物的清单以单据形式打印出来，单据上反映出所购货物的种类和数量及价格，此单据类似于所谓的看板，顾客在超市出口处将单据返回给超市，超市将单据送达采购部，根据单据显示的数据去采购顾客购买的等量货物，在货物达到超市后，将前面看板取下，放上一个搬运看板，搬运工根据信息进行相应的搬运作业。当某位顾客买走了某件物品，该物品会被及时得到补充，并且是相同的数量，如果没有顾客购买，就不补充。与汽车生产企业类比，假定把超级市场看成在生产线上的前过程，顾客则是生产线上的后过程，在必要时，才向相当于超级市场的前过程去购买必需的商品（零件）。前过程就把后过程所取走物品（产品）的分量补充起来。在 1953 年，丰田汽车公司的大野耐一先生将他在美国学到的这种拉动思想，在汽车公司的机械工厂内予以贯彻应用，从而发展至现在的精益生产。通常企业内部的拉动生产方式可用图 10.4 表示。

2. 拉动系统的前提条件

对于大多数拉动系统来讲，需要在适当的时间内保持计划的稳定性，这为下游工作中心提供了稳定性及实现了整个工作流的平衡。另外一个重要前提条件

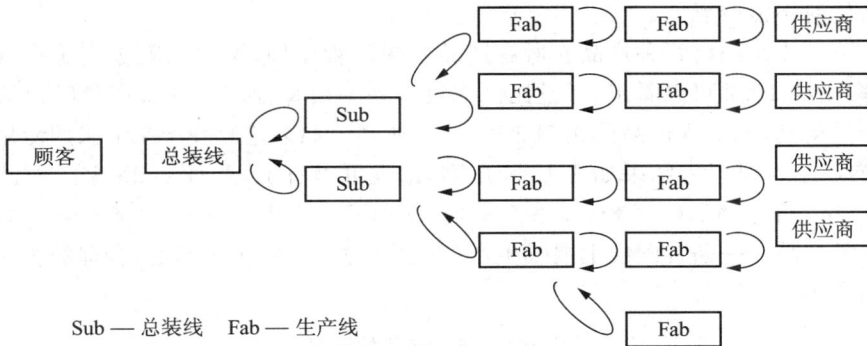

Sub — 总装线 Fab — 生产线

图 10.4 制造企业内部拉动示意图

就是保证生产的平准化。除此以外,需要确定在工作中心传送物料容器合适的大小,因为它涉及对物料搬运的考虑、车间中的堵塞、近似加工中心数目,以及成本因素等。

平准化生产遵循以下步骤:

(1) 计算总的生产周期,用每个月总的工作日数除以总的月产量得到。

(2) 计算每种产品的生产周期,用每个月总的工作天数除以每种产品的月产量得到。

(3) 根据每种产品的生产周期比率来安排平准化的工作顺序。

现以一例说明上述步骤。

例 10.1 假设要生产 5 种汽车,对应的型号分别是 A,B,C,D 和 E。假设每月 20 个工作日,每天 1 班,每班 8h,每种产品的月产量、日产量和周期时间如表 10.2 所列。

表 10.2 5 种汽车的产量

产品型号	月产量(辆)	日产量(辆)	周期时间(min)
A	4 800	240	2
B	2 400	120	4
C	1 200	60	8
D	600	30	16
E	600	30	16

由表 10.2 可知,全部 5 种型号的总月产量为 9 600 辆,总的日产量为 480 辆,总的生产周期为 1min。在准时化生产环境下,计算生产周期时,用每日的工作时间除以每日的产量,这里的日产量应根据每天必需的生产数量来确定,而不是以现有生产能力来定。因为如果以现有生产能力来决定日产量,则在需求较低时可能造成生产过剩的浪费,这种现象是以消除一切浪费为宗旨的准时化生

产所绝对不能容忍的。

　　下一步是确定每种产品在所有产品中的产量比例,该比例就决定了投入的频率,由表10.2可以看出,产量比例或投入频率用每种产品的日产量除以总的日产量得到,则5种产品的比例如表10.3所列。如果这5种产品都采用专用的生产线生产,则投入结果如表10.4所列,由表可以看出,A每2min生产一辆,B每4min生产一辆,C每8min生产一辆,D和E都是每16min生产一辆。如果这5种产品在一条装配线上混线生产,则须考虑投入的顺序问题,合理的投入顺序如表10.5所列。

表 10.3　5 种产品的比例

产品型号	A	B	C	D	E
比例	240/480	120/480	60/480	30/480	30/480
	=1/2	=1/4	=1/8	=1/16	=1/16

表 10.4　专用生产线投入结果

产品型号	投入情况
A	A — A — A — A — A — A — A — A — A
B	B — — — B — — — B — — — B — — — B
C	C — — — — — — — C — — — — — — — C
D	D — — — — — — — — — — — — — — — D
E	E — — — — — — — — — — — — — — — E

表 10.5　混线生产投入结果

产品型号	投入情况
	A B A C A B A D A B A C A B A E A

10.2.2　什么是看板

　　准时化生产是要保证在必要的时间和必要的地点,生产必要数量的产品,以应付多品种少量的要求。准时化生产的必要条件是,使各道工序知道正确的生产时间及正确的生产数量。因此说,看板是实现准时化生产的最重要手段。

1. 看板的功能

　　看板在日语里的意思是"符号"或"信号"的意思。看板在生产中主要起到传递生产信息的作用,它具备以下功能:

　　(1)有助于防止反复性的缺陷。使用看板对要生产的物品的数量控制极其严格,这样,就容易将存在反复性缺陷的问题暴露。

（2）提供运输信息。如提供拣选/运输的信息,包括"where from"及"where to"的地点。有时候,还指示何时拣选。

（3）交换生产信息。告诉何时生产,生产多少。该功能还说明看板必须按一定的次序被接受。

（4）防止过量生产。通过限制工厂内原材料和生产量（根据看板指示）,防止过量生产和过量运输。

（5）发出生产什么的指令。看板上将有对应的物品名称和代码。

（6）暴露问题。暴露已有的生产问题及控制库存。

2. 看板规则

看板作为拉动系统的重要手段,必须充分有效地利用,才能发挥应有的功效,否则,就会成为准时化生产的障碍。要做到这一点,必须符合一定规则。

（1）后工序必须在必需的时候,只按必需的数量,从前工序领取必需的物品。这里有几层意思:①如果没有看板,一概不能领取;②超过看板枚数的领取一概不能进行;③看板必须附在实物上。

（2）前工序仅按被领走的数量生产被后工序领取的物品,不能生产超过看板枚数规定的数量。另外,当前工序生产多种零部件时,必须按各看板送达的顺序生产。

（3）不合格品绝对不能送到后工序。广义上讲,不合格也包括不良作业。制造不合格品,就等于为销售不出去的东西,而大量投入人力、材料、设备和劳动力,这就是所有浪费中最大的浪费,它违反准时化的宗旨。另外,前工序按照后工序的需求数量,生产并传递所需数量的产品,如果在后工序发现不合格品,因为没有多余需求,故只能造成后工序暂时中断。控制不合格品的传递,一方面要求加强员工质量意识的培养,另一方面,可借助于防错装置使得一出现不合格品机器就能自动停止。

（4）必须把看板数量减少到最小程度,看板数直接决定了库存的数量,故控制了看板的数量就意味着控制了库存的数量。变更看板枚数的权限要交给现场监督人员,看板的总枚数不能有太大的变更。

（5）看板必须适应小幅度的需求变化（通过看板对生产进行微调整）,要能适应突然发生的需求变化,适应生产上的紧急事态,微调整仅在小幅度需求变化的情况下可以应用。

（6）看板上表示的数量要与实际的数量一致。

3. 看板的分类

看板是作业指示的信息,这是看板的第一机能,看板可以反映生产量、生产时间、方法、次序、搬运量、搬运周期、搬运目的、放置场所、如何搬运容器等信息。看板可以分为生产指示看板和领取看板,生产指示看板是一种准备看板,如果是以批量生产的工序,则通常用信号看板,如果是批量以外的一般生产用,则用一般生产看板。领取看板又分为工序内领取看板和外协订货看板两种。图 10.5 显示了看板的基本分类。

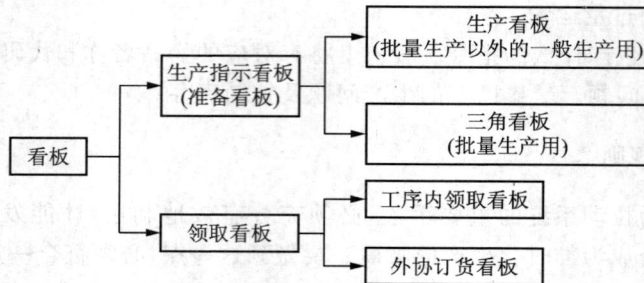

图 10.5　看板的基本分类

图 10.6 是一种典型的生产看板,由看板可以反映生产信息,如由看板上待生产的产品名称和编号可以知道生产什么,容器型号和容器容量则指导生产的需求量是多少,工序名称则规定该生产任务在哪道工序完成。由图例可知,要生产的产品为齿轮,工序为锻造,该齿轮置于 B 号容器中,容器容量为 20 个,则该看板就表示要对 20 个齿轮进行锻造处理。该生产看板是工序内看板,是领取看板规定的前工序必须制造的产品数量。

物料名称	齿轮	工序
物料代码	4121–10090	锻造
容器型号	B	
容器容量	20	
发行编号	021023123	

图 10.6　生产看板

此外,许多工序,如冲压、锻造等均以一定的批量而作业,这时应使用信号看板来指示生产,信号看板附于每批零件箱中的一个料箱上,当领料进行到该看板处时就发出生产指示。信号看板有两种基本类型:第一种是三角看板,如图10.7 所示。该例说明冲压侧板时批量为 500 件,用 5 个容器存放,每个容器的容量为 100 件,在每批剩下两箱时即开始订货,订货量为 500 件,所以该三角看板挂在倒数第 2 个料箱上。第二种看板是物料需求看板,如图 10.8 所示。当侧板被装配线领取两箱之后,机器 DC1 所在的工序就必须到编号 D-025 的储存区领取 500 单位的钢板,该例中,物料需求订货点为 3 箱侧板。

图 10.9 则是一种典型的领取看板。领取看板详细记录由后工序向前工序

批量 500	零件名称 侧板	再订购点 200
箱数 5	零件编号 CB225	箱数 2
储存区 D-126		
使用的机器 DC1		

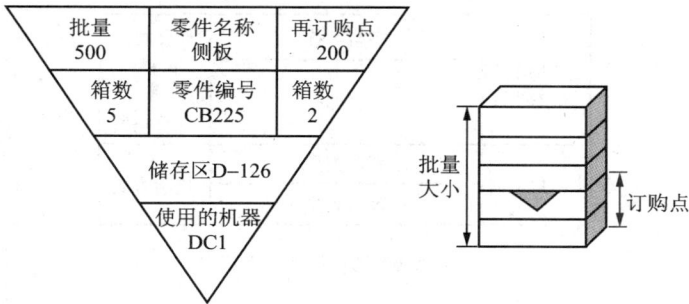

图 10.7 三角看板

前工序	储存区 D025 → DC1		后工序
物料名称	钢板	物料编号	GB45
容器类型	B	容器容量	100
批量大小	500	订购点	300

图 10.8 物料需求看板

所需领取的产品信息,包括物料名称、编号、容器型号和容量,以及到何处领取,送到哪个工位。领料工根据领取看板可知,到何处领取正确数量的正确物料。图例表明领料看板由淬火工序发出,领料工将到指定存储地 B-132 领取所需的物料,存储地收到领料看板后发出生产看板,并把它送至锻造工序。

物料名称	齿轮	前道工序
物料代码	4121-10090	锻造
存放货架号	B-132	
容器型号	B	后道工序
容器容量	20	淬火
发行编号	021023123	

图 10.9 领取看板

图 10.10 是一种外协订货看板。外协订货看板反映出交货时间、交货周期、供应商、检验场所、保管场所、检验方式等供货信息。

除了上面介绍的 4 种看板以外,为配合看板的运作,还必须有看板箱和派工架,看板箱是为了保管及收集拆卸下来的看板。派工架是为指派作业,而把从看板箱回收的看板按照次序排列的道具。看板、看板箱和派工架并没有一个固定的形状,可以依据使用场所的实际情况进行设计。

交货时间和 交货周期	物料名称	接受场所
	物料编号	↓ 保管场所
供应商名称	容器类型	检验方式
	容器容量	

图 10.10　外协订货看板

4. 看板的实际运作过程

　　看板最常用的形式,是放进位于车间作业现场的长方形塑胶袋中的一张纸片。生产看板和领取看板之间的相互协作关系如图 10.11 所示,图中每一步运作都有一个对应的阿拉伯数字编号,具体运作过程为[21](以下过程前面所示的序号和图中序号相对应):

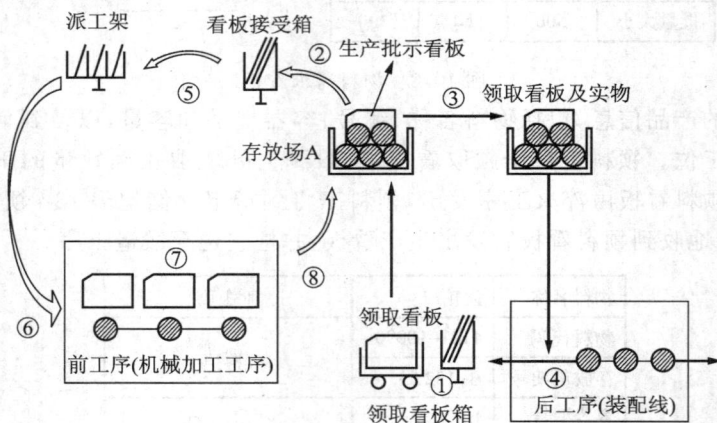

图 10.11　工厂内部看板的运作过程

　　(1) 工序的搬运工把所必需数量的领取看板和空托盘(集装箱)装到叉车或台车上,走向前工序的零部件的存放场。

　　(2) 如果后工序的搬运工在存放场 A 领取零部件的话,就取下附在托盘内零部件上的生产指示看板(注意:每副托盘里附有一枚看板),并将这些看板放入看板接受箱。

　　(3) 搬运工把自己取下的每一枚生产指示看板,都换一枚领取看板附上。

　　(4) 在后工序,作业一开始,就必须把领取看板放入领取看板箱。

　　(5) 在前工序,生产了一定时间或者一定数量的零部件时,必须将生产指示看板从接受箱中收集起来,按照在存放场 A 摘下的顺序,放入生产指示看板箱。

　　(6) 按放入该看板箱的生产指示看板的顺序生产零部件。

（7）在进行加工时,这些零部件和它的看板作为一对东西一起转移。

（8）如果在这个工序零部件加工完成之后,将这些零部件和生产指示看板一起放在存放场,以便后工序的搬运工随时领取。

对于工厂和供货商之间的供货看板的运作,则如图 10.12 所示。在图10.12中,①表示作业员在开始使用容器中物品时,要将附带的看板放入看板接受箱。②表示当看板接受箱中的看板累积到一定数量时,就由现场管理人员从看板接受箱中取出看板,依照一定的次序放入派工架指派所需的物品。③表示司机在交完零件后,即到派工架处领取"订货看板",这里,根据看板的编号来进行管理。④表示供货厂商收到订货看板后,就根据订货看板的指令,发出所需的订货,把订货看板和容器一起送到主机厂仓库中。

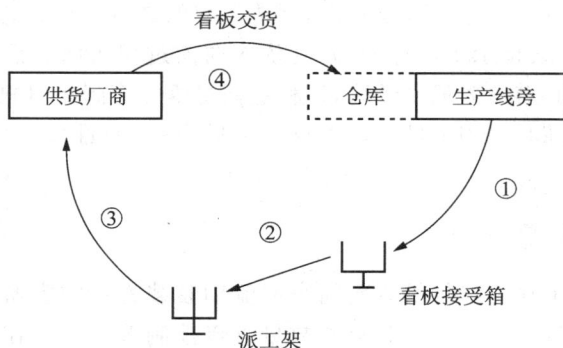

图 10.12　外协订货看板的运作过程

由于附着在制品或零件上的看板和物品一起移动,因此,这比较容易实现物品的管理。从容器上拆下来的看板便成为生产的指示,即什么物品应在何时生产、生产多少,由于看板具有这种管理方式的特点,因此只要控制了看板的数量,实际上就可以掌握物品的数量。

5. 看板的拉动计划

系统中看板卡片数量越多,库存量就越大,但是部件生产加工中心和组件加工中心之间就越能维持自主性。可以把一些优先系统用在加工中心上,如贯彻先来先服务的思想或强调时间要求(如所有卡片在早晨发出,然后在下午返回装满的容器,所有下午用的卡片将在第二天早晨发出)。

对于一个企业来讲,采用了精益生产方式后,由于看板的采用而能够完全避免制造的过剩,所以,不必拥有多余的库存,也可以节省许多仓库管理人员及场地,既提高了效率,又大大降低了生产成本。

汽车是由成千上万个零部件所组成的,对于这样复杂的产品,仅凭物料需求计划系统来制订生产计划,要能丝毫不差地完成任务,难度实在太大。生产计划往往由于市场的经常变更而产生波动,倘若由于生产线上某一环出了问题,则不得不中止整个生产线或改变计划,这就造成前后道工序已经生产出的物料积压或报废。

用生产计划来指示生产,则可能在不需要的时候制造出超过需求量的物料,以及在后道工序不需要的时候供给物料,这样必然会造成生产的混乱,生产效率也会大大降低。假如能做到在需要的时候生产需要的物料,将必须生产的量的信息从后道工序依次往前道工序传递,则能消除上述的浪费。

采用后道工序取用看板管理的方式,实际上变更了物料的流动方式,即由原来的前道工序生产出来的物料来推动后道工序的生产,改变为"后过程在必需时向前过程取用,前过程则制造被取去的分量",如此,各种浪费问题迎刃而解。

由前面拉动系统示意图可以看出,制造过程的最后一环是总装配线,以此为出发点,只向装配线指示生产计划,并且依次向前过程领取必需的物料,并要求按必需的时间和必需的数量来领取,这种逆向过程一直到粗材料的准备部门,使之同期化地满足准时化的条件。这不仅可降低库存,而且可以大大提高管理的效率。

10.2.3 看板数量的确定

看板卡代表了在用户与供应商间来回流动装载物料的容器数,每个容器代表供应商最小的生产批量。因此容器数量直接控制着系统中在制品的库存数。制做看板时,必须根据物品的种类、大小和需要量来计算所需看板的数量。

精确地估计生产一个容器的零件所需的生产提前期,是确定容器数量的关键因素。提前期是生产过程中的准备时间、零件加工时间、看板回收时间的函数。所需看板的数量应该是能覆盖提前期内的期望需求数加上作为安全库存的额外数量。看板卡的套数计算公式为:

$$k =(提前期内的期望需求量 + 安全库存量)/ 容器容量$$
$$= (DL + SS)/C \qquad\qquad (10.1)$$

式中

k——看板数量;

D——一段时期所需产品的平均数量;

L——补充订货的提前期;

SS——安全库存量;

C——容器容量。

提前期内的期望需求量通常可以用需求期间 1 天的最大需求量乘以总的提前期,即生产准备时间、零件加工时间和看板回收时间(包括实际回收看板的时间和将物料运至所需之处的时间)的总和得到,故看板计算公式可以写为:

$$k = \frac{\text{需求期间 1 天最大需求量} \times (\text{生产准备时间} + \text{加工时间} + \text{看板回收时间} + \text{安全库存时间})}{\text{容器容量}} \quad (10.2)$$

例 10.2 假设已知条件如下:生产体制为每天 2 班,每个班次 8h,每班次生产 A 产品 100 件、B 产品 150 件、C 产品 150 件,则每班次共生产 400 件。并假设已知生产准备时间为 0.2 天,加工时间为 0.5 天,看板回收时间为 0.6 天,安全库存时间为 0.2 天,容器容量为 5 件,则根据上述数据,可以将它代到式(10.2)中得到 3 种产品的看板数分别为:

A 产品的看板数

$$200 \times (0.5 + 0.2 + 0.6 + 0.2)/5 = 60$$

B 产品的看板数

$$300 \times (0.5 + 0.2 + 0.6 + 0.2)/5 = 90$$

C 产品的看板数

$$300 \times (0.5 + 0.2 + 0.6 + 0.2)/5 = 90$$

这样,要满足生产需求,A 产品需要 60 张看板,B 产品需要 90 张看板,C 看板需要 90 张看板。总共需要看板 240 张。

实际看板数量的确定和第 3 章中介绍的订货点方式有一些内在的联系,也存在许多不同之处,如订货点方式在出入库台账的基础上管理库存,看板则与物料一致;订货点方式需要不断地对库存数量进行管理,而看板方式则不需要;看板具备目视管理的功能,订货点方式则不然;看板与现场作业有密切关系,订货点方式是作为仓库单独管理的。订货点模型有定量订货和定期订货两种,定量订货模型是当库存水平下降到订货点时,就按预定的固定数量订货,而定期订货模型的订货时间是固定的,订货量则随着前一次订货以后的使用量和从订货这段时间的订货未交量不同而不同。通常来讲,工厂内部的前工序和后工序之间的一般生产看板和三角生产看板的数量,是根据定量订货模型得到的订货量来计算的,而供货厂商和顾客公司之间的外协看板的数量,则是根据定期订货模型来计算看板的。

10.3 准时化采购

准时化生产的核心是消除"生产过程中"各种非增值的无效劳动和浪费。我们应该把这个精益原则延伸到"产品的研究和开发","工厂规划和设计"和"工艺规划和设计"等各个领域中去,将精益生产进一步拓展到建立精益企业。其原因是,设计人员往往喜欢尝试和采用代价昂贵的新工艺和新技术,这就需要大量投资,而忽视了可采用常规性和低成本的方法来实现生产。这是完全不符合精益生产原则的。同样,对于采购也是如此。

　　按照精益生产的理念,应将供应商看做是企业的延伸,是合作伙伴,而非竞争对手。许多企业不仅在企业内部进行质量体系的认证,而且还要求其供应商也进行同一体系的认证,就是基于这一理念。同样,在采购方面,仅仅企业内部实施准时化生产还不够,将企业和其供应商合成起来的准时化生产方法,对两个企业而言,都可以获得更大的效益,并共同提高在市场中的竞争能力,汽车行业尤为如此。

10.3.1　准时化采购的基础

　　集成的生产计划与控制系统的特征对准时化生产来说是至关重要的,实施准时化生产并非抛开一切计划的因素。准时化生产的重点在执行上。好的计划是执行和控制计划的前提条件。准时化生产在企业内部的正确使用是准时化采购的前期条件。当一个公司自身适应了准时化生产操作之后,它将对供应方的执行发出正确的信号。企业实施准时化生产,除了采用看板管理的手段外,还掌握了实施准时化生产所需的解决问题的方法和理念。当公司的员工能够真正把库存看作是掩盖问题,理解了全员参与的思想,接受了零缺陷概念并理解其含义时,他们就能够更加有效地将准时化思想扩展到供应方去。

　　有了这种理解,作为供应商还必须通过观察他们客户工厂中如何实施准时化生产的现场来学习。通过内部功能性的准时化程序,客户和供应商采取共同负责的态度,买卖双方共同学习,从集成供应链管理的思想出发,在系统上改进准时化生产。

　　采购中准时化的另外一个需求就是尽可能地制订一个稳定的计划。这与重复生产中的平准化生产是一致的。为了使公司在每天严格按照计划生产的情况下产品的缺陷数最少,供应商的生产计划也应非常简单。在非重复性生产的环境中,平准化计划可能会受到干扰,必须以更多的协同信息流,以及更大量的缓冲库存来保证。然而,一个稳定的计划使得准时化生产很容易实现,对于波动比较大的生产计划,可以协调的方法只能是加大缓冲库存。

　　供应方一般以每周预测为计划的基础,并且每周要对系统进行维护和更新,这需要通过物料需求计划和一些电子数据交换的方式,从客户处得到更进一步的信息。为保证准时化生产的实施,设备准备时间,防错生产,统计工艺控制,无在制品跟踪,员工参与,单元制造,员工多能工培训,所有与产品设计、工艺设计相关的问题,人力/组织要素,以及生产计划与控制等都必须积极地实施。只有实施了这些因素才能提高准时化实施的速度。

　　另外必须对供应商数量进行合理的选择,就是说,如果客户公司与供应商要紧密地合作,限制供应商的数量是很必要的。很多公司已经将他们的供应商数量减少了 90%，于是创造了一个能够与剩下的供应方在真诚合作的基础上工作的环境。当然，不同的国家，选择供应商的策略是不同的，在日本，一般是独家供货，建立长期合作关系，以实现双赢为目标。相反，在欧美国家，则通常选择多家供应商，多家供应商之间彼此相互竞争。

实现准时化采购要求供应商必须实现准时供货，与频繁送货有关的问题是运输的费用。一些公司要求供应就放在附近，以建造工厂来解决这个问题。虽然，这对将产品主要供给单个客户的大型公司是可能的，然而，对大多数的供应商这显然是不可能的。

实现准时化采购的另一个基础是客户按预先制订的计划从供应方处提取货物，这种做法越来越盛行，最明显的是，节省了各个供应商单独送货的运输费用。第二个原因与稳定性和预测性有关。如果是由客户来提取物料，就可以消除供应方送货中固有的不确定性，而且有更多的机会直接发现工厂的隐含成本，比如，客户可以事先规定容纳所需数量的容器，并将它随着看板在工厂中流动。节省包装材料和解包的费用对双方都是有利的。物料也可以放置在货车中特殊的架子上以减少损坏。有缺陷的零件可以很容易地返工或报废，而不需要通常的"返回供应方"程序和文书工作。

10.3.2　准时化采购的做法和教训

在准时化生产体制下，强调企业必须和供应商保持良好的长期合作关系，这种相互关系是建立在相互信赖、相互依托的基础之上的。实施准时化采购的目标是保证企业、供应商及供应商的供应商等组成的供应链的所有成员能实现互赢。双方必须通过以下的合作，以达到提高质量、提升生产效率和降低生产成本的目的。

(1) 供应商参与企业产品的开发与设计，一方面企业可以减少产品开发费用，另一方面，对供应商来讲，可以发挥他们的特长，给供应商提供了技术，供应商也可以主动改善产品的性能。

(2) 尽量减少供应商的数量和频繁的投标程序，和供应商建立长期的合作关系。

(3) 供应商应和企业建立同一质量保证体系，以保证供货的质量，减少因质量体系不一致而造成的检验、返工等。

(4) 利用电子商务的强大功能，企业和供应商之间建立基于 Web 的生产计划和控制系统，以减少信息传输的时间。

(5) 供应商供货时应使用标准的容器，以减少进货物料的计算和变更容器所带来的麻烦。

(6) 加大采购的批量以降低成本。

（7）供应商的选择最好就近，以减少运输的时间和费用。

准时化采购中一个必须要汲取的教训，就是不要将保持库存的负担从企业压到供应商，国内许多企业如此，国外也是如此。在实施准时化生产的早期，日本丰田汽车公司及其他许多著名公司就曾经犯过这种错误。出现了这种问题，就迫使企业必须改善和供应商的关系、了解稳定计划的必需和真诚的伙伴关系的重要，以及帮助供应商在它们的供应中实施准时化生产。这种改进的效果非常明显：避免了大量的成本损失，供应商基地和供应商数量也都大大减少。另一个教训是要与供应方维持简单的关系，力求更简便并维护透明性。

10.4　JIT 和 MRP 结合的生产管理方法[23]

10.4.1　JIT 和 MRP Ⅱ 的区别和联系

准时化生产诞生于日本丰田汽车公司（20 世纪 50 年代开始尝试实施），而 MRP Ⅱ 则诞生于美国，其核心是 MRP，并从 1970 年初开始得到快速发展。要讨论 JIT 与 MRP 的区别，研究 JIT 和 MRP 的结合，有必要先了解以丰田汽车公司为代表的日本生产状况和以美国为代表的欧美国家生产状况，并把它们做对比分析，如图 10.13 所示。

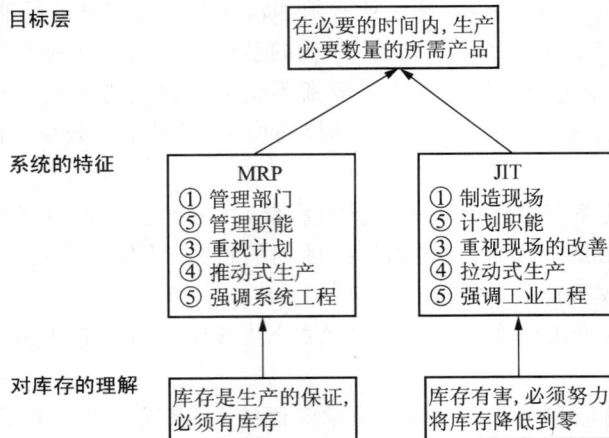

目标层　在必要的时间内，生产必要数量的所需产品

系统的特征

MRP
① 管理部门
⑤ 管理职能
③ 重视计划
④ 推动式生产
⑤ 强调系统工程

JIT
① 制造现场
⑤ 计划职能
③ 重视现场的改善
④ 拉动式生产
⑤ 强调工业工程

对库存的理解

库存是生产的保证，必须有库存

库存有害，必须努力将库存降低到零

图 10.13　欧美国家和日本生产系统的差别

1. JIT 和 MRP 的相同点

在需要的时间内，按照所需的生产量生产所需的产品。这是 MRP 和 JIT 共同的宗旨和指导思想。JIT 以消除生产中的一切浪费为目标，追求零库存，通

过以看板为手段来拉动系统实现准时化生产,而 MRP 则是根据产品的主生产计划和产品的结构及库存,制订详细的物料需求计划,这种物料需求计划是一种分时段的计划。

2. JIT 和 MRP 最核心的区别

JIT 和 MRP 的最核心的区别是对库存的理解,欧美国家的生产企业认为库存是必需的,而日本的企业则认为库存是有害的,是一种浪费,所以必须尽可能地消灭库存。而其他的不同点则是保证库存的一些措施。以下将从几方面进行论述。

a. JIT 和 MRP 产生的背景不同

MRP Ⅱ 起源于美国,JIT 起源于日本。MRP Ⅱ 是为了适应西方消费者对商品式样、规格不断翻新的需求而发展起来的。其出发点是,运用计算机对不同产品的物料需求进行详尽而完善的管理,使得制造系统的各个环节都能在"正确的时间,获得正确的零件"。

而 JIT 的出发点则是把制造过程中的浪费降到最低限度。由于 JIT 方式是在以丰田汽车公司为代表的日本文化氛围中形成的,因此在企业间关系方面,JIT 方式与代表欧美文化的 MRP Ⅱ 有着明显的差异:在 JIT 方式中,企业与供应商是紧密合作和开放的关系,且强调和少数或单一的供应商建立长期的合作关系,这有利于保证供应的及时和供货的质量。而西方文化则强调契约关系,企业与供应商是供需市场的买卖关系,因此习惯在众多供应商竞价的方式下建立供需关系,这有助于获得有利的价格。JIT 方式(或者日本式)的企业之间关系的存在和发展,很大程度上受益于日本政府的政策,即日本政府通过维持行业适度竞争的产业政策和联合改组,促进了核心企业与大量外围企业的协作关系,从而形成了卫星式企业组织。

b. 要素构成的不同

MRP Ⅱ 的核心是 MRP。MRP 借助于产品和部件的构成数据,即物料清单,产品的顾客订单和对市场的预测结果,库存纪录的信息,已订未交订单,加工工艺数据,以及设备状况等数据,将市场对产品的需求转换为制造过程对加工工件和外购原材料或零部件的需求。

MRP Ⅱ 主要包括:产品需求预测,综合生产计划、主生产计划,物料需求计划,能力计划,采购控制,车间作业管理,生产成本核算等几个部分。其中能力计划又分为粗能力计划和细能力计划。

保证 JIT 顺利实施的手段是看板,即利用看板由后道工序依次往前道工序拉动来进行生产。主要构成则包括:基于看板的生产控制,全面质量管理,全体雇员参与决策,与供应商的协作关系,生产车间的现场管理等。

　　所谓看板是一种得到管理授权的附在有固定容量的容器上的一种卡片,用来传达两相邻工序间的供需信息。控制了看板的总数,就可有效地控制在制品的存储量。全面质量管理是由全体员工参与的,责任严格到人的质量管理制度,全体雇员都参与决策,强调每个员工都应积极主动地去解决生产中出现的各种问题。另外,要与供应商建立长期的、相互信任的供货关系。

　　c. 管理方法的不同

　　MRP Ⅱ是一种计划主导型的管理方法,实际上是一种推式的计划方法。MRP Ⅱ对生产过程的控制方式是:基于产品订货与需求预测来制订主生产计划;基于物料清单和工序的提前期、主生产计划及库存纪录信息来制订物料需求计划,最后根据物料的属性形成车间作业计划和采购计划;在详尽地做能力平衡(包括粗能力计划和细能力计划)的前提下,下达生产指令,对生产的全过程进行全面的、完全集中式的控制。JIT 则是强调现场主导,是一种拉式的管理方法。它的控制方式是:严格按订货组织生产,通过看板在工序间传递物料需求信息,并利用看板的权威性,将生产控制权下放到各工序的后续工序中,这种控制方式是分散式的。

　　在传统的 MRP Ⅱ生产方式中,不同工序同时接受指令,各工序严格按照既定计划进行生产,即使前后相关工序在实际生产过程中出现变化或异常,本工序仍按原计划生产,其结果造成工序间产量不平衡,从而出现了工序之间的在制品库存。图 10.14 表明了 MRP Ⅱ系统中生产指令下达的过程和方式。由图可以看出,虽然物流和信息流的流向一致,但是,时间产量和计划产量往往由于某些扰动而出现不一致的现象。

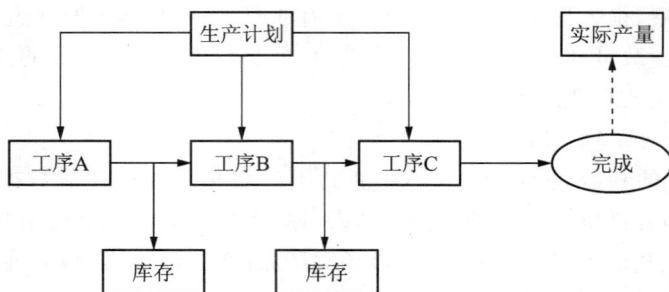

图 10.14　MRP Ⅱ中生产指令的下达方式

　　而在 JIT 生产方式中,由于生产指令只下达给最后一道工序,其余各个前道工序的生产指令则由看板在需要的时候向前一道工序传递,如图 10.15 所示,图中,工序 C 在有需求时,须向工序 B 领取需要的零件,同时,看板由工序 C 转到工序 B,该看板就是工序 B 的生产指示看板。工序 B 的生产数量与从工序 C 处拿来的看板要求一致,为此,工序 B 需要再向前道工序 A 领取需要的零件,看板则由工序 B 转到工序 A,该看板就是工序 A 的生产指示看板。上述过程保证了：①各工序只生产后工序所需的产品,避免了不必要的生产；②由于只在需要的时候生产,避免和减少了非急需的库存。

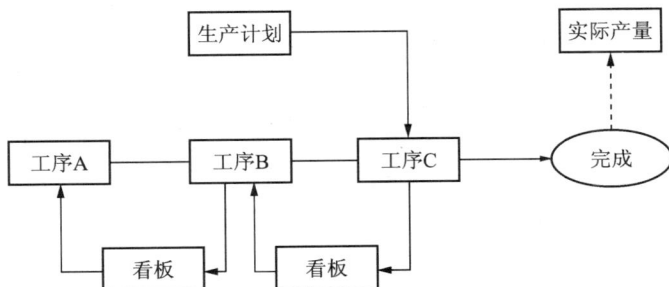

图 10.15　JIT 生产方式中生产指令的下达过程

由图 10.15 可以看出,在 JIT 生产环境下,物流和信息流的方向正好相反,而实际产量和计划产量却是一致的。

d. 基础数据的不同

(1) 准备时间和批量。MRP Ⅱ 降低生产成本的惟一途径是按经济批量来安排生产,当然,决定 MRP Ⅱ 的批量有多种算法,如前面章节中所介绍的按需确定批量法、经济批量法、最小总费用法、最小单位费用法。MRP Ⅱ 总是按经济批量来组织生产的。既然要成批的,在制品的存储就不可避免。

JIT 则是尽最大努力降低准备时间。大量地使用专用的模具和卡具,使得"一触式准备"(One-touch Setup)成为可能。极短的准备时间(即极低的准备费用)使得经济批量降为 1。这样,可以完全根据订单需求来交替生产不同型号的产品,于是大大减少了在制品与最终产品的存储。

(2) 物料清单。MRP Ⅱ 利用的物料清单能够详尽地表达出不同类型产品零部件的构成及加工工艺的变化,因此,它能够较好地适应产品的规格、型号及技术工艺的变化,其制造柔性较好。JIT 没有复杂的多级物料单,它的产品结构及加工工艺是由生产线的设计固定下来的。在生产工艺不变的前提下,JIT 可以适应多种规格型号的变化。

(3) 提前期,制造周期与存储量。MRP Ⅱ 采用固定的提前期,而提前期的确定总留有余地,这样,实际制造时间以很大的概率低于提前期。MRP Ⅱ 采用增加最终产品的安全储量和在制品储量的方法,来调节生产与需求之间,不同工序之间的平衡。提高存储量,降低了物料在制造系统中的流动速度,于是导致了MRP Ⅱ 的制造周期较长。JIT 认为存储不能增加产品的附加值,应视为一种浪费。JIT 用抽去存储的方法暴露出企业的潜在问题,如工序能力不足,废品率偏高,然后积极地去解决这些问题。JIT 采用了固定的看板,从而限制了在制品的储量,严格按订货生产则大大减少了产成品的存储。

　　另外,MRP Ⅱ 的主生产计划期较长,由于需求不能及时确定,计划就不得不依赖于对未来需求的预测。由于未来需求的不确定性,预测的精度一般很低,所以主生产计划的精度较低。JIT 完全按订单生产,不必依赖于需求预测。这样,系统对需求变化的适应能力强。JIT 的计划模型是基于这个前提编制的。

　　e. 能力计划的不同

　　MRP Ⅱ 的一切计划都是以现有的制造资源为前提条件的。它接受工序间的能力不平衡为既定事实,对瓶颈问题采用容忍的态度。只是被动地通过增加缓冲库存和周密的能力计划,力图将能力不平衡的影响降到最低程度。粗能力计划和细能力计划是制造资源计划系统的主要特征。

　　JIT 不允许生产线中存在瓶颈,也不做详细的能力计划,它用增加能力的方法来消除生产线中的不平衡。JIT 的低库存策略使得能力的不平衡很容易暴露出来。为了提高生产线的可靠性,常把生产安排在低于最高产能的状态下运行。

　　对设备开动率的理解,欧美国家的做法是强调尽可能提高设备开动率,而日本的做法是不需要时就不生产,不要片面为了提高设备开动率而导致大量增加生产库存,这种库存增加的浪费远比设备开动率低的浪费要可怕得多。尽管都是为了消除浪费,但还要看其影响程度的大小来定。

　　f. 适用企业的类型不同

　　JIT 适合于物料单简单且扁平,提前期稳定,生产速度也稳定的大量重复生产的环境。在多品种小批量、复杂的单件生产环境里,产品结构复杂多变,使得物料需求计划难度大。MRP Ⅱ 借助于计算机可以实现复杂的逻辑展开,并考虑变化的提前期。不同的提前期使得车间作业执行控制必须有定期的回报,用以控制订单的状态,这些都适应 MRP Ⅱ 生产管理方式。

　　g. JIT 对 MRP 的挑战

　　JIT 将制造过程中一切不能增加产品附加价值的因素都视为浪费。按此观点,准备时间,在线存储,搬运时间,等待时间,这些为 MRP Ⅱ 所接纳的因素都被视为浪费,属于应消除之列。

　　JIT 缩短了准备时间使经济批量被否定,减少存储使制造周期大大缩短,从而给企业带来了巨大的效益。

　　虽然 MRP Ⅱ 侧重于计划功能,JIT 侧重于现场的控制,但从生产计划与控制的角度出发,二者并不是相互割裂的,即 MRP Ⅱ 并非只有计划的功能,JIT 只有现场控制的功能,而是二者都包含生产计划和控制的功能,只不过各有所侧重而已。

10.4.2　JIT 与 MRPⅡ的集成

1. JIT 和 MRPⅡ结合的可能性分析

MRPⅡ和 JIT 其实是对立的两种生产方式,一个认为生产过程中需要有库存作为保证,另一个则认为无需库存,要消灭库存。那么究竟这两种矛盾的生产方式能否结合起来用在生产系统中去呢? 答案是肯定的。

MRPⅡ以信息系统为中心,其计划的功能很强,在现场的实际状态中则显得很薄弱,而 JIT 的优点在于它的集中式的信息管理方法,从而便于以 CAD/CAM 和自动化加工中心来实现信息集成,因此,在计算机集成制造系统中采用 MRPⅡ作为生产与物料的计划系统是适宜的。然而,JIT 缩短准备时间与制造周期,降低存储与废品率的方法都是十分可取的。于是提出了将 JIT 嵌入到 MRPⅡ的设想。即用 MRPⅡ作为企业的计划系统,而用 JIT 作为计划的执行系统——生产控制系统。

由以上比较可知,虽然传统观念认为 MRPⅡ与 JIT 分别代表了两种不同的生产方式,它们有很大的差别,但实际上二者有很多相似之处,甚至可以说是为了达到共同目的的两种不同的途径,而这两种途径又互有相通之处。

MRPⅡ与 JIT 二者均是"生产管理技术",是提高企业竞争力的主要因素。MRPⅡ侧重于管理的计划职能,而 JIT 则基本上是一种生产控制方法,即管理的控制职能;MRPⅡ在哲理上强调集成,在手段中重视计划;JIT 在哲理上强调改善,在手段上重视控制;MRPⅡ的弱点是车间执行的控制,而这正是 JIT 的强处;MRPⅡ的强处是中、长期全面的计划,而这正是 JIT 的弱点。站在完善的管理体系角度来看,两种生产管理技术的结合将互相取长补短,从而形成一个较为完整的生产管理体系。

JIT 的简洁化思想,有助于在多品种小批量条件下,特别是批量很小的情况下,减少 MRPⅡ系统的数据(特别是作业现场的数据报告)输入量,以减轻系统的输入负担,提高了系统效率和输入数据的准确性。事实上,现在许多采用 MRPⅡ系统的企业在这种应用条件下,都成功地采用反冲来减少报告工作,这就是欧美式JIT 的一个特征。反冲是用最少的数据输入完成 MRPⅡ系统回报生产事务的一种方法。这种方法减少了数据输入和操作次数及时间。

从以上分析来看,MRPⅡ与 JIT 两种生产管理方式是可以结合的,并且它们有相互结合的管理学理论基础和现代信息技术的支撑。事实上,不少企业在引进管理信息系统中已注意到这个问题,而且应用软件供应商已提供了相应的解决方案。国外的应用软件供应商如 SSA 公司的 BPCS 等,国内的如启明软件的 MAS、开思的开思/ERP,这些软件供应商的产品均包括了 JIT 和 MRPⅡ两种不同的方案,以供用户选择,这是松散的结合。最近,世界上最大的管理应用软件供应商,德国的

SAP公司则提出了要实现 MRPⅡ与 JIT 的高度融合，这种融合显然比以上将MRPⅡ应用软件和 JIT 应用软件简单地打包在一起的做法，更具有管理学的理论意义和企业应用的实际意义。目前能够达到这种程度的结合的管理应用软件暂时还未上市。

2. JIT 和 MRPⅡ结合的流程框图

MRPⅡ和 JIT 结合的流程图如图 10.16 所示。

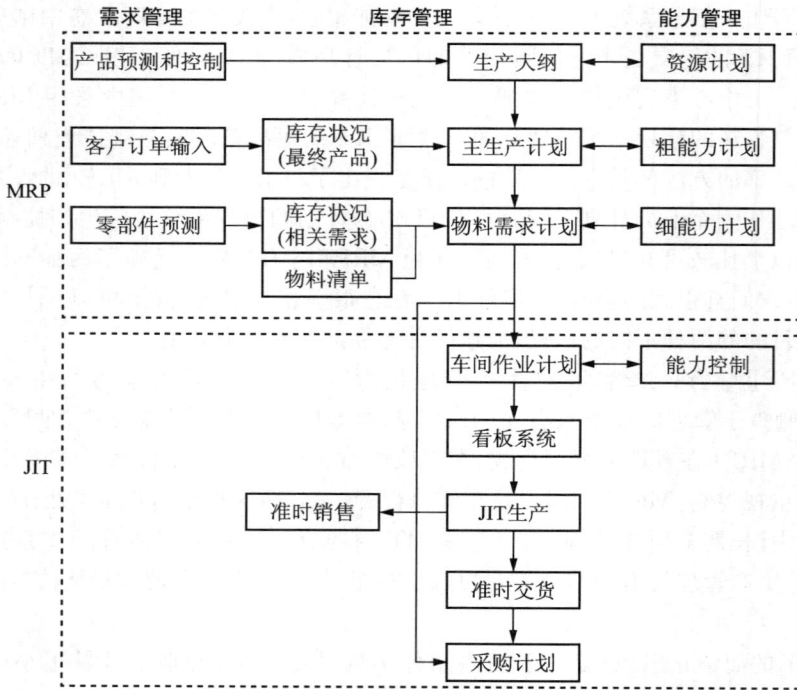

图 10.16　MRPⅡ和 JIT 的集成

习　　题

1. 准时化生产能实现零库存吗？为什么？

2. 准时化生产的前提条件之一是稳定的计划，为什么？

3. 对于流水线生产布局和工艺专业化布局来说，哪个比较适用于准时化生产？

4. 服务业可以应用准时化生产吗？试举例说明。

5. 生产计划修正后，看板方式如何与它配合进行？

6. 实施准时化生产前，企业应做好哪些基础工作？

附录　英汉专业名词对照表

ABC Classification	ABC 分类
Aggregate Production Planning（APP）	综合生产计划
APICS	美国生产及库存控制协会
Assemble to Order（ATO）	订货组装
Available to Promise（ATP）	可供销售量
Bill of Material（BOM）	物料清单
Bill of Resources	能力清单法
BOM Code	物料表码
Capacity Planning Using Overall Factors（CPOF）	综合因子法
Capacity Requirements Planning（CRP）	能力需求计划
Closed Loop MRP	闭环物料需求计划
Continuous Flow	连续型流程
Craft Production	单件生产
Crash Cost	赶工成本
Crash Time	赶工时间
Critical Path Method（CPM）	关键路线方法
Critical Ratio（CR）	紧迫系数
Customer Production	客户化订制生产
Cycle Counting	周期盘点
Dedicated Repetitive Flow	专一重复型流程
Demand Forecast	需求预测
Demand Time Fence	需求时间栏
Dependent Demand	相关需求
Double Exponential Smoothing	二次指数平滑
Drum-Buffer-Rope（DBR）	鼓、缓冲器和绳子
Dynamic Inventory Turnover Rate（DITR）	动态库存周转率
Earliest Due Date（EDD）	最早到期日

Economic Order Quantity (EOQ)	经济订购批量
End Item	最终物料
Engineer to Order (ETO)	订货工程
Enterprise Resource Planning (ERP)	企业资源规划
Exception Report	例外报告
Exponential Smoothing Method	指数平滑法
Fewest Operatons (FO)	最少作业数
Final Assembly Scheduling (FAS)	最终装配计划
Firm Planned Order	确认的计划订单
First Come First Served (FCFS)	先到先服务
First in First out (FIFO)	先进先出
First Order Exponential Smoothing	一次指数平滑
Fixed Order Period (FOP)	定期订货批量法
Fixed Order Quantity (FOQ)	定量订货批量法
Fixed Site	定位型流程
Flow Shop	流线型流程
Forecast Horizon	预测期间
Gross Requirement	毛需求
Group Manufacturing	群组型制造
Heuristic Method	启发式方法
Independent Demand	独立需求
Input/Output Control	输入/输出控制
Intermittent Production	间歇生产
Inventory Turnover Rate (ITR)	库存周转率
Item Master	物料主文件
Item Number	物料号
Job Shop	零工型流程
Just in Time (JIT)	准时化生产
Kanban	看板
Last Come First Served (LCFS)	后到先服务
Lead Time	提前期
Least Total Cost (LTC)	最小总费用法
Least Unit Cost (LUC)	最小单位费用法
Level Production	平准化生产
Linear Programming	线性规划

Lot for Lot（LFL）	按需确定批量
Lot Size	批量
Low Level Code（LLC）	最低层码
Machine Center（MC）	加工中心
Make to Order（MTO）	订货生产
Make to Stock（MTS）	备货生产
Manufacture to Order	订货制造
Manufacturing BOM	制造物料清单
Manufacturing Order	制造订单
Manufacturing Resource Planning（MRP Ⅱ）	制造资源计划
Mass Production	大量生产
Master Production Scheduling（MPS）	主生产计划
Materials Requirement Planning（MRP）	物料需求计划
Mean Absolute Deviation	平均绝对偏差
Mile Stone System	阶段标志系统
Mixed model Repetitive Flow	混线型流程
Modular BOM	模块化物料清单
Net Change MRP	净改变式 MRP
Net Requirements	净需求
Normal Cost	正常成本
Normal Time	正常时间
Offset Time	偏置时间
One touch Setup	一触式准备
On Hand Inventory（OHI）	在库量
Optimized Production Technology（OPT）	最优生产技术
Order Point	订购点
Periodic Order Quantity（POQ）	定期订货批量法
Periodic Review System	定期检查系统
Planned Order	计划订单
Planned Order Receipts（PORC）	计划订单产出
Planned Order Release（POR）	计划订单投入
Planning Horizon	计划期
Plan Time Tence	计划时间栏
Poka yoke	防误（错）装置
Production Activity Control（PAC）	生产作业控制

Production Planning and Control	生产计划与控制
Program Evaluation and Review Technique（PERT）	项目计划和评审技术
Projected Available Balance（PAB）	预计可用库存
Projected Inventory Turnover Rate（PITR）	预计库存周转率
Projected on Hand（POH）	预计在库量
Pull System	拉动系统
Purchase Requisition	请购单
Push System	推式系统
Re-Order Point	再订购点法
Regeneration MRP	重排式 MRP
Resources Profile	资源负载法
Rough-cut Capacity Planning（RCCP）	粗能力计划
Safety Stock	安全库存量
Safety Time	安全时间
Scheduled Receipt	在途量
Shop Floor Control（SFC）	车间现场控制
Shortest Operation Time（SOT）	最短作业时间
Shortest Processing Time（SPT）	最短加工时间
Slack Time Remained（STR）	剩余松弛时间
Subjective Opinion Forecast（SOF）	主观预测法
Super BOM	超物料表
Time Bucket	时段
Time Series Analysis Techniques	时间序列预测技术
Toyota Production System（TPS）	丰田生产系统
Tracking Signal（TS）	跟踪信号
Two-Bin System	双箱系统

参 考 文 献

1　Fogarty，Blackstone，Hoffmann. Production & Inventory control (second edition). South-West Publishing Co. A Division of International Thomson Publishing Inc. ，1999

2　Vollmann，Berry，Whybark. Manufacturing Planning and Control (Third Edition). Published by Richard D. Irwin. Inc，1992

3　Holt，Charles C，Franco Modigliani，and Herbert Simon. A Linear Decesion Rule for Production and Employment Scheduling. Management Science 2，No. 1 (October 1955)：1～30

4　James P Womack & Daniel T Jones，Daniel Roos. The Machine that Changed the World. Harper Perennial，1990

5　Bruce A Henderson & Jorge L Larco. Lean Transformation. Published by the Oaklea Press，1999

6　Yasuhiro Monden. Toyota Production System：An Integrated Approach to Just-In-Time (Second Edition). Industrial Engineering and Management Press，1993

7　里查德·B·蔡斯等. 生产与运作管理——制造与服务篇. 宋国防等译. 北京：机械工业出版社，1999

8　Jay Heizer，Barry Render. 生产与作业管理教程. 潘洁夫等泽. 北京：华夏出版社，1999

9　叶若春. 生产计划与控制. 台湾：中兴管理顾问公司发行，1994

10　陈文哲等. 生产管理. 台湾：中兴管理顾问公司发行，1994

11　黄卫伟. 生产与运作管理. 北京：中国人民大学出版社，1997

12　陈荣秋. 生产计划与控制——概念、理论与方法. 武汉：华中理工大学出版社，1999

13　李怀祖. 生产计划与控制. 合肥：中国科学技术出版社，2001

14　潘家轺等. 现代生产管理学. 北京：清华大学出版社，1994

15　温咏棠. MRP Ⅱ 制造资源计划系统. 北京：机械工业出版社，1994

16 周远清.MRP Ⅱ原理与实施.天津:天津大学出版社,1996

17 陈启申.企业资源规划.北京:企业管理出版社,2000

18 张毅编.企业资源计划(ERP).北京:电子工业出版社,2001

19 叶宏谟.企业资源规划——制造业管理篇.北京:电子工业出版社,2001

20 詹姆斯·P·沃麦克等.精益思想.沈希瑾等译.北京:商务印书馆,2001

21 门田弘安.新丰田生产方式.王瑞珠译.保定:河北大学出版社,2001

22 刘丽文.生产与运作管理.北京:清华大学出版社,2002

23 汪定伟.MRP Ⅱ与JIT相结合的生产管理方法.北京:科学出版社,1996